DIE WISSENSCHAFTEN UND DIE GESELLSCHAFT

Die Wissenschaften und die Gesellschaft

Abendvorträge der Freien Universität Berlin
im Winter 1962/63

DUNCKER & HUMBLOT · BERLIN

Gedruckt mit Unterstützung der Ernst-Reuter-Gesellschaft
der Förderer und Freunde der Freien Universität Berlin e.V.

Alle Rechte vorbehalten
© 1963 Duncker & Humblot, Berlin
Gedruckt 1963 bei Berliner Buchdruckerei Union GmbH., Berlin 61
Printed in Germany

INHALT

HANS-JOACHIM LIEBER:
Philosophie und Soziologie 7

MARCEL REDING:
Theologie und Gesellschaft 23

WERNER STEIN:
Physik und Gesellschaft 39

GEORG KOTOWSKI:
Geschichtswissenschaft und Gesellschaft 53

KARL C. THALHEIM:
Die Wirtschaftswissenschaft und die Gesellschaft 69

ERNST FRAENKEL:
Die Wissenschaft von der Politik und die Gesellschaft 89

HANS NACHTSHEIM:
Die Biologie und die Gesellschaft 105

HANS FREIHERR VON KRESS:
Medizin und Gesellschaft 123

ECKEHARD CATHOLY:
Literaturwissenschaft und Gesellschaft 139

HANS HÖRMANN:
Psychologie und Gesellschaft 153

FRITZ BORINSKI:
Die Erziehungswissenschaft und die Gesellschaft 173

PHILOSOPHIE UND SOZIOLOGIE

Von Hans-Joachim Lieber

Das Thema der Vortragsreihe, die ich hiermit zu beginnen die Ehre habe, weist expressis verbis auf die Fragestellungen der Wissenssoziologie hin. Seit je hat sich ja die Wissenssoziologie als eine spezielle Forschungsmethode begriffen, deren Erkenntnisgegenstand die Beziehungen bilden, die zwischen Wissen und Gesellschaft, zwischen artikuliertem Bewußtsein und sozialer Realität als Inbegriff von sozialen Lagen, Schichtungen und Institutionen bestehen. Insofern als die Wissenssoziologie dabei als Wissen gerade auch seine systematisch betriebene und begründete Ausprägung begreift, wie sie in den entfalteten Wissenschaften gegliederte Gestalt gewinnt, ist die Wissenssoziologie ihrer Intention nach immer auch Wissenschaftssoziologie. Eine wissenschaftssoziologische Perspektive jedoch ist im Thema unserer Vortragsreihe, die dem Verhältnis zwischen Wissenschaften und Gesellschaft nachsinnen will, unabdingbar enthalten.

Halten wir uns daher zunächst an die Art und Weise, wie Wissenssoziologie im differenzierten Betrieb soziologischer Forschung heute sich angesiedelt hat, so lassen sich zumindest zwei Fragestellungen von unterschiedlichem Denkansatz und unterschiedlicher Forschungsmethodik gegeneinander abgrenzen, die beide durch den Terminus „Wissenssoziologie" gedeckt sind und damit auch von unserem Generalthema angezielt werden.

Wissenssoziologie weist sich einmal aus als konkret gezielte strukturanalytische und darin vorwiegend deskriptive Methode der Erforschung jener gesellschaftlichen Prozesse und Institutionen, die dem Bereich des systematisch betriebenen Wissenserwerbs wie ebenso der systematischen Wissensvermittlung eigentümlich sind. Solcherart vorgehende Wissenssoziologie ist in der Lage, etwa typologisch zwischen unterschiedlichen Formen arbeitsteiliger Kooperation in den verschiedenen Wissenschaftsgebieten zu unterscheiden und diese Differenz immanent zu begründen. So etwa vermag sie nicht nur die Problematik gesellschaftlicher Arbeitsteilung in wissenschaftlicher Forschung und Lehre überhaupt als ein Problem für bestimmte Wissenschaften insbesondere etwa im Umkreis sogenannter geisteswissenschaftlicher Disziplinen aufzuzeigen, sondern zugleich bis zu Fragen der Entsprechung zwischen Gesellschaftsentwicklung und Wissenschaftsorganisation vorzudringen. Indem dabei z. B. die traditionalbestimmte Stabilität zeitgenössischer Wissenschaftsorganisation in Lehre und Forschung etwa der Universitäten mit dem Übergang traditionaler Gesellschaften in die moderne Gesellschaft konfrontiert wird; indem dabei zugleich der Bildungsanspruch tradierter Wissenschaftsorganisation in Bezug gesetzt wird zu den Ansprüchen und Möglichkeiten, die die zeitgenössische Gesellschaft in Hinsicht auf Wissenschaft und Bildung in sich birgt, ist der wissenssoziologischen Forschung dieser Art ein kritischer Impuls und eine kritische Potenz nicht zu bestreiten. Diskussionen um eine Universitätsreform etwa, um die notwendigerweise herzustellende Korrespondenz von Wissenschaftsorganisation und Gesellschaftsentwicklung haben in wissenssoziologischen Analysen dieser Art immer wieder ihr stützendes und absicherndes Fundament.

Freilich, so sehr Wissenssoziologie dieser Art, ihrem eigenen Verständnis nach, Soziologie der Wissenschaftsorganisation ist, sie kann dabei nicht stehenbleiben, wenn sie ihre Auskünfte über die Wissenschaftsorganisation nicht als Forderungen nach purer gesellschaftlicher Realitätsanpassung der wissenschaftlichen Institutionen gelten lassen will, hinter denen sich ein unkritisches Hinnehmen der gesellschaftlichen Realitäten selber als letztentscheidender Orientierungsnorm verbirgt. Will Wissenssoziologie dieser Art ihre kritische Möglichkeit in der Analyse der Entsprechung von Entwicklungen in der Gesellschafts- *und* der Wissenschaftsorganisation wirklich wahrnehmen und entfalten und nicht erstarren in einem blinden gesellschaftlichen Konformismus, wird sie nicht umhin können, ihren Bezug auf und ihr Begründetsein in einer geschichtsphilosophisch-kritischen Theorie der Gesellschaft ebenso zu bekennen, wie ihr Gebundensein an einen sozialkritisch reflektierten Wissenschaftsbegriff. Das aber bedeutet: mag immer das Thema „die Wissenschaften und die Gesellschaft" im Sinne einer Wissenschaftssoziologie als Soziologie der Wissenschaftsorganisation angegangen werden können und ihr Recht für sich haben; es verbirgt sich in solchem Vorgehen unabdingbar ein Verständnis, ein Bewußtsein von Gesellschaft wie von Wissenschaft, das den organisationssoziologischen Aspekt sprengt. Will dieses Bewußtsein jedoch nicht einfach axiomatisch oder postulatorisch als Maßstab funktionieren, sondern sich selbst kritisch reflektieren und darin absichern, so kommt eine andere Perspektive wissenssoziologischer Forschung ins Spiel: die Frage nach der sozialen Bedingtheit und Funktion der Wissensgehalte.

Seit je ist Wissenssoziologie in diesem Sinne auch kritische Analyse der zwischen den Wissens- bzw. Wissenschaftsgehalten und der Gesellschaft bestehenden funktionalen Bezüge und Abhängigkeiten. Indem jedoch das Verhältnis zwischen Wissen und Gesellschaft dabei nicht nur je punktuell beschrieben, sondern in seiner grundsätzlichen Bedeutung erfaßt werden soll, bleibt die wissenssoziologische Analyse nicht begrenzte Angelegenheit einer speziellen wissenschaftlichen Forschungsdisziplin, sondern erlangt sie grundlagentheoretische Konsequenz. Die wissenssoziologische Frage hört auf, Angelegenheit einer speziellen und darin begrenzten wissenschaftlichen Einzeldisziplin zu sein; sie wird vielmehr Basis und Fundament einer gesellschaftlich bezogenen und gezielten Selbstbegründung der Wissenschaften. Was zur Debatte steht, ist nicht mehr die soziale Betriebsorganisation der Wissenschaften in ihrer Korrespondenz oder Diskrepanz zur gesellschaftlichen Gesamtentwicklung, vielmehr ist es das gesellschaftliche Selbstverständnis der Wissenschaften in einem umfassenden Sinne.

Dieses aber hängt nicht nur ab von der Frage, ob — und wenn ja, dann in welchem Sinne — die einzelnen Wissenschaften die Gesellschaft oder Gesellschaftliches zu ihrem Erkenntnisgegenstand haben, sondern viel fundamentaler davon, ob und in welchem Sinne die Art und Weise des Erkenntnisvollzuges, die darin sich entfaltenden Denkansätze, Konzeptionen, Denkstrukturen und möglicherweise auch Wertungen oder Wertvorstellungen zurückverweisen auf soziale Lagen und Standorte, auf soziale Schichten und deren Realinteressen, auf partielle oder generelle Bedürfnisse der Gesellschaft, von denen her sie Impuls und Richtung erhalten, von denen her sie motiviert sind und verstehbar werden.

Freilich ist eine sogeartete Fragestellung, die als Problem hinter der ganzen Vortragsreihe steht, in ihrem Sinn und ihrer Geltung nur einsichtig zu machen, wenn zumindest als Arbeitshypothese anerkannt wird: wissenschaftliches Denken ist, so mannigfache Ausprägungen es in den einzelnen Disziplinen erfahren und so sehr es dabei doch einheitlich sein mag in der Anerkennung von verbindlichen Normen der Wahrheitssuche und Wahrheitsvergewisserung, kein reines Licht, wie schon Francis Bacon sagte; d. h. es ist kein vom realen Lebensprozeß der Gesellschaft abgelöster, rein theoretischer Akt, sondern steht auch in sozialen Zusammenhängen, durch die es bedingt ist und die es zu reflektieren hat, und sei es auch nur um der eigenen Reinheit und also der eigenen Aufklärung willen. Solche sozial orientierte Selbstaufklärung jedoch wird keine Wissenschaft von sich abweisen wollen noch können, ist sie doch im Begriff der Wissenschaft selbst als Forderung enthalten.

Für Philosophie und Soziologie, die den Gegenstand des heutigen Vortrages bilden, stellt sich dabei die Forderung nach wissenssoziologischer Selbstaufklärung in einer besonders dringlichen und dabei zugleich diffizilen Art, ist doch solche Forderung selbst ein traditionales Element des philosophischen wie des soziologischen Denkens. Die Einsicht in die Sozialbedingtheit des Bewußtseins, sie mag im einzelnen unterschiedlich ausfallen und formuliert sein, hat ihren bestimmbaren Ort in der Geschichte der Philosophie und ist von ihr der Soziologie, gerade auch in deren Emanzipationsprozeß von der Philosophie, übermittelt. Und zwar kulminiert sie hier wie dort im Wissen um das Verhältnis von Ideologienbildung und Ideologienkritik. Es ist das Phänomen des Ideologischen, das in Verfolgung des erwähnten Selbstaufklärungsprozesses in Philosophie und Soziologie ins Spiel kommt und ihm seinen besonderen Reiz gibt.

Der heute verbreitete und darin zugleich weitgehend verwässerte Gebrauch des Begriffs Ideologie, der alles Geistige schlechthin und undifferenziert als Ideologie zu bezeichnen bereit ist, darf nicht darüber hinwegtäuschen, daß diesem Begriff ursprünglich ein zutiefst kritischer Aspekt innewohnt, der eine Kritik des Geistes ebenso unmittelbar anzielt wie eine Kritik der Gesellschaft, in deren Zusammenhang Geistiges als Ideologie wirkt. Ideologie meint die Spannung zwischen sozialer Distanz und sozialem Engagement des Geistes, zwischen Gesellschaftsinterpretation und Gesellschaftsapologie ebenso wie den Verdacht gegen einen an die gesellschaftlichen Realitäten blind verfallenden und sie unmittelbar verklärenden Geist. Dabei aber wird solche Spannung und solch funktionaler Bezug von Geist und Gesellschaft im Begriff der Ideologie eben nicht einfach beschrieben, sondern zugleich als ein der Kritik würdiges wie bedürftiges Phänomen dingfest gemacht. Solche Kritik zielt darin auf den an die Gesellschaft unmittelbar verfallenden Geist ebenso wie auf die Gesellschaft, zu deren Struktur solche Verfallenheit gehört. Insofern als dabei einerseits von dem im Ideologiebegriff ausgesprochenen Verdacht vorab die Philosophie getroffen wird, andererseits dieser Verdacht selbst sich als Konsequenz radikal-kritischer Philosophie versteht, ist die im Ideologiebegriff sich konzentrierende kritische Analyse von Bewußtsein und Gesellschaft unmittelbar als Element einer sozialen Selbstaufklärung der Philosophie gedacht. Und dieser Sachverhalt ist es, der zu der These Anlaß gab, die Philosophie habe es im radikalen Ernstnehmen der Frage nach ihrem Verhältnis zur Gesellschaft in einem sehr unmittelbaren Sinne mit sich selber zu tun, sofern sie ihre selbstaufklärerische Tradition nicht zu verleugnen gewillt ist.

Es ist die Philosophie der Aufklärung bei den französischen Enzyklopädisten ebenso wie bei Kant, in der solche kritische Analyse der Ideologie — verstanden als Selbstaufklärung der Philosophie — erstmals deutlich Profil gewinnt. Vorhergehende Einsichten in den Verfälschungscharakter sozial bedingter Vorurteile für die an Wahrheit interessierte wissenschaftliche Erkenntnis und die Konsequenz eines durch Erkenntniskritik zu bewirkenden Abbaues solcher Vorurteile gehen hier eindeutig in sozialkritische Analysen über. Als Ideologie gilt jetzt jener philosophisch-metaphysische und religiöse Geist, der als Instrument der

Rechtfertigung — den eigenen Wahrheitsanspruch gleichsam unterlaufend — sein Wesen und seine Funktion hat. Der Zusammenhang von politischer Macht und Geist als ihrem Instrument ist es, der das Thema aufklärerischen Nachdenkens über das Phänomen des Ideologischen bildet und der bis in seine sozial-institutionellen Ausprägungen hinein verfolgt wird. Kritik an der Ideologie ist Kritik an der Macht, die sich ihrer bedient. Solche Kritik zielt jedoch darin unmittelbar auch eine praktische Veränderung der Gesellschaft an, die als der Ideologisierung bedürftig und eben dadurch als unvernünftig sich erweist. Es soll durch kritische Analyse des Zusammenhanges zwischen politischer Macht und Ideologie sowohl der Schein und Geltungsanspruch des Ideologischen destruiert werden, als auch jene politische Macht und Realität, die aus der Verbreitung solchen Scheins ihren Bestand herleitet und sichert. Indem die Ideologienkritik als Machtkritik solcher Art die Tendenz zur Gesellschaftsveränderung in sich enthält, wird sie selbst zu einer progressiven Kraft in der historisch-sozialen Dynamik. Im analytisch-kritischen Begreifen der Gefahren seines ideologischen Verfalls und ihrer machtpolitischen Triebkräfte will sich der philosophische Geist zu dem aufklärend befreien, was er zu sein vermag und in bezug auf die Gesellschaft auch stets zu sein beansprucht: Element ihrer Gestaltung nach Maßgabe der Vernunft.

Freilich ist ideologienkritische Philosophie der Aufklärung zu solcher gesellschaftsgestaltenden Potenz nur befähigt, weil ihr ein utopisches Element unaufhebbar innewohnt. Es ist die aus der Idee der Vernunft deduzierte Konzeption einer gerechten, freien und gleichen Gesellschaftsordnung, die den Maßstab der Bestimmung und Kritik des Ideologischen abgibt, und zwar dadurch, daß sie der faktischen Ordnung der Gesellschaft und der Funktion des Geistes in ihr als antizipatorisches Prinzip vorgehalten wird. Es wird damit in der aufklärerischen Ideologienlehre neben dem Zusammenhang von Ideologie und politischer Macht auch ein solcher zwischen Ideologie, Ideologienkritik und Utopie einsichtig, der für die soziale Selbstaufklärung der Philosophie konstitutiv zu sein scheint.

In der Tat, Kritik der Ideologie als einer geistig verklärenden Rechtfertigung dessen, was gesellschaftlich ohnehin der Fall ist, scheint möglich und konsequent nur dann, wenn sie in einem geschichtsphilosophisch orientierten Begriff von Fortschritt sich gründet, der der Gesellschaft in dem, was sie ist, noch immer das vorhält, was sie zu sein vermag und was sie zu sein beansprucht und die daher in der Konfrontation von Idee und Wirklichkeit, von Norm und Faktizität der Gesellschaft immer wieder ihre Basis hat. Mag immer sich dieser Aspekt der Ideologienkritik und -analyse entsprechend den Ausformungen der bürgerlichen Gesellschaft zur Klassengesellschaft etwa im Werk von Marx gewandelt und differenziert haben, mag dabei nunmehr weniger das Phänomen der gezielten Indienstnahme des Geistes durch die politischen Mächte autoritärer Prägung das Interesse finden, als vielmehr der Selbsttäuschungsprozeß einer Gesellschaft, die im Bewußtsein und durch das Bewußtsein ihre inneren Antagonismen sich verdeckt, und zwar aus objektiven Gründen der Gesellschaft selbst, mag also die Falschheit des als Ideologie bezeichneten Bewußtseins nicht schon in seiner Funktion der Rechtfertigung schlechthin gesehen werden, sondern in jener konkreten Rechtfertigung, die das gesellschaftlich Tatsächliche als erfüllte Idee verklärt und damit hinter den Anspruch der Gesellschaft ebenso zurückfällt wie hinter den sozialen Anspruch der Philosophie; in all dem ist auch bei Marx im Begriff des Ideologischen und seiner Kritik der Bezug auf radikale Aufklärung der Philosophie wie der Gesellschaft durchgehalten. Mag immer sich dabei in den Konzeptionen einer universalhistorischen Erlösungs- oder Erfüllungsfunktion des Proletariats das Marxsche Denken zumindest in Ansätzen selbst wieder ins Ideologische verkehren, seinem Impuls nach ist es — entgegen dem, was heute als Marxismus kursiert — alles andere denn beliebig handhabbare Methode der Polemik und der totalen Verdächtigung im politisch-sozialen Kampf. Es ist auch dieser differenzierte Ideologiebegriff im Sinne Hegels bestimmte Negation, Konfrontation von Geistigem und seiner Verwirklichung, und er hält insofern an einem Begriff von Wahrheit als Idee und Aufgabe fest. Unwahrheit der Ideologie ist ja auch hier im Verhältnis der philosophischen Idee zur gesellschaftlichen Praxis als dem Medium ihrer Verwirklichung begründet, und es sind daher nicht die Ideen von Freiheit, Gleichheit und Gerechtigkeit „an sich" falsch, sondern nur in jenem gesellschaftlich verbreiteten Schein, der besagen will, sie wären bereits realisiert, ihr Anspruch wäre gesellschaftlich bereits eingelöst.

Was dabei Wahrheit ist, ist aber demzufolge ebenfalls nicht mehr im Sinne einer Philosophie des un- oder überhistorischen „An-sich-Seins" auszumachen, sondern eben als Potenz und Tendenz in den historischen Prozeß selbst hineingenommen. Philosophie, die mit dem Begriff der Ideologie als kritischem Grundbegriff eigener sozialer Selbstaufklärung arbeitet, hört auf, Wesensphilosophie traditioneller, vorkritischer Art zu sein, wie sie ebenso eine sich selbst genügende und in sich kreisende, jedes Engagement überhaupt vermeidende Kritik um der Kritik willen hinter sich läßt. Vielmehr ist sie gerade gehalten, aus der kritischen Konfrontation des Sein-Sollenden, des Schon-Wirklichen, des Erst-noch-Möglichen und darin Notwendigen ihre Impulse zu ziehen, um in der Dialektik von Distanz und Engagement, von Kritik und Apologie ihrer eigenen gesellschaftlichen Verbindlichkeit in einem unmittelbar-praktischen und historisch konkreten Sinne mächtig zu werden oder zu bleiben.

Ist aber gerade diese Absicht, für je konkrete Gesellschaft und ihren historischen Prozeß aktive Verantwortung tragen zu können und tragen zu wollen, der Kern jener aufklärerischen philosophischen Position, die ihrer sozialen Verbindlichkeit bewußt ist und sie zugleich vermöge des Ideologiebegriffs kritisch reflektiert, dann ist in der nunmehr sich stellenden Frage nach dem Verhältnis zeitgenössischer Philosophie zur Gesellschaft immer zugleich auch danach mit gefragt, ob sie und in welchem Sinne sie die durch den Ideologiebegriff ausgemachte eigene soziale Selbstgefährdung ins Bewußtsein hebt, ob sie und wie sie ihre Tradition gesellschaftsorientierter Selbstaufklärung wachhält und aktualisiert.

Zeitgenössisches Philosophieren scheint dies zu tun, sucht es doch nicht umsonst nach „Neuen" Wegen einer Metaphysik und erblickt es in ihnen seine auch von der Gesellschaft der Zeit zu akzeptierende Zukunft. In Würdigung der Kritik an traditionaler Seinsmetaphysik sucht sie diese neuen Wege, indem sie von einer Analyse der Situation des Menschen als „In-der-Welt-Sein" ausgeht und sich demzufolge als Existenzphilosophie oder Existenzialontologie den Zugang zum Sein als Ursprung oder Transzendenz erschließt. So sehr damit die Möglichkeit sich zu eröffnen scheint, daß Philosophie die Geschichte und mit ihr und in ihr das Werden der Gesellschaft als ein höchst Konkretes wieder in den Griff zu nehmen in der Lage wäre, so sehr wendet sich existenzielles Philosophieren in seiner zeitgenössischen systematischen Ausprägung doch weitgehend gegen solche Möglichkeit, bleibt gleichsam hinter dem zurück, was es selbst vermöchte. Indem die Philosophie ihren Ausgangspunkt, das „In-der-Welt-Sein" des Menschen, selbst wieder auf seine Existenzialien oder bleibenden Bestimmungen hin abfragt, verliert sie Geschichte und Gesellschaft als je konkreten Prozeß entweder ganz aus dem Blick, oder aber sie gerinnen ihr begrifflich zu so etwas wie „Geschichtlichkeit" und „Soziabilität". Damit aber werden Geschichte und Gesellschaft nicht nur wiederum zu etwas im Grunde Unhistorischem; Philosophie dieser Art selbst fällt in eine Position zurück, die der traditionalen Seinsmetaphysik und ihrer Unterscheidung zwischen Substanz und Akzidenz, zwischen dem Bleibenden und seinen Erscheinungen, zwischen dem Ersten, dem Ursprünglichen und dem Abgeleiteten zumindest nicht unähnlich ist. Karl Löwiths jüngste Versuche, das Problem von Menschen und Geschichte durch Rekurs auf „die Dauer" oder das „Dauernde in der Geschichte" anzupacken, wären hierfür etwa ein Beleg. Gerade das aber provoziert doch wohl die Frage — und zwar angesichts der Geschichte der Philosophie ebenso wie angesichts der Geschichte der Gesellschaft, der sie verbunden ist —, ob Philosophie nicht damit gerade den Auftrag verfehlt, den zu erfüllen ihr heute ihrem eigenen Verständnis gemäß als Verpflichtung aufgegeben ist.

Die Dringlichkeit und der Sinn dieser Frage werden besonders dann einsichtig, wenn man jene Passagen zeitgenössischer Existenzphilosophie beachtet, in denen sie sich angeblich den Fragen „zeitgeschichtlicher" Existenz des Menschen stellt und dabei — ungeachtet der Differenz der Positionen im einzelnen — die Traditionen einer an Freiheit interessierten Philosophie gegen die totale Bedrohung menschlichen Selbstseins in Anschlag zu bringen versucht. All jene Passagen gipfeln doch im erweckenden Appell an die Individualität, sich in permanenter Entscheidung die Eigentlichkeit personaler Existenz zu bewahren oder zu erringen. Sehen wir einmal von dem jeder geschichtlich-sozialen Konkretion ermangelnden Entscheidungsbegriff ab, der blindes, dezisionistisches Engagement an das faktische Geschehen der Zeit nicht nur provoziert, sondern es als existenzphilosophischen Entschluß und daraus folgenden, geschichtlichen „Einsatz" auch noch verklärt — was etwa an Heideggers Verhalten 1933 in dem Zusammenhang mit seiner Philosophie demonstrierbar wäre —, so steht darüber hinaus der appellatorische Charakter dieser Philosophie doch fortlaufend in der Gefahr, die Faktizitäten der modernen Gesellschaft nicht als je historische Bedingungen einer Entfaltung und Bewährung menschlicher Existenz kritisch zu akzeptieren und zu bearbeiten, sondern sie schon als solche zum Medium ausschließlich uneigentlicher Existenz, zum Medium der Bedrohung von Eigentlichkeit zu depravieren.

Handelt es sich angesichts der Sozialsituation der Moderne vor allem um die Frage, wie der Mensch in dieser versachlichten Sozialwelt der Apparate, Funktionen und Organisationen noch als Mensch zu existieren vermag, so lebt der erweckende existenzphilosophische Appell zum eigentlichen Selbstsein nur allzu leicht aus der bewußten Distanzierung von eben diesen sozialen Faktizitäten. Insofern jedoch, als eine solche Distanzierung von der faktischen Gesellschaft, wenn sie sich übersteigert, zur geistigen Esoterik verleitet, bleiben trotz einer so gearteten philosophischen Kritik die Faktizitäten der Gesellschaft dem blinden Sich-Auswirken überlassen. Die kritische Philosophie verwandelt sich kaum zureichend zum Element einer Entradikalisierung und Bändigung blinder gesellschaftlicher Mächte und Prozesse.

Zumal wenn zeitgenössische Existenzialontologie alles konkret Sachhaltige sozialer Existenz in Konsequenz ihres Begriffes von Eigentlichkeit den Einzelwissenschaften, wie Soziologie, Ökonomie, Psychologie und Geschichte, als Gegenstand analytischer Forschung zuweist, versagt sie sich selbst zunehmend die Möglichkeit, jenes Sein begrifflich zu fassen, das sie als Philosophie anzielt. Es muß ihr entschwinden, indem sie es — trotz aller Beteuerung konkreter Sicht — fast nur noch als ein jeder historisch-sozialen Bestimmung entleertes Abstraktum im Blick hat. Sie sanktioniert aber damit die faktische Gesellschaft, die sie vermeintlich kritisiert, hintergründig auf eine höchst gefährliche Weise. Nicht nur gibt sie der Emanzipation der genannten Einzelwissenschaften von der Philosophie vorbehaltlos nach, sondern sie bestätigt damit zugleich auch das Prinzip gesellschaftlicher Arbeitsteilung als für die Entfaltung und Bewährung des Geistes gültig. Damit aber liefert sie diese Wissenschaften, wie ebenso sich selbst, der faktischen Gesellschaft und ihren Entfaltungs- und Wertungsmaßstäben aus. Indem sie allen gesellschaftlich-konkreten Inhalt menschlich-sozialer Existenz vermöge ihres Begriffes von Eigentlichkeit nur allzuleicht vernachlässigt und den Einzelwissenschaften zuweist, paßt sie sich ungewollt einer Gesellschaft an, die in sich die Tendenz offenbart, das Wirken des Geistes fast nur noch entweder nach Maßstäben von Leistung, Nutzen und Erfolg zu werten oder aber als dekorativen, sozial unverbindlichen, kulturellen Luxus zu dulden. In einem wie im anderen Falle wird der Geist als kritische Potenz der gesellschaftlichen Ohnmacht überantwortet; eine Philosophie jedoch, die dem nicht nur zustimmt, sondern zu einem erheblichen Teil sogar in diesem Verlust der Einheit des kritischen Geistes fundiert ist, dankt als Element gesellschaftlicher Aufklärung in letzter Konsequenz ab und erstarrt — wenn auch ungewollt — schließlich in ideologischer Option.

Das aber berechtigt wohl zu der Aussage: wenn Philosophie in Würdigung ihrer eigenen Geschichte und des darin entfalteten Selbstverständnisses eingestehen muß, daß sie kein vom Lebensprozeß der Gesellschaft abgelöster, rein geistiger Akt ist, sondern in der Spannung von sozialer Distanz und sozialem Engagement und in diesem Sinne in der kritischen Verarbeitung der Spannung von Theorie und Praxis sich ebenso begründet wie entfaltet, dann hat sie heute nachhaltig Ernst zu machen mit dieser Einsicht. Das aber heißt: sie hat Gesellschaft in ihrer konkreten Gestalt einmal zu verstehen als das Resultat einer Philosophie, die von jeher versprach, durch rationale Erkenntnis und darin gründender Beherrschung der Welt *Vernunft* in ihr ebenso zu verwirklichen wie *Freiheit*.

Sie hat Gesellschaft in ihrer konkreten Gestalt zum anderen zu begreifen als einen Prozeß, der dieses Versprechen der Philosophie immer weniger einzulösen in der Lage ist. Und sie hat schließlich diesen Widerspruch von Idee und Realität der Gesellschaft, der ebenso ein solcher von Anspruch und Resultat bisheriger Philosophie ist, zu reflektieren. Reflexion dieses Widerspruchs aber erfüllt sich nicht, indem Philosophie als metaphysische Frage nach abstrakten und zeitlosen Grundbestimmungen von Welt und Mensch sich gerade von jenem Schuldzusammenhang der Geschichte und Gesellschaft absondert, an dem sie selbst teilhat.

Reflexion des Widerspruches erfüllt sich nur, indem Philosophie als radikale Kritik der Gesellschaft wie ihrer selbst seine realen Bedingungen bewußt macht. Philosophie hat ihre Zukunft darin, daß sie sich als metaphysische Theorie traditionaler Gestalt, die sie auch in jedem neuen Gewande bleibt, überwindet und zu einer radikal-kritischen, gesellschaftlich-konkreten Aufklärung befreit, in der sich der philosophische Gedanke als Element rationaler Einsicht wie Veränderung bewährt.

Erweist sich damit das Verhältnis von Philosophie und Gesellschaft noch immer als so geartet, daß es dem ideologischen kritischen Zugriff sich stellt und eines solchen auch bedürftig ist, so gilt ähnliches von der Soziologie, wenn man sie auf ihr Verhältnis zur Gesellschaft hin abfragt und dabei wiederum ihr eigenes geschichtliches Selbstverständnis in Anschlag bringt. Das Verhältnis der Soziologie zur Gesellschaft ist ja nicht nur dadurch gekennzeichnet, daß ihr die Gesellschaft expressis verbis zum Erkenntnisgegenstand wird und daß sie sich in der Präzisierung eines solchen Erkenntnisobjektes — in bewußter Abgrenzung gegen die Philosophie — als eigenständige, erfahrungswissenschaftliche Disziplin zu begründen unternimmt. Vielmehr ist schon im historischen Ursprung erfahrungswissenschaftlicher Emanzipation der Soziologie von der Philosophie der Anspruch mit enthalten, gerade eine nicht mehr philosophisch-spekulative Sozialerkenntnis werde das Versprechen auf Gestaltung einer gerechten und freien und darin vernünftigen Gesellschaft einzulösen vermögen. Das aber bedeutet: Soziologie begreift sich in ihrem Ursprung als die erfahrungswissenschaftliche Disziplin, die das Erbe der Aufklärungsphilosophie verpflichtend übernimmt, indem sie es seines metaphysischen Fundamentes entkleidet und positiv verwirklicht. Und nicht nur dies: Die Forderung nach positiver Sozialerkenntnis mit praktischer Konsequenz durch eine erfahrungswissenschaftliche Soziologie hat selbst ihr Fundament in einem wissenssoziologischen Theorem, nämlich in der Zuordnung von Gesellschaftsentwicklung und Erkenntnisentwicklung.

Comtes Konzeptionen sind hierfür ein Indiz, zugleich aber auch dafür, daß und in welcher Weise die Idee einer positiven, da erfahrungswissenschaftlichen Sozialerkenntnis einen gesellschaftlichen Konservatismus zu provozieren vermag. Wenn nach Comte die Soziologie die Aufgabe übernehmen muß, die durch philosophische Spekulation und Kritik und deren gesellschaftsrevolutionäre Konsequenzen aus den Fugen geratene Welt wieder in Ordnung zu bringen, wenn sie helfen soll, die Revolution zu beenden, ohne ihre Errungenschaften preiszugeben, wenn sie beitragen soll zu einer Versöhnung von Fortschritt und Ordnung, und wenn sie demzufolge als Wissenschaft der sozialen Krise zugleich Wissenschaft der sozialen Stabilisierung sein soll, dann ist damit die Auffassung von der gesellschaftlichen Funktion des soziologischen Gedankens umrissen, die an der Wiege der Soziologie steht: Soziologie als Wissenschaft ist Mittel sozialer Koordination und Integration, und sie erschöpft sich darin. Was sie an gesellschaftlicher Kritik zu leisten vermag, ist kaum mehr als der analytische Hinweis auf jene sozialen Tatbestände, die als Störungsfaktoren einem Positivwerden, und d. h. im wesentlichen einem reibungslosen Funktionieren der Gesellschaft entgegenstehen.

Zeitgenössischer, erfahrungswissenschaftlicher Betrieb der Soziologie steht in dieser oder jener Form, bewußt oder nicht bewußt, im Banne jener positivistischen Tradition, die von Comte sich herleitet. Aber wo bei Comte die Idee eines Positivwerdens der Gesellschaft und des Beitrages der Soziologie dafür noch immer, ausgesprochen und offen bekundet, in einer geschichtsphilosophischen Sicht der notwendigen Entwicklung der Gesamtgesellschaft begründet ist, wo bei Comte daher noch so etwas vorhanden ist wie philosophisch-historische Theorie der Gesellschaft, die dem kritischen Argument sich stellt, da fällt diese Kondition in zeitgenössischer, erfahrungswissenschaftlicher Soziologie auch noch weitgehend aus. Seit der um Max Weber entbrannten Werturteilsdiskussion hat sich der Verzicht auf gesamtgesellschaftliche Kritik als Aufgabe der Soziologie durchgesetzt. Wie darin Werturteilsfreiheit notwendig als jedes sozial-praktische Engagement vermeidende und verneinende Voraussetzungslosigkeit mit verstanden wird, beweist nicht zuletzt das Nachwirken jener Tradition soziologischen Denkens, die vorab mit Comte anhub. Der positivistische Bann wird nicht durchbrochen. Die Konsequenzen liegen auf der Hand.

Um soziale Phänomene erfahrungswissenschaftlich unter kontrollierbaren Bedingungen analysieren zu können, sieht Soziologie dieser Art sich gezwungen, ihre Gegenstände aus dem sozialen Zusammenhang herauszulösen und sie zu isolieren gegen Einwirkungen aus anderen sozialen Bereichen. Die isolierende Determination des Besonderen wird auch hier zur Negation des Ganzen der Gesellschaft.

Sie bezahlt die Exaktheit der Analyse isolierter Detailphänomene mit der Irrelevanz ihrer Ergebnisse für die Erkenntnis des gesamt-gesellschaftlichen Zusammenhanges und der Richtung des sozialen Prozesses. Damit aber steht sie angesichts der Frage, wie historisch gewordene Gesellschaft von heute sich zu ihrem Morgen, also zu ihren eigenen Möglichkeiten verhält, in einer seltsam zwiespältigen Situation: sie kann sie nicht abweisen, ist sie doch seit eh und je an sie gestellt; sie kann sie aber auch kaum hinreichend beantworten, denn Fragen der Richtung und Zukunft der Gesellschaft sind beim gegenwärtigen Begriff und Stand der soziologischen Forschung nur mit unzulässigen Extrapolationen anzugehen, die man gerne der Philosophie zuschiebt. Erst dann, wenn derartige Teilbeobachtungen sich in eine allgemeine soziologische Theorie einfügen lassen, sollen sie ihre erfahrungswissenschaftliche Klärung finden. Der Gedanke an eine Vertagung ad calendas graecas liegt aber dann nahe, wenn nicht solche Zukunftsprobleme überhaupt als nicht verifizierbare und deshalb „sinnlose" Probleme von vornherein ausgeklammert bleiben.

Bewußt ist nicht mehr „die Gesellschaft" der Erkenntnisgegenstand, sondern das, was man das Soziale nennt. Als „Soziologie ohne Gesellschaft" glaubt die Soziologie heute allein ihren Status als Wissenschaft erreichen zu können. Horckheimer und Adorno weisen darauf mit Recht hin, wenn sie sagen: „Aus der Not des Verlustes eines Begriffes von Gesellschaft wird die Tugend der Überschaubarkeit ihrer Teilgebiete gemacht."

Die Gesellschaft bleibt nur noch als hypothetische Annahme von einem Ganzen vorhanden, auf das die einzelnen Bereiche und Institutionen funktional bezogen sind. Wenn z. B. die funktionalistische Theorie soziales Handeln sowie Institutionen und Werthaltungen unter dem Gesichtspunkt ihres Beitrages zum Funktionieren eines als System vorgestellten Ganzen untersucht, erscheint die erwähnte Auflösung der Gesellschaft in isolierte Teilbereiche dadurch kompensiert, daß diese Teilbereiche unter einem einheitlichen Gesichtspunkt betrachtet werden können: dem ihres Beitrages zur Erhaltung der Integrität bestehender Strukturen. Der von Talcott Parsons „allwichtig" genannte Begriff der Funktion bezeichnet den Bezug eines Teiles auf ein Ganzes. Genauer gesagt: etwas hat dann eine Funktion, wenn es das Funktionieren des gegebenen Gefüges fördert. Der Funktionalismus, die machtvollste Schule des soziologischen Denkens in den letzten Jahrzehnten, sieht dementsprechend jedes Problem unter dem Aspekt von Gleichgewicht und reibungslosem Funktionieren von Gesellschaften und ihren Subsystemen. Sie klassifiziert jedes Phänomen nach seiner Leistung für die Erhaltung des Gleichgewichts im System.

Gewiß, dieses Gleichgewicht wird nicht statisch gedacht, sondern beweglich. Das System hat nicht eine Struktur vom Typ des Gebäudes, sondern vom Typ des Organismus. Aber die in Analogie zum Organismus gedachte Dynamik bleibt zuletzt doch eben die eines geschlossenen Systems. Das hat weitreichende Konsequenzen. Das Ganze ist harmonistisch, es kann nicht als Einheit in Widersprüchen gedacht werden. Demzufolge erscheinen Störungen des Gleichgewichts auch nicht als strukturell gezeigt und bedingt, sondern entweder als durch pathologische Abweichung oder durch das Eindringen metasozialer Einflüsse hervorgerufen. Um sich wieder ins Gleichgewicht zu bringen, verfügt das soziale System über gewisse Mechanismen, die für die Schlüssigkeit der funktionalistischen Theorie sehr wichtig sind: die Mechanismen der „sozialen Kontrolle"; und es erhebt sich die Frage, inwieweit die funktionalistisch verstandene und betriebene Soziologie nicht selber — jenseits ihrer Erkenntnisabsichten — bereits als ein Mittel der sozialen Kontrolle anzusehen ist.

Da sie wesentlich ungeschichtlich ist, kann sie sozialen Wandel nur in der Dimension des schon Vorhandenen fassen. Soziale Konflikte bekommt sie, wenn überhaupt, nur schwer in den Griff, sie hebt die bei aller Negativität immer noch „positiv funktionalen", integrativen Aspekte an sozialen Konflikten hervor, oder sie bestimmt sie nichtssagend als sogenannte Disfunktionen, von denen sie nicht mehr zu sagen weiß, als daß sie Anomalien seien. Als Triebkräfte des sozialen Prozesses über bestehende Strukturen hinaus können sie einer funktionalistischen Soziologie kaum hinreichend zum Thema werden. Das aber bedeutet, daß sie letztlich wohl oder übel zu einem Mittel der Sanktionierung der sozialen Normen und Institutionen wird, wie sie nun einmal sind. Anpassung an die geltenden Verhältnisse ist deshalb auch nicht nur theoretischer Schlüsselbegriff der Analyse und Diagnose, sondern zugleich auch stereotype Auskunft an die Individuen zum Zwecke der Therapie.

Von Wertfreiheit kann hier nur noch in einer Richtung die Rede sein: nicht mehr umfassende sozial-kritische Analyse — wie in der Soziologie des 19. Jahrhunderts — bildet den Inhalt der erwähnten Zentralbegriffe, wie Funktionssystem, soziale Kontrolle und Anpassung, vielmehr Verbannung jeder kritischen Distanzierung von der Wirklichkeit aus der Analyse. Unversehens entsteht jedoch dabei ein in umgekehrter Weise wertendes Bild: ein Bild der Harmonie, der Integration, der Anerkennung des Faktischen als sinnvoll und richtig. Stabilisierungsinteressen der gegenwärtigen Gesellschaft können deshalb von den Soziologen unmittelbar in ihren Begriff der Gesellschaft mit einbezogen werden. Das bedeutet: ein konservativer Einschlag erfahrungswissenschaftlich-funktionalistischer Soziologie ist wohl unverkennbar, aber doch im Sinne politischer Ideologie nicht ohne weiteres nachzuweisen. Der Konservatismus tritt im Mantel der mißverstandenen Wertfreiheitsforderung als Konformismus auf, der gewissermaßen unausgesprochen bleiben kann. Und er entzieht sich der Kritik noch einmal mehr dadurch, daß die Gegenwart — wie etwa bei Schelsky — als „nachideologische Epoche" beschrieben wird, in der verzerrende Bilder der Wirklichkeit als Instrumente der Rechtfertigung nicht mehr möglich oder doch nicht mehr wirksam seien.

Ideologiekritik, die noch auf Gesamtgesellschaft, ihren historischen Prozeß, ihr Woher und Wohin zielt und darin den soziologischen Gedanken nicht unberührt läßt, wird so um ihre Wirkung gebracht, indem sie sich dem Vorwurf eines Verfehlens der sozialen Realitäten und Interessen ausgesetzt findet.

Und dennoch kann und darf Ideologiekritik sich trotz oder gerade wegen dieses Selbstverständnisses zeitgenössischer Soziologie aus gutem Grunde ihr Geschäft nicht nehmen und ihren Sinn nicht bestreiten lassen. Seit nämlich die Soziologie sich von der Philosophie emanzipierte, als positive Einzelwissenschaft begründete und sich dennoch darauf berief, Grundlage gesellschaftlichen Fortschritts zu sein, huldigt sie einer Tradition, wonach Fortschritt der Gesellschaft am Grade ihrer Stabilität sich allein bemißt. Hintergründig wird jedoch solche Orientierung der Soziologie zum Element der unkritischen Sanktionierung gesellschaftlicher Realitäten und Mächte in ihrer Faktizität. Damit verfehlt Soziologie gerade jenen Anspruch, der auch und unverlierbar zu ihrer Tradition gehört und aufklärerisches Gesellschaftsdenken prägte: Gestaltungsfaktor eines gesellschaftlichen Prozesses zu sein, der — gemessen an der Idee einer gerechten, freien, gleichen und vernünftigen Gesellschaft — noch immer über das hinausdrängt, was jeweils gesellschaftlich der Fall ist. Vermöge der Einsicht in die konservierend-konformistische Funktion einer Soziologie als Erfahrungswissenschaft also gilt es, die Einseitigkeit der darin zum Zuge kommenden Tradition soziologischen Denkens zu erkennen und wieder Raum zu gewinnen für eine Soziologie als kritischer Theorie der Gesellschaft, die der Frage nach dem nicht ausweicht, was Gesellschaft als Ganzes morgen sein kann und sein soll. Sie wird dabei — zugleich in der Reflexion ihres eigenen Erbes — die Distanzierung von den Faktizitäten dieser Gesellschaft bekennen müssen, jedoch nicht um sich anmaßend über sie zu erheben, sondern um vermittels einer Kritik, die ihre Maßstäbe aus der Konfrontation von Idee und Realität der Gesellschaft entnimmt, das Engagement an diese Gesellschaft und ihre Möglichkeiten zu bekunden. Freilich ist das ein Engagement, das das Bestehende nicht schon als solches sanktioniert, sondern über es hinausgreifend praktische Mitwirkung an dem einschließt, was die Gesellschaft von heute angesichts ihres Morgen sein will. Die Soziologie wird damit nicht nur selbst mitverantwortlich für diese Gesellschaft von morgen, und zwar als kritische, aufklärerische Instanz, sondern sie gewinnt darin zugleich auch einen Begriff von Fortschritt zurück, der für die ursprünglichen Impulse aufklärerischen Gesellschaftsdenkens verbindlich war. Aufklärung jedoch ist das, was gegenwärtige Gesellschaft seit ihrem historischen Ursprung zu verwirklichen versprochen hatte und doch vermöge der in ihr waltenden objektiven Mächte und auch vermöge der an sie hintergründig gebundenen Soziologie einzulösen noch immer nicht in der Lage war.

Damit schließt sich der Kreis der Gedanken: wenn zeitgenössische Philosophie und Soziologie vermöge ihrer Emanzipation voneinander noch immer das verfehlen, was sie — gemäß ihrem eigenen Erbe — gesellschaftlich seit je versprachen, dann wird die Rücknahme der Emanzipation voneinander die notwendige Bedingung für die Möglichkeit einer gesellschaftlichen Einlösung dieses Versprechens. Wenn damit als Antwort auf die Frage nach dem Verhältnis von Philosophie und Soziologie als Wissenschaften zu ihrer eigenen Gesellschaft auf Grund der Einsicht in ideologische Funktionen ihrer zeitgenössischen Gestalt die Forderung nach einem Soziologischwerden der Philosophie und einem Philosophischwerden der Soziologie sich aufdrängt, dann darf das freilich nicht mißverstanden werden. Nicht darum kann es sich handeln, zwei selbständige wissenschaftliche Disziplinen lediglich einander näherzubringen oder zu kompilieren, sondern darum, sie im Hegelschen Sinne in ihrer Isolation aufzuheben, um sie in einer radikalen Veränderung ihrer singulären Gestalt zu ihrer eigenen Wahrheit zu bringen, die dann auch eine solche für die Gesellschaft zu sein vermag, der sie unabdingbar verbunden sind und bleiben.

THEOLOGIE UND GESELLSCHAFT

Von Marcel Reding

Das Thema Theologie und Gesellschaft kann dreierlei grundsätzlich Verschiedenes, wenn auch Zusammenhängendes bedeuten: I. das Wechselwirkungsverhältnis der beiden Realgebiete Theologie und Gesellschaft, den Einfluß einer wirklichen Theologie auf eine wirklich gegebene Gesellschaft und umgekehrt; II. das Gewicht, das der Gesellschaft für den Gegenstand und die Begrifflichkeit der Theologie zukommt; III. eine theologisch orientierte Gesellschaftslehre selbst. Diese drei Fragen bedürfen für verschiedene Theologien und Gesellschaften und für die verschiedenen Epochen einer Theologie und einer Gesellschaft einer verschiedenen Beantwortung. Theologie bedeutet z. B. der mittelalterlichen Gesellschaft etwas anderes als der gegenwärtigen, der gesellschaftliche Gesichtspunkt theologischer Fragen wird heute anders gesehen als noch vor 100 Jahren, und die gesellschaftlichen Probleme sind heute andere als in Antike und Mittelalter.

Das Verständnis unseres Themas hängt natürlich nicht zuletzt von den dabei vorausgesetzten Begriffsbestimmungen von Gesellschaft und Theologie ab. Über den Begriff der Theologie ist noch später zu reden. Was Gesellschaft sei, darüber sind sich die Soziologen nicht einig. Aus praktischen Gründen sei hier die traditionelle Begriffsbestimmung von Gesellschaft als „Ordnungseinheit Vieler im Hinblick auf ihr Gemeinwohl" übernommen. Damit wird Gesellschaft nicht als oberster Dachbegriff für alle Gruppenverbände verstanden, sondern als moralische Einheit, die überall dort vorhanden ist, wo Menschen sich frei im Hinblick auf ein gesellschaftliches Ziel zusammentun. Ein solches Ziel kann das Heil des Menschen sein; dann bildet es die Religionsgesellschaften, die in bestimmter Form als Kirchen auftreten. Daß nun Theologie gerade für die Religionsgesellschaften eine besondere Bedeutung hat, läßt sich von vornherein vermuten, aber sie hat auch natürlich einen erheblichen Einfluß von dorther auf die staatliche, die bürgerliche und andere Gesellschaften, in dem Maße als die Menschen, die diesen Gesellschaften angehören, sich religiös orientieren, sei es, daß sie selber religiös sind, sei es, daß sie das theologische Denken schätzen und anerkennen oder doch aus mancherlei Gründen zu schätzen und anzuerkennen vorgeben. So hat z. B. die vom Nationalsozialismus bekämpfte christliche Theologie nach dem Zusammenbruch des Dritten Reiches im deutschen Sprachgebiet auch bei jenen Kreisen, die an sich nicht christlich denken, eine erneute, wenigstens äußerliche gesellschaftliche Anerkennung gefunden.

I.

Theologie als Reflexion über den Glauben ist später als dieser und hat innerhalb der verschiedenen Glaubensgestalten eine je verschiedene Funktion. Innerhalb des Hinduismus z. B. ist der Mannigfaltigkeit und Verschiedenheit der Glaubensgehalte und der theologischen Systeme kaum eine Schranke gesetzt. Gemeinsam ist den großen Massen der Hindus aber die Ehrfurcht vor den natürlichen Ordnungen, vor dem Karma und dem Sittenkodex des Dharma. Der Hinduismus ist geneigt, das Elend als den Ausfluß einer notwendigen Gesetzlichkeit aufzufassen, und deswegen ist er freien sozialen Umgestaltungen von Haus aus abgeneigt. Dieses soziale Unvermögen des Hinduismus hat viele seiner Anhänger zum Kommunismus oder zu weltlicher Denkungsart hinbewegt. Trotz seiner großen Toleranz gibt es auch einzelne intolerante hinduistische Bewegungen, die auf Grund ihrer Bekämpfung etwa des Christentums nach der Befreiung Indiens zu erheblichen Spannungen in dem neuen Staat geführt haben.

Jüdische Theologie ist zwar auf das Alte Testament festgelegt, doch treffen die verschiedenen anerkannten Schulen innerhalb des Judentums ihre eigene Auswahl des Wichtigen und Verbindlichen im Bereich der Offenbarung, ohne eine feste Bindung an ein gegebenes Dogmensystem. Daß Theologie innerhalb des Judentums seit jeher eine entscheidende Rolle im sozialen Leben gespielt hat, ist leicht daraus zu ersehen, daß das jüdische Volk zunächst theokratisch organisiert war. Als es seine staatliche Existenz verlor, sammelte es sich um Gemeinden, innerhalb deren der Rabbiner einen verschieden großen Einfluß ausübte. Nach Zeiten einer ausgesprochenen Gleichberechtigung aller Volksgenossen vermochte es der Rabbiner, in den mittelalterlichen Gemeinden durch das ihm verliehene Richteramt zu besonderer Geltung zu kommen, und auch heute ist innerhalb vieler Gemeinden das Ansehen des Rabbiners neu gewachsen und damit der Einfluß der Theologie auf die gläubige jüdische Gesellschaft. Die Religiosität der Bevölkerung im Staat Israel ist gegenwärtig schwer abschätzbar. Seit seiner Gründung scheint sich bei vielen ein Gefühl der geistigen Leere und des Sehnens nach Glaubensinhalten bemerkbar zu machen, so daß sich von dorther einer aufgeschlossenen Theologie neue Aufgaben und Einflußmöglichkeiten ergeben.

Innerhalb der christlichen Kirchen, die sich vielfach außer auf die Bibel wenigstens auf die ersten Konzilien festgelegt haben, spielt Theologie und Theologenschaft eine verschiedene Rolle: innerhalb der orthodoxen Kirche hat sich die Theologie weithin von der Hierarchie abgespalten, die Hierarchie ist theologisch oft nur mäßig gebildet und hört auf die Gutachten der Theologen, die vielfach keine Priester sind. Mit dieser theologischen Uninteressiertheit der orthodoxen Hierarchie mag es zusammenhängen, daß innerhalb der orthodoxen Kirche die liturgische Praxis überwiegt und die soziale Sicht weithin verlorengegangen ist. Daher ist der Einfluß der orthodoxen Theologie auf das öffentliche Leben relativ gering.

In den evangelischen Kirchen haben die theologischen Fakultäten eine Dignität erreicht, die sie als kirchliche Einflußzentren neben die Kirchenbehörden setzen. Die evangelische Theologie hat, besonders nach diesem Kriege, sich wieder auf ihre diesseitig wirtschaftlichen, sozialen und politischen Verpflichtungen besonnen, und ihr Einfluß auf die gesellschaftlichen Zustände ist von dorther neu gewachsen.

In der katholischen Kirche hat die Theologie — und das ist ein Phänomen, das, abgewandelt, in allen Religionen zu beobachten ist — ein besonderes Ansehen in Zeiten geistiger Umbildung, in der Antike z. B. in der Zeit der Aneignung des Platonismus, im Mittelalter in der Zeit der Aneignung des Aristotelismus. In Zeiten der Stagnation wird sie zu einer mehr oder minder geschätzten Bewahrerin des Erworbenen, sie beschränkt sich aufs Tradieren und Propagieren. Vielleicht steht katholischer Theologie wieder eine neue Blüte bevor, wenn sie die Inhalte unserer Wissenschaft und Kultur aufzuarbeiten gezwungen sein wird. Heute hat der Theologe als Theologe ein geringeres Gewicht innerhalb der kirchlichen Gemeinschaft. Er kommt zum eigentlichen Ansehen erst dann, wenn er in höhere Ränge der kirchlichen Behörde aufsteigt, und dann findet er für theologische Arbeit kaum noch Zeit und Muße. Katholische Theologie hat wie protestantische über das Medium von ihr nahestehenden Parteien die Möglichkeit, eigene gesellschaftliche Anliegen vermittelst des Staates zu realisieren.

Im Islam besteht eine enge Bindung der Theologie einerseits an den einzelnen Buchstaben des Korans, die noch viel stärker ist als innerhalb der christlichen Kirchen an die Bibel, andererseits an den Staat, der sich in den arabischen Ländern oft bewußt als mohammedanische Macht versteht. In Pakistan z. B. darf nach der Verfassung kein Gesetz erlassen werden, das gegen die Lehre des Islam verstößt. Die Staatsmänner drängen bei diesem Sachverhalt natürlich auf eine Verjüngung und Erneuerung der islamischen Staatsreligion. Damit sind dem theologischen Denken schwere Probleme aufgegeben, denn es ist natürlich nicht leicht, den politischen Tagesbedürfnissen vom Buchstaben des Korans her Genüge zu leisten. Vielleicht ist die gegenwärtige Bedeutung der islamischen Theologie vergleichbar derjenigen der christlichen Theologie des Mittelalters, obwohl innerhalb des westlichen Christentums die Unterscheidung zwischen den beiden Gewalten, der kirchlichen und der staatlichen, selbst in den kirchenfreudigsten Zeiten eine deutliche Autonomiebewegung der staatlichen Gewalt lebendig erhielt.

II.

Diese Bemerkungen zur Frage des realen Einflusses von Theologie auf die verschiedenen menschlichen Gesellschaften sollen die sehr verschiedene Funktion der Theologie in verschiedenen Religionen, Kirchen und politischen Systemen zu verschiedenen Zeiten sichtbar werden lassen und dazu mahnen, auch die folgenden Ausführungen unter diesem Vorbehalt zu verstehen. Das Thema, in seiner ganzen Weite behandelt, hätte wohl verlangt, daß Vertreter aller bedeutsamen, gegenwärtigen Religionen, der primitiven Religionen, des Brahmanismus, des Buddhismus, des Judentums, der orthodoxen, der protestantischen Kirche das Thema auf je ihre Weise und unter verschiedenen geschichtlichen Perspektiven behandelt hätten. Das könnte eine interessante, jedoch im Rahmen dieser Abendveranstaltung vielleicht zu spezialistische Betrachtungsweise ergeben. Die beiden Themen des Gewichtes der Gesellschaft für die Begrifflichkeit und den Gegenstand der Theologie (II) und eine theologisch orientierte Gesellschaftslehre selbst (III) seien hier vom katholischen Standpunkt her behandelt.

Um die vielerlei Aspekte unseres Problems des begrifflichen Einflusses gesellschaftlicher Momente auf den Begriff und die Begrifflichkeit der Theologie auch nur anzudeuten, sei es mir gestattet, ein Schema zu verwenden, das innerhalb der Tradition katholischer Philosophie und Theologie eine universale Anwendung gefunden hat, über das man berechtigterweise diskutieren kann und muß, das aber für die Aufgliederung von großen Stoffmassen unverkennbare Vorteile bietet: ich meine das Schema der vier Ursachen, nach dem eine Wirklichkeit nach ihrem inneren Gehalt (die causa formalis und die causa materialis) sowie nach ihren Entstehungsgründen (causa efficiens) und ihrem Sinn und Zweck (causa finalis) befragt wird. Beginnen wir mit der Wirkursache der Theologie, d. h. also ihren Entstehungsgründen, so wird als ihr erster Entstehungsgrund mit Recht Gott bezeichnet, keineswegs also das religiöse Gefühl oder eine religiöse Anlage, aber auch nicht gesellschaftliche Zustände, die den Überbau der Metaphysik, Religion und Theologie hervortreiben würden, sondern der sich frei offenbarende personale Gott. Als zweiter Entstehungsgrund wird dann aber der Mensch bezeichnet, der unter der Einwirkung Gottes und im Lichte der Offenbarung das göttliche Wort in logische Sinnzusammenhänge bringt.

Dieser die Theologie bauende Mensch ist kein abstraktes, jenseits von Zeit und Raum stehendes Wesen. Der Theologe kommt aus einer bestimmten Gesellschaft, einer bestimmten Zeit und baut seine Theologie auch für die Menschen einer bestimmten Gesellschaft, oft genug einer bestimmten Gesellschaftsschicht, zu bestimmter Zeit. Das ergibt eine doppelte Abhängigkeit der Theologie von der Gesellschaft: eine Abhängigkeit in bezug auf die Gesellschaft oder die Gesellschaftsschicht, von der der Theologe mit seinem Denken herkommt, aber auch eine — wenigstens ideale — Abhängigkeit von der Gesellschaft, für die er denkt, arbeitet, plant, auf die er Einfluß zu gewinnen strebt.

Es ist kein Zweifel, daß die verschiedenen Theologien schon von dort her — bei möglicher Identität des Gemeinten — verschiedene Gestalt haben, daß sie einfachhin für verschiedene Gesellschaften und von verschiedenen Gesellschaften her gedacht wurden. Gängige Gesellschaftsmodelle und Begriffe einer Zeit werden ins Religiöse transponiert. Es ist kein Zufall, daß die christliche mittelalterliche Theologie im Gewand des neuerlich rezipierten Aristotelismus auftritt, daß ihre Soziallehren sich im Blickfeld des damaligen Feudalismus bewegen, wie es kein Zufall ist, daß die neuere protestantische Theologie sich die Perspektiven bürgerlicher Denkungsweise angeeignet hat. Und da nun Theologien, nachdem sie einmal entstanden und zu Eigengebilden geworden sind, nach dem Gesetz historischer Beharrlichkeit die einmal geprägten Züge zu konservieren geneigt sind, ergibt sich, daß auch heute noch sowohl die katholische Theologie, die ihre Blütezeit im 13. Jahrhundert hatte, als auch die evangelische Theologie, die in der Neuzeit zur vollen Entfaltung kam, Züge ihrer Blütezeiten an sich tragen.

Es wäre aber gewiß verkehrt, meinte man, Theologie nehme nur von der Gesellschaft; einmal ins Leben gerufen, wirkt sie auch auf die Gesellschaft bald mächtiger, bald schwächer, je nach dem Grad der — aus vielerlei Motiven entspringenden — Empfänglichkeit einer Gesellschaft für theologische Überlegungen. Wir können uns die Intensität theologischer Fühligkeit des 13. Jahrhunderts etwa oder dann wieder des 16. und 17. Jahrhunderts kaum noch richtig vorstellen, weil, aus den verschiedensten Gründen, das Gehör für Theologie plötzlich aussetzt, um nach kürzerer oder längerer Ruhezeit dann wieder in veränderten Form aufzuwachen.

Doch bei diesen Überlegungen bleibt die Abhängigkeit der Theologie von der Gesellschaft, der Gesellschaft von der Theologie, immer noch eine äußerliche. Sie wird innerlich, wenn wir einmal nach der Formal- und Materialursache, nach der inneren Form und dem inneren Sinn der Theologie fragen. Die Urform der Theologie ist das göttliche Wissen selber. Menschliche Theologie bleibt ihr immer in hohem Maße inadäquat. Die innerste Form der Theologie ist ihrem Gegenstand nach die Göttlichkeit Gottes, sein innerstes, von ihm geoffenbartes Wesen einerseits und die einschlußweise gegebenen Gehalte seiner Offenbarung andererseits, ihrem Wissenscharakter nach eine der göttlichen Wissenschaft untergeordnete menschliche Wissenschaft. Zu dieser Form gehört notwendig die Materie, um die sich die Theologie müht: Gott und seine Kreatur, die verschiedenen Teile der Theologie, der durch den Glauben erleuchtete Verstand.

Theologie sieht alles von Gott und seiner Offenbarung her: das „von Gott her" ist die Form, das „alles" ist die Materie, der Stoff der Theologie. In der Form der Theologie scheint ihre Gesellschaftlichkeit auf den ersten Blick kaum auf. Und doch, sehen wir etwas näher zu, so zeigt sie sich auch da in einem Maße, wie sie in der Theologie mancher Zeiten einfachhin übersehen oder doch unterbewertet wurde. Denn das „Von-Her" meint doch in einem Atemzug das „Zu-Hin" mit, man kann den Sprecher der Offenbarung, den Absender des Testamentes, doch kaum voll ausdenken, ohne den Adressaten mitzudenken: Partner Gottes ist der Mensch, aber nicht nur der Einzelmensch, sondern das Volk und allmählich die Menschheit selber, das heißt die breiteste Form der Gesellschaft selber. Und deshalb ist Materie der Theologie im ausgezeichneten Sinne nicht nur Gott, sondern die menschliche und gesellschaftliche Wirklichkeit, das Heil des einzelnen, des Volkes, der Gesamtmenschheit, an die Gott seine Offenbarung richtet und für die Theologie von Gott her ist oder sein soll. Deshalb ist es nicht verwunderlich, daß Ethik, Sozialwissenschaft, Politik — im nichtparteipolitischen Sinne — wichtige Gegenstände einer sich recht verstehenden Theologie sind oder sein sollten.

Mit dieser innersten Form der Theologie hängt zusammen, daß ihr Ziel und Zweck, ihr innerster Sinn — wenn wir diese Begriffe einmal als äquivalent gebrauchen wollen — wieder sehr eng mit der Gesellschaft zusammenhängen. Betrachten wir das Subjekt, für das Theologie angestrebt wird (finis cui), wird man zunächst Gott als dieses Subjekt bezeichnen müssen, Gott, der zu erkennen und zu lieben ist, in zweiter Linie aber den Menschen, der Gott zu erkennen und zu lieben hat, und zwar auch hier den Menschen nicht nur als Einzelmenschen, sondern als Gattungswesen verstanden, als Glied einer Gesellschaft oder der Gesamtmenschheit, die von Gott her angeredet wird. Mögen also Erkennen und Wollen auf Gott hin bezogen sein und als diese persönlichen Akte auch privat sein müssen, so sind sie doch nicht bloß als Akte einzelner privater Menschen, sondern als Akte der Einzelmenschen in der Gesellschaft und Menschheit gemeint, und als solche keineswegs bloß privat, sondern echt gesellschaftlich.

Sinn und Zweck der Theologie ist die bessere Erkenntnis und Praxis der göttlichen Wahrheit, weiterhin aber auch die Verteidigung theologischer Aussagen vor Angriffen, ihre Erläuterung und ihre Systematisierung. Der

Dialog mit der Gottesverneinung bezieht sich natürlich nicht bloß auf Bücher und Systeme, sondern auf lebendige Menschen innerhalb einer gegebenen Gesellschaft, die die theologische Aussage bestreiten oder bezweifeln oder die nach einem tieferen Verständnis einer solchen Aussage verlangen. Theologie ist allmählich aus solcher Verteidigung und solchem Verständnisbedürfnis religiöser Menschen entstanden, sie lebt in unserer Gemeinschaft von diesem Bedürfnis und zieht auch aus ihm ihren realen Einfluß auf Menschen, die auf Gott hören, sich auf ihn hin verpflichtet fühlen, danach fragen, wie sie sich in der Zeit zurechtfinden können, was sie tun, in welche Richtung sie denken sollen.

Damit haben wir einen schematischen Überblick über die Gesellschaftlichkeit der Theologie gegeben. Neben dem Ideal eines solchen Verhältnisses gibt es aber auch eine Pathologie dieses Verhältnisses, in welcher die Fehlformen behandelt werden müßten: der Mißbrauch der Theologie für politische Zwecke, ihre mißbräuchliche Bekämpfung, die Überschätzung historischer, soziologischer Gesichtspunkte auf der einen, ihre Unterschätzung auf der anderen Seite, und damit die Einsicht in Wert und Grenzen des faktischen, nicht bloß idealen Verhältnisses der Theologie zur Gesellschaft und der Gesellschaft zur Theologie. Denn allzu hohe Erwartung der Gesellschaft in bezug auf Theologie wie auch das völlig glaubensfremde politische und publizistische Kalkül kann Theologie zu publikumswirksamen Äußerungen veranlassen, die die Kompetenz und Würde der Theologie im Innersten schädigen.

III[1].

Die gegenwärtige katholische Soziallehre erklärt sich durch ein altes Erbe und eine neue Situation. Das Erbgut ist zweifacher Art: die sozialethischen Ideen des Alten und Neuen Testaments, der Patristik, der Scholastik einerseits, andererseits die mittelalterlich feudalen Gesellschaftsordnungen, die Schritt für Schritt an Boden verlieren und weithin sichtbar mit der französischen Revolution zusammenbrechen, um einer vorläufig individualistischen, liberalistischen, autonomistischen Wirtschafts- und Gesellschaftsordnung Platz zu machen.

Diese neue Ordnung negiert zunächst die traditionellen, sittlich humanen Schranken der Produktion und des Profits und kann auf das Scheitern des Setzens solcher Schranken innerhalb einer überholten feudalen Ordnung hinweisen, sieht sich jedoch bald selber vor das Problem

---

[1] Die Zitate aus Marmy beziehen sich auf die Sammlung „Mensch und Gesellschaft in christlicher Schau", Freiburg/Schweiz 1945, die Zahlen auf die dort angegebenen Nummern.
Die Zitate aus Utz-Groner beziehen sich auf den Sammelband „Aufbau und Entfaltung des Gesellschaftslebens", Freiburg/Schweiz 1954, die Zahlen auf die dort angegebenen Nummern.

des Arbeiterelendes und der gerechten Verteilung der materiellen Güter — für lange Zeit die „soziale Frage" — gestellt.

Ein Fortschritt über den Liberalismus des 19. Jahrhunderts hinaus mußte alte, durch ihr angebliches Scheitern mit und in dem Feudalismus belastete Rücksichtnahmen auf den Menschen und das Sittengesetz neu gewinnen, ohne dabei dem Verdacht zu verfallen, Rückschritt ins Mittelalter und Negation der neuen Industrie und Wirtschaft zu sein.

In der Setzung von Schranken gegen den liberalistisch-kapitalistischen Wirtschaftsgeist sind christliches, sozialistisches und kommunistisches Gesellschaftsideal ähnlich. Marx z. B. kritisiert den neuen Privateigentumsbegriff der französischen Revolution nicht weniger als die katholische Moraltheologie, versucht ihn dabei freilich völlig aufzulösen, während die katholische Soziallehre seine sozialethische Bedeutung herausarbeitet. Marx kritisiert die Freiheit der französischen Revolution nicht weniger als Leo XIII., gelangt aber dabei zur Freiheit vom Privateigentum, von Religion, während Leo XIII. Freiheit für Religion und Privateigentum fordert.

Katholisches Gesellschaftsdenken ist in seiner Kritik des Liberalismus vielfach am Mittelalter, revolutionär-sozialistisches an der Antike orientiert. Revolutionärer Rückgriff auf die klassische Antike, romantischer Rückgriff auf das Mittelalter mußten dem Christentum und dem Sozialismus den Beigeschmack der Rückschrittlichkeit für den modernen Kapitalismus verleihen.

Die Ausarbeitung der katholischen Soziallehre hat eine Eigenart, die mit der Weise der offiziellen Lehrverkündigung der Kirche zusammenhängt und den langsamen Gang ihrer Entwicklung verständlich macht. Lehrgebäude entstehen gewöhnlich so, daß einem genialen Mann ein neuer Wurf auf einem Spezialgebiet gelingt, der dem Ruf der Zeit entspricht und der dann von der Einzelforschung ausgearbeitet, umgestaltet, berichtigt wird. So entstanden die sozialistischen Theorien bald nach der französischen Revolution, während das große Dokument katholischer Soziallehre Rerum Novarum am Ende des Jahrhunderts steht, kein wegbereitender Wurf ist, eher der Abschluß, die Synthese der Bemühungen eines Jahrhunderts, vorbereitet durch mannigfache Überlegungen einzelner Katholiken.

In Frankreich gibt es bereits zu Beginn des 19. Jahrhunderts katholische Sozialethiker, die den Widerspruch von christlichem Ideal und Arbeiterelend deutlich sehen. So als einer der ersten Villeneuve Bargemont, der, Präfekt im Kaiserreich und in der Restaurationszeit, 1834 seinen auf moralische Reform ausgerichteten Traité d'économie politique chrétienne herausgab. Lamennais strebte die Reform von der Politik her an. Der bedeutendste französische katholische Sozialdenker dieser Zeit ist

Buchez (1796—1865). Für ihn ist Religion eine notwendige soziale Konstante, die freiwilligen Arbeiterassoziationen das Heilmittel des Arbeiterelends. Seit 1875 haben sich dann de Mun und La Tour du Pin im katholischen Sozialdenken hervorgetan.

Bereits 1848 sagt Bischof Kettler in Deutschland, man müsse den Teil an Wahrheit im Proudhonschen La propriété, c'est le vol aus der Welt schaffen — und damit auch die Ursache des Kommunismus — damit der Satz zur vollen Unwahrheit werde. 1869 verlangt der Bischof in einer Rede vor Arbeitern die Erhöhung des Lohnes, die Herabsetzung der Arbeitszeit, bezahlte Ruhetage, Verbot der Kinderarbeit, Verbot der Frauen- und Mädchenarbeit in der Fabrik. Er fordert die Ermöglichung von Ersparnissen, von Privateigentumsgründung, von Gründung von Konsumsvereinen, von Produktivgenossenschaften usw. Leo XIII. hat in Kettler ausdrücklich seinen Vorgänger gesehen.

In Österreich haben Vogelsang, in der Schweiz Decurtins und der Kardinal Mermillod, in England und Amerika die Kardinäle Manning und Gibbons auf ihre Weise das große Dokument von Rerum Novarum vorbereitet.

Katholischer Soziallehre ist außer ihrem langsamen, allmählichen Wachsen eigentümlich, daß sie sich nicht als ein soziales wirtschaftliches Lehrsystem im technischen Sinne versteht. Sie ist vielmehr eine Festsetzung von Bedingungen, unter welchen eine technische Soziallehre noch menschlich und christlich genannt werden kann. Sie ist breitmaschig, auf kein ökonomisches System festgelegt, was den Vorteil des möglichen Pluralismus und den Nachteil einer die Verwirklichung erschwerenden Abstraktheit mit sich führt.

Katholische Soziallehre beansprucht Gültigkeit über den kirchlichen Rahmen hinaus, weil sie sich hauptsächlich auf die Forderungen der Vernunft und des Naturrechts stützt. Sie anerkennt die Geschichtlichkeit vieler Forderungen, aber in dieser Geschichtlichkeit betont sie die Invariabilität gewisser Grundnormen. In seiner Rundfunkansprache von Weihnachten 1942 sagt Pius XII.:

„In ihren letzten, tiefsten und felsenfesten Grundnormen ist die Rechtsordnung des Gemeinschaftslebens menschlichem Zugriff enthoben. Man kann sie leugnen, übersehen, mißachten, verletzen, aber niemals rechtswirksam abschaffen. Gewiß, die Lebensbedingungen wechseln im Zeitenlauf, aber nie kann es einen völligen Leerraum, einen gänzlichen Bruch geben zwischen gestrigem und heutigem Recht, zwischen dem Abtreten der früheren Gewalten und Verfassungen und der Geburtsstunde neuer Ordnungen. In jeder geschichtlichen Wendung und Wandlung bleibt das Ziel alles gesellschaftlichen Lebens stets dasselbe, es bleibt heilig und verbindlich: nämlich die Entfaltung der Persönlichkeitswerte des Menschen als des Ebenbildes Gottes[2]."

---

[2] Marmy Nr. 1018.

Über diesen Bereich der Menschlichkeit und des Sittengesetzes hinaus nimmt die Kirche keine Kompetenz in Anspruch, in diesem Bereich allerdings mit aller Energie.

„Gewiß wurde der Kirche nicht die Aufgabe übertragen, die Menschen zu einem bloß vergänglichen und hinfälligen Glücke, sondern sie zur ewigen Seligkeit zu führen. Ja, ‚die Kirche hält sich nicht für befugt zu einer unbegründeten Einmischung in diese irdischen und rein politischen Fragen'[3]. Sie darf jedoch keineswegs verzichten auf das ihr von Gott anvertraute Amt, ihre Autorität geltend zu machen, nicht zwar in Fragen technischer Art, wozu sie weder mit den geeigneten Mitteln ausgerüstet noch mit einem Auftrag betraut ist, wohl aber in allem, was auf das Sittengesetz Bezug hat. Denn das von Gott Uns anvertraute Wahrheitsgut, sowie die sehr schwere Verpflichtung, das Sittengesetz in seinem ganzen Umfange zu verkünden, zu erklären und auf dessen Befolgung, ob erwünscht oder unerwünscht, zu dringen, unterwerfen und unterstellen den Bereich der sozialen Angelegenheiten und die wirtschaftlichen Belange, soweit sie das Sittengesetz berühren, Unserem höchstrichterlichen Urteil."

„Zwar unterstehen Wirtschaft und Moral, jede in ihrem Bereich, ihren eigenen Gesetzen. Dennoch ist es ein Irrtum zu behaupten, die wirtschaftliche und die sittliche Ordnung seien so sehr voneinander verschieden und einander fremd, daß die erstere in keiner Weise von der letzteren abhänge. Gewiß bestimmen die sogenannten ökonomischen Gesetze, die auf der natürlichen Beschaffenheit der Dinge selber und auf der Natur des menschlichen Leibes und der menschlichen Seele beruhen, das Ausmaß dessen, was die menschliche Tätigkeit auf dem Gebiete der Wirtschaft unter Aufgebot aller Mittel erreichen kann und was sie nicht erreichen kann. Ihrerseits zeigt die Vernunft auf Grund der Individual- und Sozialnatur der Sachgüter und des Menschen mit aller Deutlichkeit, worin der von Gott bestimmte Zweck der Gesamtwirtschaft besteht[4]."

„Einzig und allein das Sittengesetz aber befiehlt uns, in unserer ganzen Handlungsweise unser höchstes und letztes Ziel, und ebenso auf den einzelnen Gebieten diejenigen Ziele geradewegs anzustreben, die wir als von der Natur, oder besser gesagt von Gott, dem Urheber der Natur, dieser Tätigkeitsordnung vorgesteckt erkennen, und diese Ziele wiederum in richtiger Unterordnung jenem höchsten Ziele dienstbar zu machen. Wenn wir diesem Sittengesetz treu gehorchen, werden die in der Wirtschaft angestrebten besonderen Ziele, die individuellen wie die sozialen, sich in die Gesamtordnung der Ziele glücklich einfügen, und wir werden über sie wie auf Stufen emporsteigen und das allerletzte Ziel der ganzen Schöpfung erreichen, Gott, der sich selber und auch uns das höchste und unerschöpfliche Gut ist[5]."

Voraussetzung der katholischen Soziallehre ist der Glauben an Gott, die Überzeugung, daß diese Welt für den Menschen das Feld der Bewährung und der Mensch ein mit eigner Würde ausgestattetes leiblichgeistiges Wesen ist, ein Subjekt von Rechten und Pflichten, eine Person, die vor der materiellen Welt Vorrang hat, mit unverletzlichen Rechten ausgestattet und in allen Menschen wesensidentisch ist.

---

[3] Pius XI. Rundschreiben „Ubi arcano", 23. Dez. 1922. AAS XIV(1922) 673—700; vgl. MG. n. 1154.
[4] Pius XI. in „Quadragesimo anno", Marmy 640/41.
[5] Marmy Nr. 642.

Die katholische Soziallehre gründete auf zwei Fundamenten: dem Gesetz der sozialen Gerechtigkeit und dem Gesetz der sozialen Liebe. Besonders der Begriff der sozialen Gerechtigkeit ist nach „Quadragesimo anno" zum Gegenstand vieler Untersuchungen gemacht worden[6]. Es gibt die generelle Gerechtigkeit, die Gesetzesgerechtigkeit, die soziale Gerechtigkeit auf der einen Seite und die Gerechtigkeit als Kardinaltugend auf der andern. Die Kardinaltugend der Gerechtigkeit ist Tauschgerechtigkeit oder Verteilungsgerechtigkeit. Die Gesetzesgerechtigkeit fordert die Einhaltung des Naturgesetzes und aller positiven Gesetze, die generelle Gerechtigkeit setzt die anderen Tugenden voraus, um sie auf das Gemeinwohl hinzuordnen, und heißt deshalb auch soziale Gerechtigkeit, weil sie alle übrigen Tugenden auf das Gemeinwohl hin ausrichtet. Die Ausrichtung der sozialen Gerechtigkeit auf die gerechte Verteilung der materiellen Güter ist historisch durch das Arbeiterelend bedingt. Gäbe es dieses Problem der gerechten Verteilung der materiellen Güter nicht, so bliebe der Anspruch der sozialen Gerechtigkeit, d. h. die Hinordnung aller sittlichen Haltungen auf das Gemeinwohl trotzdem bestehen.

Das Wirtschaftsleben soll nach „Quadragesimo anno" von der sozialen Gerechtigkeit beherrscht sein. Das bedeutet eine Einschränkung der freien Konkurrenz.

„Wie die Einheit der menschlichen Gesellschaft sich nicht auf den Gegensatz der Klassen stützen kann, so kann die richtige Wirtschaftsordnung nicht dem freien Wettstreit der Kräfte überlassen werden. Das war ja der Hauptirrtum, aus dem sich, wie aus einer vergifteten Quelle, alle Irrtümer der ‚individualistischen Wirtschaftslehre' entwickelten. Aus Versehen oder Unwissenheit unterdrückte diese Lehre den sozialen und moralischen Charakter der Wirtschaft, in der Überzeugung, die Wirtschaft müsse als absolut frei und unabhängig von der öffentlichen Autorität betrachtet und behandelt werden. Sie besitze nämlich im Markt oder freien Wettbewerb ihr eigenes wegleitendes Prinzip, wodurch sie viel vollkommener reguliert werde, als durch das Eingreifen irgendeines geschaffenen Geistes. Wenn auch der freie Wettbewerb innerhalb bestimmter Grenzen berechtigt und gewiß nützlich ist, so kann er doch die Wirtschaft keineswegs lenken. Das hat die Erfahrung mehr als genug bestätigt, seitdem die falschen Theorien des Individualismus in die Praxis umgesetzt wurden. Es ist daher dringend nötig, die Wirtschaft wieder einem richtigen und wirksamen Prinzip zu unterstellen und zu unterwerfen. Diese Aufgabe kann jedoch die Wirtschaftsdiktatur, die neulich den freien Wettbewerb abgelöst hat, noch viel weniger übernehmen; ist sie doch eine blinde Gewalt und rücksichtslose Macht, die erst selber kraftvoll gezügelt und klug geleitet werden muß, soll sie den Menschen zum Heile gereichen; sie hat jedoch nicht die Fähigkeit, sich selber zu zügeln und zu lenken. Es müssen also höhere und edlere Kräfte aufgeboten werden, um diese Macht streng und unparteiisch zu lenken, nämlich die soziale Gerechtigkeit und die soziale Liebe. Deshalb müssen die Institutionen der Völker oder genauer gesagt die Organe des gesamten sozialen Lebens von dieser Gerechtigkeit durchsäuert werden. Am allernötigsten aber ist es, daß diese Gerechtigkeit sich praktisch auswirke, d. h. eine Rechts- und Gesellschaftsordnung

---

[6] Vgl. dazu des Verfassers Grundlegung der Katholischen Miraltheologie, München 1953, S. 125—32.

begründe, die der ganzen Wirtschaft gleichsam das Gepräge gibt. Die Seele dieser Ordnung muß die soziale Liebe sein[7]."

Soziale Liebe, die eine Haltung des Wohlwollens den Mitmenschen gegenüber bedeutet, setzt die Gemeinwohlgerechtigkeit voraus und kann sie niemals ersetzen. Es wäre verkehrt, soziale Liebe auf Kosten der sozialen Gerechtigkeit betätigen zu wollen.

Pius XI. charakterisiert sie in „Divini Redemptoris" folgendermaßen:

„Wir denken an jene christliche Liebe, die geduldig und gütig ist, die jegliche gönnerhafte Herablassung und jegliches Aufsehen meidet; diese Liebe, die seit den Anfängen des Christentums die Ärmsten der Armen, die Sklaven, für Christus gewann[8]".

Gemeinwohlgerechtigkeit und Gemeinwohlliebe beziehen sich auf das Gemeinwohl. Gemeinwohl bedeutet öffentliche Ordnung, Sicherung der materiellen Bedingungen der Existenz, ja materielle Wohlfahrt des ganzen Volkes als Grundlage der Entfaltung der geistigen Wesenskräfte des Menschen. Dazu sagt Pius XII. in seiner Ansprache am 7. März 1946 auf der Tagung für internationale Handelspolitik:

„Wer Wirtschaftsleben sagt, sagt soziales Leben. Das Ziel, dem es seiner eigenen Natur nach zustrebt und dem zu dienen die einzelnen gleichermaßen in den verschiedenen Formen ihrer Tätigkeit verpflichtet sind, besteht darin, allen Gliedern der Gesellschaft die materiellen Grundlagen, die zur Entfaltung ihres kulturellen und geistigen Lebens notwendig sind, in einer gesicherten Weise zugänglich zu machen. Es ist hier also nicht möglich, irgendein Ergebnis zu erzielen ohne äußere Ordnung, ohne soziale Normen, die auf eine dauerhafte Erreichung dieses Zieles ausgehen[9]."

Gemeinwohl beinhaltet die Achtung vor der Einzelperson und den gemeinsamen Interessen aller Menschen. Am 16. Juli 1947 sagte Pius XII. einer Gruppe amerikanischer Beamter und Sozialpolitiker:

„Wir sind überzeugt, daß Sie, verehrte Herren, mit Uns darin übereinstimmen, daß jede Organisation zur Verbesserung der Lebensbedingungen des Arbeiters ein Mechanismus ohne Seele und darum auch ohne Leben und Fruchtbarkeit bleibt, solange seine Verfassung nicht die folgenden Punkte verkündet und wirksam vorschreibt:
1. Achtung vor der menschlichen Person in allen Menschen, gleich welcher gesellschaftlichen Stellung.
2. Anerkennung der gemeinsamen Verpflichtung gegenüber allen jenen, die, von der liebenden Allmacht Gottes geschaffen, die Menschheitsfamilie bilden.
3. Das gebieterische Verlangen an die Gesellschaft, das Gemeinwohl, den Dienst eines jeden an allen, über den persönlichen Gewinn zu stellen[10]."

Aus dieser Haltung ergeben sich vielerlei wichtige Schlußfolgerungen, von denen wir einige elementare namhaft machen:

---

[7] Marmy Nr. 679.
[8] Marmy Nr. 210.
[9] Utz-Groner Nr. 3431.
[10] Utz-Groner Nr. 704.

1. Maßvolle Planung im wirtschaftlichen Leben ist nicht zu vermeiden. Am 7. Juli 1952 schrieb Pius XII. an den damaligen Präsidenten der Sozialen Wochen Frankreichs, Charles Flory:

„Die Pflicht, die Gütererzeugung zu steigern und sie den menschlichen Bedürfnissen und der Menschenwürde weise anzupassen, stellt in erster Linie die Frage der Wirtschaftslenkung im Rahmen der Gütererzeugung. Ohne ihre erdrückende Allmacht an die Stelle der berechtigten Autonomie der Privatinitiative zu setzen, hat die öffentliche Gewalt hier eine unbestreitbare Aufgabe der Koordinierung, deren Dringlichkeit durch die verwickelten, vor allem sozialen, Verhältnisse der Gegenwart noch erhöht wird. Sodann im einzelnen: Ohne Mitwirkung der öffentlichen Gewalt kommt es zu keiner einheitlichen Wirtschaftspolitik im Sinne tätigen Zusammenwirkens aller Beteiligten und gesteigerter Produktion der Betriebe, dieser unmittelbaren Quelle des Volkseinkommens[11]."

2. Die Verstaatlichung kann in einzelnen Fällen erlaubt, ja notwendig erscheinen. Am 11. März 1945 sagte Pius XII. den Delegierten der italienischen christlichen Arbeitervereine:

„Die christlichen Arbeitervereine erkennen die Sozialisierung der Betriebe nur in den Fällen an, wo sie wirklich durch das Gemeinwohl gefordert zu sein scheint, d. h. wo sie das einzig wirksame Mittel ist, Mißbräuche abzustellen, eine Vergeudung der produktiven Kräfte eines Landes zu verhüten, die organische Ordnung eben dieser Kräfte zu sichern und sie zum Besten der wirtschaftlichen Interessen der Nation zu lenken, nämlich darauf, daß die nationale Wirtschaft in regulärer und friedlicher Entwicklung der materiellen Wohlfahrt des ganzen Volkes den Weg freimacht, einer Wohlfahrt, die gleichzeitig auch dem kulturellen und religiösen Leben eine gesunde Grundlage gibt. In jedem Falle anerkennen sie dann, daß die Sozialisierung die Verpflichtung zu angemessener Entschädigung mit sich bringt, d. h. einer Entschädigung, die danach festgesetzt wird, daß sie unter den gegebenen Umständen für alle Beteiligten gerecht und billig ist[12]."

3. Die katholische Soziallehre betont die Notwendigkeit der Ausrichtung der einzelnen und der — im übrigen durchaus berechtigten — Interessengruppen auf das Gemeinwohl. Pius XII. beklagt in einem Brief an Charles Flory vom 14. Juli 1954 den gegenwärtig um sich greifenden Egoismus der einzelnen Menschen, der seinerseits Grundlage des Egoismus der Interessengruppen sei, vor dem er warnt:

„Der gleiche christliche Sinn für uneigennützigen Dienst, für Achtung vor den Pflichten der Gerechtigkeit und Liebe ist auch hier vonnöten. Und wenn die Verantwortlichen dieser Organisation ihren Gesichtskreis nicht zur Sichtweite der Nationen auszuweiten wissen, wenn sie ihr Prestige und notfalls ihren unmittelbaren Vorteil nicht der loyalen Anerkennung dessen, was recht ist, zu opfern verstehen, dann unterhalten sie im Land einen Zustand schädlicher Spannung, lähmen die Ausübung der politischen Macht und gefährden schließlich die Freiheit selbst derer, denen sie zu dienen vorgeben[13]."

4. Trotz dieser notwendigen Ausrichtung auf das Gemeinwohl betont Pius XII. die Rechte des Privateigentums und ist infolgedessen der Auf-

---
[11] Utz-Groner Nr. 3394.
[12] Utz-Groner Nr. 2919.
[13] Utz-Groner Nr. 4308.

fassung, die Verstaatlichung der Betriebe, Mitbestimmung und Mitbeteiligung der Arbeiter stellte zwar eine Möglichkeit, aber keine Forderung des Naturrechtes dar.

Im Kampf gegen die Bedrohung der Rechte des Individuums „setzt sich", sagt Pius XII. in einer Radiobotschaft an den österreichischen Katholikentag in Wien vom 14. September 1952, „die katholische Soziallehre neben anderem so bewußt ein für das Recht des Einzelmenschen auf Eigentum. Hier liegen auch die tieferen Gründe, weshalb die Päpste der sozialen Enzykliken und Wir selbst es verneint haben, aus der Natur des Arbeitsvertrages das Miteigentumsrecht des Arbeiters am Betriebskapital und daraus folgend sein Mitbestimmungsrecht, sei es direkt, sei es indirekt, abzuleiten. Es mußte verneint werden, weil dahinter jenes größere Problem sich auftut. Das Recht des einzelnen und der Familie auf Eigentum ist ein unmittelbarer Ausfluß des Personseins, ein Recht der persönlichen Würde, freilich ein mit sozialen Verpflichtungen behaftetes Recht; es ist aber nicht lediglich eine soziale Funktion[14]."

Pius XI. hat in „Quadragesimo anno" den Wunsch ausgedrückt, der Lohnvertrag möchte durch Elemente des Gesellschaftsvertrages gemildert, nicht aber durch diesen einfachhin ersetzt werden. Pius XII. sieht in der Forderung des Mitbestimmungsrechtes eine ernste Gefahr für das Recht auf Privateigentum. „Unbestreitbar", sagt er am 3. Juni 1950 den Teilnehmern des internationalen Kongresses für Sozialwissenschaft, „ist der Lohnarbeiter in gleicher Weise wie der Arbeitgeber Subjekt und nicht Objekt der Wirtschaft eines Volkes. Diese Gleichheit steht außer jeder Erörterung. Bereits die bisherige Sozialpolitik hat sie grundsätzlich zur Geltung gebracht, und eine auf berufsständischer Grundlage aufbauende Politik (politique organisée sur le plan professionel) würde sie noch wirksamer zur Geltung bringen. Doch enthalten die privatrechtlichen Beziehungen, wie sie im einfachen Lohnvertrag geordnet sind, nichts, was dieser grundlegenden Gleichheit widersprechen würde. Die Weisheit Unseres Vorgängers, Pius'XI., hat dies in seiner Enzyklika ‚Quadragesimo anno' klar aufgewiesen, und folgerichtig bestreitet er dort, daß eine innere Notwendigkeit bestehe, den Arbeitsvertrag zum Gesellschaftsvertrag umzubilden. Das bedeutet keine Unterschätzung des Nutzens alles dessen, was in diesem Sinne auf verschiedene Art und Weise bisher schon verwirklicht wurde zum gemeinsamen Vorteil der Arbeiter und Eigentümer; aber aus Gründen grundsätzlicher und tatsächlicher Art liegt das beanspruchte Recht auf wirtschaftliche Mitbestimmung außerhalb des Rahmens dieser möglichen Maßnahmen[15]."

Ähnlich hatte er schon am 7. Mai 1959 erklärt, die Wirtschaft sei keine Einrichtung des Staates, sondern das Ergebnis der freien Initiative der einzelnen, und deshalb dürfe man nicht behaupten,

„daß jede private Unternehmung ihrer Natur nach eine Gesellschaft sei, so daß die Beziehungen zwischen ihren mitwirkenden Gliedern durch die Gesetze der Verteilenden Gerechtigkeit bestimmt würden, dergestalt, daß alle ohne Unterschied — gleichviel ob Eigentümer der Produktionsmittel oder nicht — ein Recht auf einen Anteil am Eigentum oder wenigstens am Reinertrag des Unterneh-

---

[14] Utz-Groner Nr. 628 (vgl. Nr. 3266).
[15] Utz-Groner Nr. 3266.

mens hätten. Eine solche Auffassung geht von der Annahme aus, daß jede Unternehmung ihrer Natur nach in den Bereich des öffentlichen Rechts hineinrage. Diese Annahme ist unzutreffend: mag das Unternehmen die Rechtsform einer Stiftung oder einer Genossenschaft aller seiner Arbeiter als Miteigentümer haben, oder mag es Privateigentum eines einzelnen sein, der mit seinen Arbeitern einen Arbeitsvertrag abschließt, in dem einen wie in dem anderen Falle unterliegt es der privatrechtlichen Ordnung des Wirtschaftslebens[16]."

5. Über Sinn und Würde der Arbeit, über Recht auf Arbeit und gerechten Lohn haben die Päpste in den letzten fünfzig Jahren zunehmend klarere Stellung genommen. Am 5. Juni 1929 hat die Konzilskongregation in einem Schreiben an den Kardinal Liénart die Bildung gewerkschaftlicher Vereinigungen zwecks Schutz der Arbeit für sittlich notwendig erachtet. Es ist unmöglich, auf alle diese wichtigen Gegenstände im einzelnen einzugehen.

Faßt man die päpstlichen Lehren über die moderne Sozialordnung zusammen, so wird man sagen müssen, daß sie außergewöhnlich differenziert, ja, in manchen Zügen dialektisch erscheinen. Ihr Einheitsprinzip ist im Prinzip der Subsidiarität zu finden, das Pius XI. in „Quadragesimo anno" folgendermaßen klassisch formulierte:

„Es ist allerdings wahr, und die Geschichte beweist es ja zur Genüge, daß heute infolge der veränderten Verhältnisse vieles nur von großen Verbänden geleistet werden kann, was in früheren Zeiten auch von kleineren bewältigt wurde. Trotzdem ist an jenem hochbedeutsamen Grundsatz der Sozialphilosophie nicht zu rütteln, der keine Verschiebung und keine Abänderung duldet: Was von den einzelnen Menschen mit eigener Kraft und durch eigene Tätigkeit geleistet werden kann, darf ihnen nicht entrissen und der Gemeinschaft übertragen werden. Ebenso ist es eine Ungerechtigkeit und zugleich eine schwere Verletzung und Störung der rechten Ordnung, wenn Aufgaben, die von den kleineren und untergeordneten Gemeinschaften bewältigt und ausgeführt werden können, der höheren und übergeordneten Gesellschaft zugeschoben werden. Denn jede soziale Leistung soll ihrem Sinn und Wesen nach ein Dienst an den Gliedern des sozialen Körpers sein, niemals aber sie vernichten oder ganz aufsaugen[17]."

---

[16] Utz-Groner Nr. 3348.
[17] Marmy Nr. 672.

PHYSIK UND GESELLSCHAFT

Von Werner Stein

Ich habe heute die Ehre, als Physiker zu Ihnen über das Thema „Physik und Gesellschaft" zu sprechen. Der erste Naturwissenschaftler, der in dieser Reihe „Die Wissenschaften und die Gesellschaft" spricht, muß betonen, daß er als *Wissenschaftler* nur für den ersten Teil des Themas zuständig ist. Was die Gesellschaft anbetrifft, so hat er als ein Teil einer solchen keine höhere Qualifikation als die Mehrheit seiner Zuhörer. Das trifft auch dann noch zu, wenn man ein politisches Interesse in Rechnung setzt, das sich praktisch durch eine Art Halbtagstätigkeit in diesem Bereich auswirkt. Ein Praktiker der Politik ist wohl das genaue Gegenteil von einem Wissenschaftler der Politik oder der Gesellschaft. Wenn ich es etwas pointiert ausdrücken darf, meine Damen und Herren, dann würde ich sagen, daß der Wissenschaftler sich in der Lage befindet, mit einem Maximum an Wissen ein Minimum an Entscheidungen zu fällen, während der Politiker in der weitaus unangenehmeren Lage ist, mit einem Minimum an Wissen ein Maximum an Entscheidungen fällen zu müssen. Diese Bemerkung ist keineswegs ironisch gemeint, sondern sie soll darauf hindeuten, daß es im menschlichen Leben diese ganze Skala der Situationen der Entscheidung gibt und der Mensch sich immer irgendwo zwischen diesen beiden Polen befindet, an deren einen Seite der Wissenschaftler, auf der anderen Seite der Politiker steht. Und wenn ich das über den Politiker so kritisch ausgedrückt habe, dann nicht, weil es leicht wäre in diesem Bereich, anders zu verfahren.

Es wird also bei der Behandlung des heutigen Themas nicht ohne Grenzüberschreitungen abgehen. Grenzüberschreitungen, die besonders in Deutschland auch dann oder *gerade* dann hochverdächtig sind, wenn sie dem Grenzverletzer selbst sehr liegen, ja sogar Vergnügen machen. Deswegen wird es gut sein, den heutigen Beitrag, soweit er außerhalb des Rahmens der Physik liegt, als einen Diskussionsbeitrag zum Generalthema zu kennzeichnen. Der geistige Raum dieser Diskussion ist z. B. in dem einleitenden Vortrag von Prof. Lieber abgesteckt worden. Der heutige Beitrag will von dem speziellen Standpunkt des Naturwissenschaftlers, insbesondere des Physikers aus, diesen weiten Raum ableuchten, dessen Inhalt trotz aller bisheriger Wissenssoziologie sicher noch lange nicht erforscht ist.

Schon bei einer oberflächlichen Betrachtung fällt es auf, daß das Verhältnis der Naturwissenschaften zur Gesellschaft von anderer Art ist als das der Geistes- und Sozialwissenschaften. Während sich letztere einer besonders starken Beeinflussung von der Gesellschaft her ausgesetzt sehen, was in dem Ideologienproblem zum Ausdruck kommt, wirken die Naturwissenschaften *umgekehrt,* wenigstens primär, stark formend auf d'e Gesellschaft ein. Im naturwissenschaftlichen — und hier wieder im physikalischen — Bereich ist der Ideologienverdacht, also der Verdacht, den bestehenden gesellschaftlichen Machtverhältnissen zum Munde zu reden, von vornherein wesentlich geringer als in den Geisteswissenschaften. Im Gegenteil: Die Naturwissenschaften und ihre Auswirkungen sind immer wieder wesentliche Kräfte in geistigen und sozialen Revolutionen gewesen. Von der kopernikanischen Wende zu Beginn des 15. Jahrhunderts bis zur zweiten industriellen Revolution unserer Tage hat naturwissenschaftliches Denken und seine Anwendung die Menschen kulturell, sozial, wirtschaftlich, politisch nicht nur in Bewegung gehalten, sondern in einer unaufhörlichen Beschleunigung zu einem Entwicklungstempo geführt, durch das oft gerade verantwortungsbewußte Menschen unserer Zeit tief beunruhigt sind. Es hat nicht an Bemühungen von seiten der Gesellschaft gefehlt, diese Entwicklung etwa in einem konservativen oder gar reaktionären Sinne zu verlangsamen. Auch radikalste Methoden wie Inquisition und Scheiterhaufen — sei es in mittelalterlicher, sei es in neuzeitlicher Form — konnten nicht mehr als unwesentliche Verlangsamungen dieses Prozesses hervorrufen. Man muß — so glaube ich — zu dem Schluß kommen, daß die wissenschaftliche Erschließung der Welt eine *wesentliche, unaufhebbare* Eigenschaft des homo sapiens ist, mag er damit den Namen seiner Art rechtfertigen oder daran zugrunde gehen. Angesichts dieser Situation ist es aber verständlich, wenn auch deshalb nicht zu billigen, daß konservative Denksysteme auch dann Anklang finden, wenn ihre Begründungen pseudo- oder unwissenschaftlich sind. Die Sehnsucht des Menschen nach Beharrung in unserer Zeit *muß* unser Verständnis finden.

Untersucht man nun die Wege, auf denen physikalisches Denken und physikalische Ergebnisse auf die Gesellschaft einwirken, so fällt sofort der gewaltige Komplex der Technik in die Augen, Technik in der Bedeutung etwa der Naturbeherrschung im Sinne menschlicher Lebensführung und Daseinsgestaltung, wie eine mir treffend erscheinende Definition sagt. Es wird zu untersuchen sein, wie Physik und Technik auf einander einwirken, wobei die Verzahnung der Technik mit den übrigen unterscheidbaren Bereichen gesellschaftlichen Lebens, wie Erziehung, Ausbildung, Sozialwesen, Wirtschaft, Politik usw. wenigstens angedeutet werden muß. Andererseits steht aber die Physik nicht nur über die *Technik* in Beziehung zur Gesellschaft. Vielmehr gibt es materielle und geistige Einwirkungen mehr direkter Art von der Physik auf die Gesellschaft — aber auch von der Gesellschaft auf die Physik.

Betrachten wir zunächst das Verhältnis von Physik zur Technik. Faßt man die Technik als angewandte Naturwissenschaft auf, so scheint daraus zu folgen, daß die Wissenschaft der Technik vorangeht, so wie es in dem Schlagwort „Die Physik von heute ist die Technik von morgen" zum Ausdruck kommt. Obwohl in dieser Auffassung manches Richtige steckt, kann man andererseits nicht übersehen, daß der Mensch hunderttausende von Jahren *Techniker* war, bevor er erkennbar als Wissenschaftler systematisch nach reiner Erkenntnis strebte. Auch der individuelle Mensch macht eine lange, mehr technisch orientierte Entwicklung durch, bevor er — wenn überhaupt — seine Erfahrungen wissenschaftlich zu ordnen und zu ergänzen sucht.

Dieser Widerspruch zwischen logischer und historischer Beziehung deutet schon darauf hin, daß Physik und Technik in einer komplizierten Wechselbeziehung stehen, die nur mit Willkür einseitig interpretiert werden kann. Tatsächlich enthält bereits das vorwissenschaftliche technische Wissen, das von den Bedürfnissen der Individuen der Gesellschaft geprägt ist, echte wissenschaftliche Elemente, ja auf einer *gewissen* Höhe der technischen Entwicklung drängt es gradezu sich auf, das vorhandene Wissen *nicht* nur von der Anwendung her zu ordnen und zu ergänzen, sondern es auf inneren Zusammenhang und Vollständigkeit hin zu prüfen. Damit kommen wesentliche Motive der reinen oder Grundlagenforschung ins Spiel.

Es stellt sich bald heraus, daß die Ergebnisse der reinen Forschung *neue* technische Anwendungen erlauben, und zwar nicht nur im Sinne der Verbesserung technisch bereits angegangener Probleme, sondern auch im Sinne der Realisierung noch nicht oder nur utopisch geahnter Möglichkeiten. In dieser Zusammenarbeit von Naturwissenschaft und Technik werden menschliche Wünsche nicht nur befriedigt, sondern gradezu erst erzeugt. Diese Konstellation von Wissen und seiner Anwendung ist in der Lage, eine widersprüchliche Beurteilung der Grundlagenforschung zu klären, die auftritt, wenn man die Motive der einzelnen Forscher einerseits und der Gesellschaft andererseits vergleicht. Es stellt sich nämlich heraus, daß in unserer dynamischen Welt ein hohes gesellschaftliches Interesse an reiner Forschung besteht, insofern als nur ein möglichst vollständiges und nicht auf *spezielle* Anwendungen zugeschnittenes Wissen am besten in der Lage ist, einer Gesellschaft die technische Wendigkeit zu geben, die heute notwendig erscheint. Die reine Forschung hat insofern ihre aristokratische Überflüssigkeit verloren. Vielmehr ist sie selbst zu einer Art Technik geworden, nämlich zu der Technik, Wissen jeder möglichen Art auf Vorrat zu halten. Dieses Wissen liegt sozusagen auf Abruf bereit, um u. a. immer neue technische Anwendung zu ermöglichen.

Vom Grundlagenforscher her, vom reinen Wissenschaftler, etwa vom Physiker her, sieht die Situation anders aus. Er braucht sich für etwaige Anwendungen nicht zu interessieren, wenn er wohl auch nicht immer frei von solchen Einflüssen ist. Seine persönlichen Motive mögen überwiegend die Freude an der Erforschung der Natur, am Ordnen und Mehren von Wissen sein. Er tut, was ihm Freude macht, und es ist sein Glück, in einer Welt zu leben, die ein so tiefgreifendes Interesse an dieser, nur für *ihn* privaten Freude hat. Es ist erfreulicherweise so, daß persönliches Glück und öffentlicher Nutzen nicht immer unvereinbar sind.

Hierin liegt auch ein Grund, warum die Öffentlichkeit oder ihre Vertreter in Parlamenten und Regierungen bereit sind, immer höhere Summen für die Grundlagenforschung auszugeben. Ein Physiker hat einmal eindrucksvolle Zahlen angegeben, wie die Kosten der physikalischen Forschung im Laufe der Zeit gestiegen sind. Galilei, der am Anfang der modernen physikalischen Entwicklung steht, brauchte für grundlegende Versuche zum freien Fall einen schiefen Turm, der dastand, und einige schwere Gegenstände. Effektive Kosten: Null!

Etwa 200 Jahre später mußte Faraday für grundlegende Versuche der Elektrizitätslehre schätzungsweise ca. 100 DM heutiger Währung ausgeben. Am Ende des 19. Jahrhunderts entdeckte Hertz die elektromagnetischen Wellen, die sich aus den Versuchen Faradays vermuten ließen. Sein Inventar mag 10 000 DM gekostet haben. 1935 kostete ein physikalisches Institut für Grundlagenforschung etwa 300 000 DM. Heute muß man für ein solches Institut ca. 10 Mill. DM rechnen. Ein Materialprüfreaktor, also eine Apparatur, die einen besonders hohen Neutronenfluß erzeugt, den man auf Materialien einwirken lassen kann, wird heute mit ca. 50 Mill. DM angesetzt, und die größten Beschleunigungsmaschinen mit Beschleunigungsspannungen von 25 Milliarden Volt und mehr kosten Hunderte von Millionen DM. Mit solchen Geräten, wie den zuletzt erwähnten, kann man z. B. in vielen Stunden einige wenige negative Protonen, sogenannte Antimaterie, herstellen. Die ersten Erzeuger solcher Antimaterie geben an, daß sie etwa in tausend Sekunden, das sind etwa 15 Minuten, ein einziges solches negatives Proton gefunden haben. Das würde aber heißen, daß wenn eine solche Maschine Milliarden Jahre in Betrieb wäre, noch nicht eine wägbare Menge solcher Antimaterie erzeugt worden wäre. Und trotz dieser Unergiebigkeit im Sinne des alltäglichen Lebens, und obwohl das hier auf den Laien wie ein kostspieliger Zeitvertreib wirkt, bedeutet es tatsächlich einen tiefen Einblick in die Struktur der Materie und die unserer Welt.

Diese relativ hohen Kosten moderner Forschung haben bereits zu vorbildlicher internationaler Zusammenarbeit geführt. Zwar sind Staaten meist bereit, Verteidigungskosten von 10 oder 100 Milliarden DM allein aufzubringen. Aber Forschungskosten in der Nähe von einer halben Milliarde teilt man gern mit einem Dutzend anderer Staaten. Es ist jedoch zuzugeben, daß solche Kooperation nicht nur billiger ist, sondern auch ergiebiger und insofern ist diese Kooperation nicht nur ein Kostenersparnisfaktor, sondern ein echter wissenschaftlicher Fortschritt. Der Austausch internationaler wissenschaftlicher Ergebnisse ist sogar so wünschenswert — erscheint der heutigen Gesellschaft so notwendig, daß gelegentlich ein freimütiger Erfahrungsaustausch sogar zwischen West und Ost zustande kam. Ein Musterbeispiel hierfür war und ist der Kongreß für friedliche Anwendung der Atomkernenergie in Genf im Jahre 1955. Die Universalität der Naturgesetze kam dort in einer Weise zum Vorschein, die dem Physiker trivial erscheint, den Politiker aber beeindrucken kann. Gewisse bis dahin von den Amerikanern und Russen ängstlich geheimgehaltene Meßkurven erwiesen sich auf dieser Konferenz als praktisch identisch. Die Natur kennt kein „top secret". Und die Naturgesetze, von denen die moderne Astrophysik annimmt, daß sie bis in die tiefsten Tiefen des Kosmos nachzuweisen sind, finden auch keine Grenze am Eisernen Vorhang.

Das physikalische Weltbild ist immer umfassender geworden, so daß die realen Zusammenhänge die aus der Fülle der Ergebnisse notwendig gewordene Arbeitsteilung überwinden. So etwa ist eine enge Zusammenarbeit zwischen dem Experimentalphysiker und dem mehr mathematisch versierten theoretischen Physiker notwendig, um einerseits sinnvolle Experimente zu planen und andererseits die Ergebnisse zu deuten. Der theoretische Physiker seinerseits wird oft die Hilfe des Mathematikers brauchen, der Experimentalphysiker dagegen die des Ingenieurs und Technikers zur Konstruktion und Beherrschung der immer komplizierter werdenden Apparaturen. Darüber hinaus gibt es mehr und mehr Probleme, die nicht von *einer* naturwissenschaftlichen Disziplin allein gelöst werden können. *Eine* Front der heutigen Forschung verläuft z. B. im Gebiet der biologisch hochbedeutsamen Makromoleküle wie die der Nukleinsäuren, zu denen auch die Erbsubstanz gehört, und der Proteine, der Eiweißstoffe. An dieser Front dringen Physik, Chemie und Biologie Schulter an Schulter vor. Da kein Einzelforscher das gesamte einschlägige Wissen beherrschen kann, bedeutet das auch hier sinnvolle Kooperation. Dieser Zusammenarbeit stehen nicht wenige Schwierigkeiten entgegen. Es gibt grade auch in Deutschland eine starke Tradition des Forschers als *Einzel*persönlichkeit. Diese widerspricht dem Aufgehen in einem Kollektiv. Die klassische Institutsverfassung einer Universität z. B. kennt jedenfalls in der Regel nur *einen* Institutsdirektor, dessen Fachrichtung die Arbeit im allgemeinen weitgehend bestimmt. Es dürfte mühsam sein, die durch die notwendige Arbeitsteilung seit längerer Zeit sich entwickelnde Spezialisierung nun organisatorisch so weit zu überwinden, daß darunter die ebenso notwendige Kooperation nicht leidet. Viele Gedanken, die heute im Zusammenhang mit dem Stichwort der Universitätsreform geäußert werden, zielen auch auf die Lösung dieses Problems.

Bei dieser Zusammenarbeit verschiedener Wissenschaften kommt auch ein Sprachproblem hinzu, wie sehr oft Probleme, die auf den ersten Blick ganz anders aussehen, sich bei genauerem Zusehen oft als Sprachprobleme erweisen. Die Sprachen der verschiedenen Wissenschaftszweige haben sich ebenfalls im Laufe der Entwicklung spezialisiert. Methodik, Denkweise und Vokabularium des Physikers, Chemikers und Biologen sind von vornherein verschieden. Der Erfolg ihrer Zusammenarbeit, der unter dieser Verschiedenheit leiden kann, erweist sich aber gerade daran, daß es zunehmend möglich ist, eindeutige Übersetzungsregeln ihrer Sprachen anzugeben. Dafür ein Beispiel: Die Erbeinheit wird biologisch das Gen genannt und die Biologen haben eine Fülle von Tatsachen und Gesetzmäßigkeiten gefunden, die diese Gene betreffen. In der chemischen Sprache erscheint heute dieses Gen mehr und mehr als ein Makromolekül mit bestimmter Reihenfolge seiner chemischen Bausteine, und in der physikalischen Sprache erscheint dieses Gen als eine hochspezifische Anordnung von Atomen, die durch die Verteilung ihrer Elektronen im Raum, durch elektrische Kräfte aneinander gebunden sind. Das ist ein und derselbe Begriff, der in den verschiedenen Wissenschaftssprachen jeweils anders gedeutet wird.

Dieser Zwang zur Kooperation im Umkreis der Physik — und *nicht* nur in ihrem Umkreis — hat mehrere Auswirkungen auf die Gesellschaft. Sie liefert einmal dieser Gesellschaft Beispiele und Modelle für ähnliche Aufgaben, welche sich in unserer Welt vielfach ergeben, da vielfach Notwendigkeiten zur Kooperation bestehen. Insbesondere aber stellt diese Situation Forderungen an Erziehung, Ausbildung, und sicher auch an das, was man eine zeitgemäße Bildung nennen sollte. Enges Fachdenken durchzieht nur zu sehr unsere Welt mit unzähligen Hindernissen. Wir stehen vor der schwierigen Aufgabe, gründliche Ausbildung in einem Fachbereich mit Aufgeschlossenheit gegen übergreifende Probleme zu verbinden.

Auf der Kooperation von Naturwissenschaft und Technik beruht nun wesentlich die explosionsartige Entwicklung der modernen Welt. Die Wissenschaft multipliziert die Technik und diese wiederum die Wissenschaft. Eine Art doppelter Explosionswirkung ist die Folge. Dafür ein Beispiel: Die Physik entdeckte das Elektron als ein besonders massearmes Teilchen mit elektrischer Ladung, das elektrischen und magnetischen Kräften besonders rasch folgt. Die Gesetze dieser Kräfte wurden genauestens festgestellt, ebenso die Möglichkeit, Strahlen freier Elektronen, besonders im Vakuum, zu erzeugen. Auf diesen wenigen physikalischen Elementen errichtete die Technik das imposante Gebäude der Elektronik, die unsere Welt völlig verändert. Rundfunk und Fernsehen sind hierfür Beispiele aus dem Alltagsleben. Auf den Fernsehschirm werden mit Hilfe eines Elektronenstrahls jede Sekunde rund 5 Millionen Lichtpunkte genauer Lage und Helligkeit geschrieben. Diese Zahl — 5 Millionen — wird durch die Angabe verdeutlicht, daß man, um bis zu 5 Millionen im normalen Sprechtempo zu zählen, ungefähr 50 Tage brauchen würde. Um also das sprachlich auszudrücken, was auf dem Fernsehschirm in einer Sekunde vor sich gehen würde, sind mindestens 50 Tage notwendig. Um die Punkte zu zählen, die etwa in einem zweistündigen Fernsehprogramm uns übermittelt werden, wären sogar 1000 Jahre ununterbrochenen Zählens notwendig. Diese Zahlen sollen einen Eindruck von der technischen Potenz der Elektronik vermitteln.

Diese Potenz kam rückwirkend nun den Wissenschaften, einschließlich der Physik, zugute. Es ist nicht aufzuzählen, welche elektronischen Apparate in den heutigen Laboratorien stehen. Vom Gleichrichter und Verstärker bis zum Elektronenmikroskop und der elektronischen Rechenmaschine reicht diese kaum noch übersehbare technische Gattung. Mit diesen wirkungsvollen, verbesserten und besonders schnellen Hilfsmitteln ausgestattet, sind nun die Wissenschaften in der Lage, noch schneller und genauer neue Ergebnisse zu finden, die wiederum die Technik befruchten. Ohne moderne Elektronik keine schnelle Entwicklung der Atomkernphysik, ohne diese wiederum keine Kerntechnik usw. usf.

Der Begriff der Explosion ist für dieses skizzierte Anwachsen des Wissens sogar unzureichend. Das normale mathematische Gesetz das eine Explosion oder einen lawinenartigen Vorgang beschreibt, wird durch dieses heute vorhandene Wachstum sogar noch übertroffen. Um Ihnen zu zeigen, welcher Ergebnisfülle der Physiker sich gegenüber sieht, möchte ich Ihnen mitteilen, daß aus einem Referateorgan der Physik hervorgeht, daß pro Tag größenordnungsmäßig mindestens *hundert* neue Arbeiten erscheinen, die man der Physik zurechnet, also jede Stunde vier neue Arbeiten über physikalische Probleme; und diese Zahl ist natürlich noch im Wachsen. Nie in der Geschichte der Menschheit waren so viele Menschen mit wissenschaftlicher Forschung und Ausbildung beschäftigt. Man kann den sicher eindrucksvollen Satz sagen: Die meisten Wissenschaftler, die je gelebt haben, leben heute.

Die Folge dieser wissenschaftlich-technischen Revolution ist, daß die Welt, in der wir leben, sich unter unseren Händen verändert. Auch hierfür ein Beispiel: Von Urzeiten bis etwa zur Zeit Goethes hatten sich die Reisegeschwindigkeiten praktisch nicht verändert. Gehen, Reiten, Rudern oder Segeln waren Jahrtausende die Möglichkeiten des Reisens.

Die erste Erdumsegelung zu Anfang des 16. Jahrhunderts dauerte zwei Jahre. Gegen Ende des vorigen Jahrhunderts waren es etwa hundert Tage und jeder kennt den sogenannten utopischen Roman Jules Vernes aus dieser Zeit „Die Reise um die Erde in 80 Tagen". Um die Mitte *unseres* Jahrhunderts konnte man immerhin schon mit einer Fluggeschwindigkeit von etwas mehr als 800 Stundenkilometern, das ist rund $^2/_3$ Schallgeschwindigkeit, die Reise zu den Antipoden in nur 24 Stunden zurücklegen. Damit war die Erde auf eine Tagesreise zusammengeschrumpft. Und ein Satellit umkreist heute die Erde in etwa zwei Stunden. Faßt man das Ergebnis zusammen, so kann man sagen, daß in zwei Generationen vom Anfang des Jahrhunderts bis in unsere Tage die Erde — bildlich gesprochen — auf etwa 1/1000 geschrumpft ist. Auf dieser Erde nun, auf der jeder Mensch des andern Nachbar ist — jedenfalls politisch gesehen — leben heute 3 Milliarden Menschen. Auch diese Entwicklung der Zahl der Menschen auf der Erde ist ein Beispiel für explosionsartige Vorgänge im sozialen und politischen Bereich unserer Zeit. Die von Physik, Chemie und Biologie beeinflußte moderne Medizin und Hygiene hat die Sterblichkeit so weit herabgedrückt, daß mangels einer ausreichenden Geburtenkontrolle die Zahl der Weltbevölkerung rapide steigt. Lassen Sie mich das mit ein paar Zahlen illustrieren: Es dauerte rund 200 Jahre, nämlich von 1650 bis 1850, bis die Zahl der Menschen um das Doppelte, nämlich von 600 Millionen auf 1200 Millionen oder 1,2 Milliarden stieg. Die nächste Verdoppelung auf rund 2,5 Milliarden dauerte nur noch die 100 Jahre bis 1950, und in den 50 Jahren bis zum Jahre 2000 wird sich die Erdbevölkerung sogar mehr als verdoppelt haben und mit hoher Sicherheit mehr als 6 Milliarden betragen. Diese Verkürzung der Verdoppelungsdauer illustriert auch hier die übernormale Entwicklungsgeschwindigkeit. Man kann aber aus diesen Zahlen auch schließen, daß ohne Wissenschaft und Technik, also in einem Zustand, in dem sich die Welt vor 100 bis 200 Jahren befand, mindestens die Hälfte der heute lebenden Menschen zum Tode verurteilt wäre.

Solche Zahlen illustrieren unser aller Gefühl, daß wir in einer hochdynamischen, sich schnell verändernden Welt leben. Wissenschaft und Technik sind dabei entscheidende Motoren.

Auch in einem anderen sozialen Bereich wirkt diese Kette von Wissenschaft (einschließlich der Physik), Technik, sozialer Bereich: Das ist der Bereich der Wirtschaft, in der die Produktivität, d. h. der pro Arbeitsstunde erzeugte Wert eine ganz wichtige Rolle spielt. Man kann im Groben die Wirkungen von Wissenschaft und Technik in diesem Bereich so darstellen, daß die Produktivität, d. h. das pro Arbeitsstunde produzierte Sozialprodukt, sich im Laufe der Zeit immer mehr erhöht hat. Zwei Dinge sind dadurch — im Trend jedenfalls — ausgelöst worden: Das Realeinkommen und die Freizeit der Menschen haben sich erhöht. Durch die Automation, die wiederum mit der Elektronik eng zusammenhängt, von der ich vorhin gesprochen habe, ist diese Erhöhung der Produktivität in eine neue entscheidende Phase getreten, und weitere Entwicklungen in der Richtung der Erhöhung des realen Sozialprodukts und der Freizeit sind zu erwarten. Daß insbesondere das letztere, die vermehrte Freizeit des Menschen, wieder Probleme der Erziehung und der Bildung aufwirft, sei hier nur am Rande vermerkt. Diese Entwicklung hat eine Reihe entscheidender Konsequenzen.

Das in früheren Zeiten wohl mehr psychologisch zu deutende Generationsproblem, die Schwierigkeit der Verständigung der jüngeren mit der älteren Generation, hat einen zusätzlich objektiven Zug bekommen. Jede Generation findet *tatsächlich* eine andere Welt vor, auf welche die Erfahrungen schon der Elterngeneration nur noch begrenzt anwendbar sind. Ja schon jede Generation selbst erlebt so viele und grundlegende Wandlungen ihrer Welt, daß sie sich mitwandeln *muß*, um nicht zu versagen. Die für die menschliche Gesellschaft so wichtige Tradition von Wissen und Haltungen ist daher vielfach problematisch geworden. Die Erziehung kann es nicht mehr darauf anlegen, nur einen bewährten Kanon solches Wissens und solcher Haltungen im Leben zu überliefern. Vielmehr muß sie mehr die Fähigkeiten entwickeln und pflegen, daß der Mensch sich in rasch wandelnden Situationen orientieren kann, und daß er Chancen und Risiken jedes Handelns schnell und doch verantwortungsbewußt einkalkulieren kann, Forderungen, die in diesem Umfang und diesem Ausmaß an frühere Generationen nie gestellt worden sind und nicht gestellt werden mußten.

Im Hinblick auf diese Situation der Menschheit, die durch Wissenschaft und Technik hervorgerufen ist, müssen Bildung und Ausbildung neu überprüft werden. *Eine* wichtige Aufgabe für das Ausbildungswesen läßt sich wohl durch das Schlagwort „Weiterbildung" kennzeichnen. Es scheint nicht sinnlos, die Forderung aufzustellen, daß jede institutionelle Ausbildung ihre eigene Vorläufigkeit und Unvollständigkeit in unserer Welt unterstreicht, indem sie sich auch für die Frage der Weiterbildung verantwortlich fühlt. In diesem Rahmen erscheint zum Beispiel die Erwachsenenbildung als die notwendige Weiterbildung des Individuums und Staatsbürgers.

Sicherlich sind aber auch gerade die Naturwissenschaften und insbesondere auch die Physik dazu berufen, bei dieser Überprüfung von Bildung und Ausbildung neue Bildungswerte beizutragen. Gerade auch in Deutschland hat die traditionelle Bildung einen deutlich geisteswissenschaftlich-literarischen Akzent. Wenn man aber *nur* die bitteren Worte Fausts und die ironischen Worte Mephistos über die Wissenschaften kennt, weiß man wenig über Bedeutung und Charakter der modernen Wissenschaften im allgemeinen und der Naturwissenschaften im besonderen. Die Technik tut ein übriges, um naturwissenschaftliches Wissen und Verstehen von dem Benutzer ihrer Geräte fernzuhalten. Diese Geräte *sollen* ja und müssen sicherlich auch das sein, was man unfreundlich „idiotensicher" nennt.

In dieser Situation kommen wesentliche intellektuelle, aber auch moralische Bildungswerte der Naturwissenschaften zu kurz. Die sorgfältige Beobachtung, die Unterscheidung wesentlicher von unwesentlichen Umständen, die sorgfältige Kennzeichnung einer erreichten Genauigkeit, die prägnante Formulierung bis etwa zur Verdichtung in eine mathematische Sprache, das Zurückstellen subjektiver Wünsche zugunsten nachprüfbarer objektiver Tatbestände, die Auseinandersetzung mit den Ergebnissen und Meinungen anderer, sind einige wichtige Züge wissenschaftlichen Verhaltens, die vielleicht in der Physik als der relativ leichtesten oder einfachsten Naturwissenschaft am deutlichsten zum Ausdruck kommen, jedenfalls aber in ihrer denk- und charakterprägenden Kraft weit über die Naturwissenschaften hinaus Bedeutung haben.

Tatsächlich sind aber mehr Mißverständnisse über die Physik im Umlauf als positive Beziehungen zu ihr. Diese Mißverständnisse reichen von einer falschen Auffassung der Exaktheit dieser Wissenschaft bis zu der Meinung, die neue Entwicklung in unserem Jahrhundert habe gezeigt, daß alle Aussagen der Physik in einem vagen Sinne subjektiv oder relativ seien. Von einer echten Einsicht in das Verfahren der Physik zeugen solche Meinungen nicht, wobei allerdings hervorzuheben und zuzugeben ist, daß die Physik selbst erst in diesem Jahrhundert die Einsicht in ihre Methoden wesentlich verschärft hat, und es wird die schwierige Aufgabe sein, das auf breitere Schichten interessierter Menschen zu übertragen. Besonders die Relativitätstheorie, deren Name so viel zu verbreiteten Mißverständnissen beigetragen hat, sowie die Quantenphysik der Atome hat zu dieser erkenntnistheoretischen Besinnung der Physik wesentlich beigetragen. Es ist hier nicht der Ort, diese Entwicklung darzustellen, aber gerade während dieser Zeit der Besinnung und Klärung in der Physik hat es nicht an Einflüssen von der Gesellschaft und ihrer Gruppen auf die Physik im ideologischen Sinne gefehlt.

Die massivste, plumpste und folgenreichste Einflußnahme war zweifellos die des Nationalsozialismus. Angeführt von den in ihrem Fachgebiet erfolgreichen Physikern Lenard und Stark, beides Nobelpreisträger, lief die unsinnige nationalsozialistische Forderung nach einer sogenannten „deutschen" oder gar „nichtjüdischen" Physik darauf hinaus, die gesamte moderne Physik des 20. Jahrhunderts zu unterdrücken. Trotz mancher Gegenwehr namhafter Physiker kostete diese einzigartige geistige Perversion Deutschland eine führende Stellung in den physikalischen Wissenschaften und hat sich auch auf die politischen Ereignisse dieser Jahre nachhaltig ausgewirkt.

Auch im kommunistischen Machtbereich gibt es starke ideologische Einflüsse auf die Wissenschaften einschließlich der Physik. In der Biologie, insbesondere in der Genetik, der Vererbungslehre, erreichte sie in der Sowjetunion den verderblichen Charakter der nationalsozialistischen Ideologie. Die moderne Genetik, gesichert durch viele Experimente und Erfahrungen, wurde in der Sowjetunion durch den sogenannten Wissenschaftler *Lyssenkow* eine Zeitlang unterdrückt.

In der Physik beschränkte sich die Sowjetideologie im wesentlichen auf die Interpretierung ihrer Ergebnisse im Sinne des dialektischen Materialismus und auf die Herausstreichung des russischen und sowjetischen Anteils an der physikalischen Entwicklung oder der wissenschaftlichen Entwicklung überhaupt. Ein sowjetrussisches Lehrbuch der Physik, wie es uns etwa in einer Übersetzung vorliegt, unterscheidet sich daher im allgemeinen von einem der westlichen Welt nur dadurch, daß in einem Vor- oder Nachwort der Autor mehr oder weniger überzeugend darlegt, daß all das ein glänzender Beweis für die Kraft des dialektischen Materialismus sei. Der Schwierigkeit, daß die wichtigsten Ergebnisse der Physik bisher von Forschern gefunden wurden, welchen diese Denkweise völlig fremd war, wird meist mit den Worten begegnet, daß sie diese Methode eben unbewußt angewandt hätten. Tatsächlich hat diese Ideologie die physikalische Forschung und Lehre im sowjetischen Bereich nicht so stark behindert, daß nicht wesentliche Beiträge zur modernen Physik aus diesem Bereich zu verzeichnen wären, ganz zu schweigen von der Technik.

Aber auch in der westlichen Welt gibt es ideologische Einflüsse auf die Physik. Jede etwa im Sinn einer Weltanschauung an geistigen Leitbildern orientierte Gruppe sieht sich ja genötigt, sich mit den Ergebnissen der modernen Naturwissenschaften auseinanderzusetzen. Die Feststellung einer Unverträglichkeit der eigenen weltanschaulichen Haltung mit wissenschaftlichen Methoden und Ergebnissen dürfte in unserer heutigen Welt kaum durchzuhalten sein. Überwiegend werden daher diese Methoden und Ergebnisse von allen Richtungen im eigenen Sinne interpretiert. Freidenker und Christen berufen sich gelegentlich auf dieselben physikalischen Lehren zur Rechtfertigung oder doch Unterstreichung ihres eigenen speziellen Standpunktes. Auch aus diesen Versuchen geht die Physik weitestgehend ohne Behinderung oder gar Schaden hervor. Sie ist ihrem Wesen nach extrem unideologisch und unmetaphysisch. Diesen Zug erkennt man allerdings erst, wenn man berücksichtigt, daß die Physik nicht die Summe der Aussagen aller Physiker ist. Jeder Physiker ist nämlich gesellschaftlichen Gruppen und ihren Ideologien verhaftet und bringt das auch gelegentlich direkt oder indirekt zum Ausdruck. Zur Physik als *Wissenschaft* kann man aber nur diejenigen Aussagen rechnen, in denen die Physiker verschiedenster Herkunft übereinstimmen, oder wenigstens im Prozeß der wissenschaftlichen Entwicklung Übereinstimmung erzielen können.

Nun kann man fragen: Woran erkennt man das? Die Antwort würde darauf lauten, daß das nur *Aussagen* sein können, auf die sich das physikalische Wahrheitskriterium der raum-zeitlichen Beobachtbarkeit anwenden läßt. Es würde hier zu weit führen, den Nachweis zu bringen, daß dieses Wahrheitskriterium tatsächlich in einem sehr universellen Sinne in der physikalischen Forschung angewandt wird. Ethische Axiome und andere Aussagen, die eine Wertung enthalten — und gerade solche Wertungen sind ja meist der Kern weltanschaulicher Systeme — fallen offensichtlich nicht unter ein solches Wahrheitskriterium, das in der Physik angewandt wird. Für diese Aussagen kann die Physik weder Bestätigungen noch Widerlegungen liefern. Nur diese Eliminierung solcher Wertaussagen ermöglicht die erdweite Verbindlichkeit der Physik, die ja eine ideale Grundlage internationaler Zusammenarbeit ist. Daß ein christlicher, ein buddhistischer, ein freidenkerischer Physiker in ihren physikalischen Aussagen weitestgehend übereinstimmen, kennzeichnet die Situation.

Wohl kann man aber einen *Wert* darin sehen, daß die Physik zwar nicht allein, vielleicht aber am deutlichsten einen allen Menschen gemeinsamen Erfahrungsbestand und Erfahrungsbereich herausarbeitet. In einer Zeit, wo auch aus Gründen der technischen Entwicklung die Menschheit sich von einem abstrakten Begriff zu einer gesellschaftlichen Realität entwickelt, ist der positive Nachweis solcher Gemeinsamkeiten sicher nicht bedeutungslos. Die Kernphysik in Verbindung mit der Kerntechnik hat allerdings dazu geführt, daß die Menschen sich ihrer umfassenden, gegenseitigen Abhängigkeit zunächst negativ bewußt wurden. Die Entwicklung der Freimachung der Atomkernenergie zu nichtfriedlichen Zwecken ist dafür das eindrucksvollste Beispiel. Seitdem am 1. März 1954 in einer sogenannten Dreistufenbombe, die ca. 15 Millionen Tonnen Sprengstoff-Äquivalent hatte, mehr Vernichtungskraft ausgelöst worden war als in allen Waffenwirkungen der gesamten Geschichte der Menschheit zusammengenommen, seitdem Raketen solche „Waffen" genannte Gebilde in Stundenfrist von Kontinent zu Kontinent tragen können, seitdem der Vorrat solcher Vernichtungsmittel in Ost und West das übersteigt, was die Menschheit nicht nur zu ihrer eigenen Vernichtung benötigt, sondern sie zu einer Art Rückgängigmachung der Schöpfung befähigt, seitdem sollten die Menschen wissen, daß sie auf *einer* Erde leben, daß sie trotz aller Schwierigkeiten Formen des Zusammen*lebens* finden müssen, wenn sie der Alternative des Zusammen*sterbens* entgegnen wollen. Albert Einstein hat gesagt: Es wird *eine* Welt geben oder es wird *keine* Welt geben. Der Physiker hat *gerade* noch die Kompetenz, auf Grund objektiver Tatbestände auf diese Alternative hinzuweisen. Die Wahl zwischen diesen Alternativen sowie die optimistische oder pessimistische Beurteilung, ob eine solche Wahl überhaupt möglich ist, liegen auf jeden Fall außerhalb seiner Zuständigkeit als Wissenschaftler.

Der Redner möchte sich jedoch zu einem Optimismus bekennen, der darauf beruht, daß jeder Einzelmensch und damit auch die Menschheit gegen die Gefahr der physischen Vernichtung starke Gegenkräfte entwickeln kann, und daß der menschliche Geist, der so umfassend in der Lage war, die Naturerscheinungen zu ordnen und aufeinander zu beziehen, doch wohl auch fähig sein sollte, den gesellschaftlichen Raum umfassend und existenzsichernd zu gestalten.

Der Haupteinfluß der Physik und der anderen Naturwissenschaften in Verbindung mit der Technik auf die Gesellschaft liegt zweifellos im folgenden: Nicht alle gesellschaftlichen Ordnungen und Verhaltensweisen sind mit den wissenschaftlich-technischen Gegebenheiten unserer Zeit verträglich. Die Gesellschaft sieht sich der Notwendigkeit eines tiefgreifenden Transformationsprozesses gegenüber, von dem wohl kaum ein gesellschaftlicher Teilbereich ausgenommen werden kann. Die Schwierigkeiten dieses Prozesses liegen auf der Hand. Es genügen zwar wenige Köpfe, um eine technische Erfindung zu machen, um technisch revolutionierend zu wirken; gesellschaftliche Transformationen bedürfen aber im Grunde der Mitwirkung *aller*, und das sind heute 3 Milliarden Menschen. Diese Notwendigkeiten, die sich aus der naturwissenschaftlich-technischen Entwicklung ergeben, in das allgemeine Bewußtsein der Menschen zu übertragen; die Einsicht in die notwendigen Veränderungen gesellschaftlicher Verhältnisse auf einem möglichst friedlichen und gewaltlosen Wege zu fördern, ist das Problem unserer Zeit. Zweifellos kommt in dieser Situation denen besondere Verantwortung zu, die als Person oder institutionell Einfluß oder Autorität besitzen. Die Hochschullehrer gehören ganz gewiß zu diesem Kreis.

GESCHICHTSWISSENSCHAFT UND GESELLSCHAFT

Von Georg Kotowski

Vor wenigen Tagen gedachte die Freie Universität Berlin in einer ergreifenden Feierstunde ihres ersten Rektors, Friedrich Meinecke[1]. Die einhundertste Wiederkehr des Geburtstages dieses hervorragenden Denkers und Geschichtsschreibers bietet auch mir Anlaß, meine Überlegungen, die das Verhältnis von Geschichtswissenschaft und Gesellschaft zum Gegenstande haben, mit Erkenntnissen Meineckes beginnen zu lassen. Aber mehr noch als diese gern genutzte Gelegenheit, einem Großen unseres Faches, einem verehrungswürdigen Menschen Dank für sein kaum ausschöpfbares Lebenswerk auszusprechen, nötigen mich sachliche Gründe, an von ihm entwickelte Gedanken anzuknüpfen.

Freilich ist es nicht meine Absicht, eigene Antworten auf mein Thema dadurch überflüssig zu machen, daß ich an ihre Stelle die großer Fachgenossen treten lassen will. Schon die überwältigende Fülle des Stoffes würde Schwierigkeiten bereiten. Unsere Disziplin ist eine der ältesten Wissenschaften. Selbst wenn wir nur unsere eigene, auf die Griechen zurückgehende historiographische Tradition berücksichtigen wollten, hätten wir ein Schrifttum zu benutzen, das in fast zweieinhalb Jahrtausenden einen unübersehbaren Umfang angenommen hat und schwerlich mehr von einem einzelnen beherrscht werden kann. Von den Anfängen der Geschichtswissenschaft an bis zur Gegenwart haben ihre Vertreter teils in gelegentlichen Gedanken und Reflexionen, teils — und dies vornehmlich in neuerer Zeit — in ausführlicheren Untersuchungen Fragen behandelt und Probleme aufgeworfen, die uns heute abend beschäftigen. Zu berücksichtigen wären aber auch die einschlägigen Bücher und Schriften von Theologen, Philosophen, Soziologen, Nationalökonomen, Juristen und Vertretern zahlloser weiterer Disziplinen. Die uns gesetzte Zeit würde es nicht gestatten, auch nur die wichtigsten Titel aufzuzählen, und noch viel weniger wäre es denkbar, in eine sachliche Darstellung der Meinungen einzutreten.

Selbst eine Beschränkung auf wenige Titel würde uns aus dieser Verlegenheit nicht befreien. Friedrich Schillers Jenaer Antrittsvorlesung von 1788 „Was heißt und zu welchem Ende studiert man Universalgeschichte?",

---
[1] Vgl. dazu *Bußmann, W.*: Friedrich Meinecke. Ein Gedenkvortrag zu seinem 100. Geburtstag gehalten am 4. Dezember 1962 im Auditorium Maximum der Freien Universität Berlin. Colloqium Verlag. Berlin (1963).

Leopold Rankes Berliner Antrittsvorlesung von 1836 „Über die Verwandtschaft und den Unterschied der Historie und der Politik", Johann Gustav Droysens „Grundriß der Historik", zuerst 1858 erschienen, Jakob Burckhardts unter dem Titel „Weltgeschichtliche Betrachtungen" 1905 herausgegebene Kollegnotizen aus den Jahren 1868 und 1870/71, Friedrich Meineckes, jetzt von Eberhard Kessel gesammelte Aufsätze „Zur Theorie und Philosophie der Geschichte" und Reinhard Wittrams Untersuchungen über „Das Interesse an der Geschichte" aus unserem Jahrhundert sind zwar besonders wichtige Veröffentlichungen zu unserem Thema und sollten über den Kreis der Historiker hinaus studiert werden. Aber schon diese verhältnismäßig wenigen Schriften lassen sich in einer knappen Stunde nicht hinreichend würdigen, und gelänge das auch, so bliebe dennoch vieles, was wegen seiner grundsätzlichen Bedeutung doch auch vorzutragen wäre, unerwähnt[2].

Grundsatzfragen wie die uns gestellte kann man schließlich nur aus eigener Erfahrung und in den Grenzen eigener Erkenntnis zu beantworten versuchen. Dabei ist in Kauf zu nehmen, daß ein solcher Versuch nur unzulängliche Ergebnisse erbringt. Andererseits wäre es ebenso lächerlich wie töricht, die Ansatzpunkte eigenen Denkens und Urteilens im Denken und Urteilen anderer verhüllen oder verschweigen zu wollen.

Im Jahre 1916 hat Friedrich Meinecke in einer Betrachtung, die er in einer ihm nahestehenden Zeitschrift abdrucken ließ[3], sich mit dem Vorwurf auseinandergesetzt, die heutige deutsche Geschichtswissenschaft nehme am inneren Leben unserer Zeit zu wenig teil und biete ihr daher auch zu wenig. Er räumte ein, daß dem deutschen Volke die Historie nicht mehr das bedeute, was sie diesem in den Einigungskämpfen zwischen 1848 und 1871 bedeutet habe. Die Tatsache selbst hat Meinecke zweifellos bedauert, bemühte doch gerade *er* sich darum, wissenschaft-

---

[2] *von Schiller*, F.: Schriften zur Ästhetik, Literatur und Geschichte (= Goldmanns Gelbe Taschenbücher, Nr. 925), 1963; *von Ranke*, L.: Geschichte und Politik. Ausgewählte Aufsätze und Meisterschriften, hrsg. von H. Hofmann (= Kröners Taschenausgaben, 146), 1940; *Droysen*, J. G.: Historik. Hrsg. von R. Hübner. Oldenbourg, München. 3. Aufl. 1958; *Burckhardt*, J.: Weltgeschichtliche Betrachtungen. Mit Nachwort und Kommentar von R. Marx (= Kröners Taschenausgaben, 55); *Meinecke*, F.: Zur Theorie und Philosophie der Geschichte. Hrsg. und eingeleitet von E. Kessel (= F. Meinecke, Werke, Bd. IV). K. F. Koehler, Stuttgart 1959; *Wittram*, R.: Das Interesse an der Geschichte. 12 Vorlesungen über Fragen des zeitgenössischen Geschichtsverständnisses (= Kleine Vandenhoeck-Reihe, Nr. 59—61), Vandenhoeck & Ruprecht, Göttingen 1958. (Der Verf. bietet zugleich eine wertvolle Auseinandersetzung mit der einschlägigen Literatur.)
[3] *Meinecke*, F.: Die deutsche Geschichtswissenschaft und die modernen Bedürfnisse. Zuerst erschienen in der Zeitschrift „Die Hilfe", Jahrgang 22, 1916. Jetzt in Werke, IV. S. 172—180.

liche Erkenntnisse zur Grundlage allen politischen und sozialen Handelns zu machen. Er war sich jedoch darüber im klaren, daß durchgreifende Abhilfen kaum in Aussicht genommen werden könnten. Denn, so meinte er, diese Veränderung sei bedingt durch einen grundsätzlichen Wandel der geistigen Voraussetzungen des Verhältnisses von Wissenschaft und Leben. Während die Historiographie ihre Methoden verfeinerte, sich strenge Selbstzucht auferlegte, in mühseliger, harter Kleinarbeit an Akten und Urkunden und in Ehrfurcht vor den Tatsachen die Quelle des Irrtums, welche in der Subjektivität des Forschers liegt, zu verstopfen suchte, haben sich auf der anderen Seite die Bedürfnisse des modernen Lebens geändert. Reine Anschauung der geschichtlichen Dinge, der Versuch, die Dinge der Vergangenheit so zu sehen, wie sie wirklich waren, in ihrer eigenen Farbe, mit ihren eigenen Voraussetzungen, kurz, alles das, was die Geschichtswissenschaft, wenn sie redlich ist, bietet, erregt geringes Interesse in der Öffentlichkeit. Ein Sinn für das Praktische, von Utilitarismus und Subjektivismus zugleich bestimmt, beherrscht den modernen Menschen: „In einer von Problemen zerrissenen, mit Bildungsstoffen überladenen Zeit verlangt er leidenschaftlich nach einem geistigen Bande, nach einer vereinfachenden Konstruktion, nach kühnen und starken Führern, die zwar alle heutige Kompliziertheit in sich empfinden sollen, aber auch sie zusammenschmelzen sollen zu kräftigen und eindrucksvollen Synthesen."

Damit sind Bedürfnisse entstanden, welche die Geschichtswissenschaft nicht befriedigen kann. Wohl fühlt sie sich ihrer eigenen Zeit, der Gesellschaft, in der die Forscher leben und wirken, nicht weniger verpflichtet als zuvor, aber sie kann dieser Verpflichtung nicht mehr in den Formen genügen, welche der Stand der Erkenntnis im 19. Jahrhundert noch zuließ. „Die damaligen kämpfenden Historiker", so lesen wir bei Meinecke, „trugen ihre Kampfesideale auch in die Geschichte hinein und färbten sie mit ihnen. Die Arbeit der darauffolgenden Generation der Historiker bestand in nicht geringem Grade darin, diese Übermalungen zu entfernen und zu der reinen Betrachtung Rankes, der unpopulär und abgesondert von den Tageskämpfen inmitten jener Zeiten dahinlebte, zurückzukehren." Kann die Geschichtswissenschaft der Gegenwart nun nicht einmal mehr den Bahnen folgen, welche die großen politischen Historiker des vergangenen Jahrhunderts eingeschlagen hatten, so ist es ihr noch viel weniger möglich, den groben Interessen unserer Zeit zu genügen.

Von diesem Wechsel des geistigen Klimas sind freilich alle Wissenschaften betroffen, aber, so muß man hinzufügen, in verschiedenem Umfange. Am besten haben es die exakten Wissenschaften, auf deren Ergebnisse niemand verzichten kann; sie haben daher auch kaum Mühe, für die Notwendigkeit strenger theoretischer Forschungen Verständnis zu finden, ist man sich doch des stillen Reifens ihrer praktischen Früchte totsicher. Andere Disziplinen haben es schwerer, Anerkennung zu finden, aber insofern sie geeignet erscheinen, Waffen für den geistigen, wirtschaftlichen und politischen Lebenskampf zu liefern, können sie immer noch auf ein starkes öffentliches Interesse rechnen. „Nationalökonomie, Staats- und Völkerrecht, Länder- und Völkerkunde, Soziologie und damit auch diejenige Richtung der Philosophie, die die Werte des modernen Lebens zu deuten unternimmt — sie stehen alle in hoher Schätzung, denn sie sind nützlich. Sie geben entweder unmittelbare Antworten auf das, was der Tag fordert, oder befriedigen jenes Bedürfnis nach raschen und kühnen Synthesen des Lebens, deren der moderne Mensch im Ansturm der Eindrücke auf sich bedarf. Der mit Zahlen und Tatsachen gepanzerte Nationalökonom, der Orient- und Amerikakenner, der reformierende Kriminalist wird überall gern gehört. Der Philosoph, der in ein paar Wochen eine neue Philosophie des Krieges zusammenzimmert, obgleich ihm das Phänomen des Krieges vorher kaum etwas bedeutet hat, kann erstaunlich einschlagen. Freilich muß er dann die modernen Sprachmittel beherrschen, die durch künstliche Aufwirbelung und Zerstäubung der Worte es dahin bringen, daß ein paar Tropfen von Gedanken ein ganzes Glas mit ihrem Schaum füllen. Wer kennt ihn nicht, diesen aufgequirlten Stil des modernen Schriftstellers, der so viel Anmaßung wie schlotternde Zuchtlosigkeit, ab und an wohl wirklich einmal auch ein echtes Suchen und Ringen nach neuer, tiefer Anschauung der Dinge ausdrückt."

Es versteht sich von selbst, daß die Geschichtswissenschaft nicht in der Lage ist, summarische, packende und kräftig stilisierte Aufrisse vergangener Zeiten und Kulturen zu liefern, die einer Nachprüfung nicht standhalten. Damit ist ihr möglicher Einflußbereich von vornherein eingeschränkt.

Von diesen Überlegungen Meineckes, die noch vor dem Auftreten Spenglers, Rosenbergs und Möller van den Brucks veröffentlicht wurden[4], möchte ich ausgehen, um unser Thema unter drei Gesichtspunkten zu behandeln. Einmal müssen wir fragen, welche äußeren Voraussetzungen das Verhältnis von Geschichtswissenschaft und Gesellschaft bestimmen. Zum anderen werden wir zu untersuchen haben, auf welche inneren Probleme die Historiographie stößt, wenn sie verbindliche Aussagen machen

---

[4] Die entscheidenden Schriften: *Spengler, O.*: Der Untergang des Abendlandes. Umrisse einer Morphologie der Weltgeschichte. 2 Bände, 1918, 1922. *Rosenberg, A.*: Der Mythus des 20. Jahrhunderts. Eine Wertung der seelischgeistigen Gestaltenkämpfe unserer Zeit (1930). *Moeller van den Bruck, A.*: Das Dritte Reich, 1923. Über die romanartigen, aber als wissenschaftlich aufgemachten Schriften von *Ludwig, E., Hegemann, W., Wiegler, P.* und *Eulenberg, F.* vgl. *Schüßler, W.* u. a.: Historische Belletristik. Ein kritischer Literaturbericht. Hrsg. von der Schriftleitung der Historischen Zeitschrift, 3. Aufl. 1929.

will, und schließlich wäre zu prüfen, welche Einflüsse aus der Gesellschaft selbst auf den Historiker einwirken und seine Methoden und seine Forschungsergebnisse beeinflussen.

Würden wir bestimmte Formulierungen Friedrich Meineckes aus ihrem Zusammenhange reißen und in äußerster Konsequenz zu Ende denken, so könnte man wohl den Vorwurf erheben, der moderne Historiker strebe, angewidert von den Verhältnissen der eigenen Zeit und voller mit Resignation gemischter Verachtung einer als bildungsunfähig angesehenen Gesellschaft in einen Elfenbeinturm zurück, dem er sich zeitweilig und nur zu seinem Unheile entzogen habe. Ein solches Verhalten könnte die Gefahr in sich bergen, daß sich die Geschichtswissenschaft, deren staats-, gesellschafts- und gemeinschaftsbildende Kraft immer wieder neu erprobt wurde, in eine blutleere, rein kontemplativen Gemütern freilich noch zusagende Beschäftigung wandelt, welche die Gesellschaft, wie sie ist, nichts mehr angeht und nur noch toleriert wird, *weil* sie niemanden mehr angeht. Damit würde an die Stelle ununterbrochener lebendiger Wechselwirkung zwischen Geschichtsforschung und Gesellschaft eine gelehrte Inzucht treten, bei der der Forscher Resonanz und Anteilnahme nur noch bei denjenigen seiner Fachkollegen erwarten könnte, mit denen er regelmäßig Sonderdrucke austauscht. Den Vorteil unangreifbarer Richtigkeit seiner Arbeitsergebnisse müßte er mit dem Nachteil eines beinahe vollständigen Desinteresses für seine Arbeit überhaupt bezahlen, und er könnte sich höchstens mit der Hoffnung trösten, daß jede wissenschaftliche Arbeit, wie abstrakt und weltfremd sie auch erscheinen möge, doch in irgendeiner Weise das Denken seiner Zeitgenossen oder das der Nachwelt beeinflussen wird.

Glücklicherweise besteht eine Alternative zwischen „unwissenschaftlich, aber wirksam" und „wissenschaftlich, aber unwirksam" nicht, und man würde Meinecke schweres Unrecht tun, wollte man seine Auffassung des Problems so deuten. Aber man muß sich mit der Tatsache vertraut machen, daß der Historiker heute unter anderen Bedingungen arbeitet als früher. Vor allem ist zu berücksichtigen, daß Prozesse ausgelaufen sind, auf deren Verlauf Historiker des 19. Jahrhunderts fast notwendigerweise stärksten Einfluß genommen haben. Man könnte hier an die Entstehung und Verfestigung europäischer Nationalstaaten denken, auf welche die Auseinandersetzungen innerhalb der Geschichtswissenschaft erheblich einwirkten. Der Gegensatz zwischen großdeutscher und kleindeutscher Geschichtsschreibung, aber auch die Erweckung des Nationalgefühls vornehmlich bei west- und südslawischen Völkern mögen hier angeführt werden, um diesen Gedankengang zu erläutern. Inzwischen wird allgemein anerkannt sein, daß Auseinandersetzungen dieser und ähnlicher Art, mögen sie auch in anderer Form heute noch geführt werden, politische Auseinandersetzungen sind, für die der Historiker wohl Argumente liefern kann, die aber mit rein historischer Begründung nicht zu entscheiden sind.

Damit mag der Kreis derjenigen, auf welche der Historiker unmittelbar einwirken kann, eingeschränkter sein als zuvor. Freilich wäre es bedenklich, hieraus allein schon auf ein Absinken des historischen Bildungsbedürfnisses zu schließen. Man kann einwenden, daß etwa Treitschkes Deutsche Geschichte im 19. Jahrhundert, fünfbändig und nach damaligen Begriffen sehr teuer, noch ihren Weg in die Bücherschränke großer Teile des nationalen und liberalen Bürgertums fand, während vergleichbare Publikumserfolge heute schwerlich noch zu erwarten sind. Das ist richtig, aber als Beweis nicht durchschlagend, denn man kann kaum bezweifeln, daß sie auch in der Zeit vor dem Ersten Weltkriege weniger auf echten Bildungsbedürfnissen als auf dem Willen zur Bekundung einer bestimmten Gesinnung beruhten. Ruhigere und weniger leidenschaftlich geschriebene historische Werke dürften auch im 19. Jahrhundert kaum weiter verbreitet gewesen sein, als das heute der Fall ist. Insoweit hat sich wohl nicht so viel geändert, wie oft angenommen wird.

Allerdings müssen wir uns mit einem Phänomen auseinandersetzen, welches vornehmlich erst unserer Zeit eigentümlich zu sein scheint, der Tatsache nämlich, daß das historische Urteil breiterer Kreise durch eine populäre Massenpresse, vornehmlich illustrierte Zeitschriften und Magazine, in einem Umfange verwirrt und getrübt wird, der beispiellos ist. Tatsachenberichte, vornehmlich zur Zeitgeschichte, aber auch zu anderen Perioden der Geschichte, deren Abdruck eine absatzfördernde Wirkung verspricht, werden mit einer Virtuosität und Geschwindigkeit geschrieben, daß ernsthafte Forschung nicht mehr schritthalten kann. Zwar kommt es vor, daß solche Berichte in dem einen oder in dem anderen Falle gewissenhaft gearbeitet sind, so daß gegen ihre Verbreitung keine Bedenken erhoben werden können. Die Leserschaft aber, die naturgemäß überwiegend aus Laien besteht, ist gänzlich außerstande, Wahres von Falschem zu unterscheiden und erwirbt so ein Weltbild, in dem Vorurteile und Klischees übergenug enthalten sind. Das Gefährliche, das in diesem Verfahren liegt, muß darin gesehen werden, daß so wenig fest gegründete Urteile als Ergebnisse scheinbarer Wissenschaft undiskutiert geglaubt werden, andererseits aber durch geschickte Manipulationen jederzeit ausgetauscht werden können, weil weder in dem einen noch in dem anderen Fall eigenes Denken und Prüfung der Voraussetzungen zur Aneignung führte. Wohl kann man sich damit trösten, daß solche Druckerzeugnisse zwar nicht ausschließlich, aber doch überwiegend solche Kreise ansprechen, die, unabhängig von ihrer wirtschaftlichen oder sozialen Stellung, auch im 19. Jahrhundert nur ungern ein Buch mit strenger Gedankenführung in die Hand genommen hätten. Aber dieser Trost ist nicht befriedigend, wenn man sich klar macht, daß die hier angesprochene Leserschaft heute nicht mehr wie im vorigen Jahrhundert noch von relativ festen Werten getragen und bestimmt wird und doch zugleich in stärkerem Maße als je zuvor die Geschicke der Gesellschaft, in der wir leben, bestimmt.

Wenn unsere Überlegungen zutreffen, so müssen wir daraus Folgerungen ziehen, die unter anderen Umständen nicht von gleicher Dringlichkeit wären. Wenn es richtig ist, daß die Wirkungsmöglichkeit der Geschichtsschreibung auf die Gesellschaft nicht so sehr durch die fühlbare Abnahme einer wissenschaftlichem Denken zugänglichen Schicht als durch die ungeheuere Zunahme des politisch-gesellschaftlichen Einflusses solcher Schichten, die bisher wissenschaftlichem Denken niemals zugänglich waren, gefährdet ist, so muß nach Wegen gesucht werden, auf den breiteren Volkskreisen als bisher Ergebnisse strenger Forschung nahegebracht werden können. Dabei ergeben sich Schwierigkeiten, die man nicht unterschätzen darf. Die Geschichtswissenschaft hat zwar fast als einzige Disziplin keine eigentliche Fachsprache entwickelt, die man erlernt haben muß, um ihre Ergebnisse zu verstehen. Andererseits ist fast jedes historische Problem so verwickelt und muß von so vielen Seiten angeschaut werden, daß der Popularisierung bestimmte Grenzen gesetzt sind. Zum anderen muß man bedenken, daß die große Masse aller Deutschen die Schule verläßt, wenn sie in einem Alter ist, in dem man noch nicht historisch denken kann. Offenbar entwickelt sich das Gefühl für Distance, die Fähigkeit also, in einem Vorgange aus vergangener Zeit trotz aller Ähnlichkeit mit vertrauten Verhältnissen das Einmalige und so Nie-Wieder-Kehrende zu erkennen, erst mit der Pubertät. Auch ein noch so gediegener Geschichtsunterricht stößt daher, wenn man von der Oberstufe wissenschaftlichen Oberschulen absieht, auf kaum übersteigbare Schranken. Daß die illustrierte Massenpresse und, wie man hinzufügen könnte, auch die historische Stoffe behandelnden Filme und Romane kaum geeignet sind, historische Bildung zu vermitteln, scheint mir unbestreitbar zu sein. Erfreuliche Ansätze dagegen kann man bei bestimmten Sendern des Hörfunks feststellen, und trotz manchem kritischen Einwand im einzelnen wird dieser mühevollen und verantwortungsbewußten Arbeit Dank und Anerkennung zu zollen sein. Auch das Fernsehen hat begonnen, wenigstens in einzelnen Sendungen, historische Kenntnis zu vermitteln; so wenig ich mich dazu verstehen möchte, ihm schon jetzt eine der des Hörfunks gleichkommende Qualität zu unterstellen, begrüße ich das sehr. Auf lange Sicht wird aber nur eine in möglichst vielfältigen Formen wirkende Erwachsenenbildung in der Lage sein, die Verbindung zwischen gelehrter Forschung und größeren Teilen der Gesellschaft in beider Interesse nutzbar zu machen.

Bei unseren bisherigen Überlegungen sind wir davon ausgegangen, es als selbstverständlich zu unterstellen, daß die Geschichtswissenschaft weit stärker als bisher auf die Gesellschaft einwirken soll, und ich muß auf den Einwand gefaßt sein, daß ein allgemeines, ein öffentliches Interesse dazu gar nicht gesehen werden kann. Ist nicht tatsächlich, so könnte man sagen, ein beträchtlicher Teil historischer Forschung Spezialproblemen gewidmet, die wohl eine Handvoll von Sachverständigen, nicht aber ein breiteres Publikum interessieren kann? Was soll ein durchschnittlicher Bürger etwa an allgemeinen Bildungswerten einer noch so gelehrten, einer noch so flüssig geschriebenen Abhandlung über das Gurker Urbar oder den Gallischen Krieg Julius Caesars entnehmen, Themen also, die mit unserer heutigen gesellschaftlichen Wirklichkeit offenbar nichts zu tun haben? Dieser Einwand ist zwar nicht kurzerhand abzuweisen, aber er geht doch von einem so verengten Begriff historischer Bildung aus, daß er nicht durchschlagen kann. Zweifellos wird der wirkliche Laie sich, auch wenn er guten Willens ist, zunächst ihm aktueller erscheinenden Problemen zuwenden, und Spezialfragen der Forschung werden ohnehin kaum Aussicht haben, ein breiteres Publikum zu erreichen. Damit aber ist gegen ihren Wert nichts gesagt, denn geschichtliches Denken beruht auf der geistigen Verarbeitung zahlloser Einzelfragen, und hierbei hat nun allerdings jede Epoche, jedes Problem gleichen Rang. Die Frage des Funktionsunfähigwerdens des Deutschen Reichstages seit 1930 hat zweifellos für die aktuelle politische Bildung eine größere Dringlichkeit als Probleme älterer Geschichtsepochen; sie ist aber unter historischem Aspekt nicht wichtiger oder unwichtiger als das Restitutionsedikt von 1629. Historisches Denken kann immer und an jedem Problem erlernt werden, und wenn wir die Mahnung Jakob Burckhardts beherzigen, nicht nur klug für ein andermal, sondern weise für immer werden zu wollen, so können wir uns der Forderung, nur das unmittelbar Nützliche zu fördern, nicht unterwerfen. Dies schließt nicht aus, daß die Forschung sich solcher Gebiete besonders annimmt, deren Behandlung auf ein besonderes aktuelles Interesse stößt. Freilich muß man sich darüber im klaren sein, daß die vielberufene „Bewältigung der Vergangenheit" damit allein nicht erreicht werden kann, daß wir vielmehr erst dann unsere Vergangenheit bewältigt haben werden, wenn wir unsere Geschichte als ein Ganzes betrachten, als eine Entwicklung, die auch zu anderen Ergebnissen hätte führen können als zu den Greueln und Schrecken unseres Zeitalters.

Damit ist zugleich gesagt, daß die Geschichtswissenschaft einen Beitrag leisten kann zur Orientierung in der Welt, zu einer freilich immer neu vorzunehmenden Standortbestimmung in einem scheinbar sinnlosen Chaos. Insbesondere kann sie dazu beitragen, Fatalismus und Nihilismus zu überwinden, dem Menschen das Gefühl einer freilich beschränkten Handlungsfreiheit wiederzugeben, dessen er so dringend bedarf. Denn wenn es auch zweifelhaft ist, ob und in welchem Umfange man aus der

Geschichte lernen könne, dies eine scheint sie lehren zu können, daß der Mensch nicht blind einem von ihm unbeeinflußbaren Entwicklungsprozeß ausgesetzt ist. Dem rückschauenden Betrachter erscheint es oft so, daß jedes Ereignis, weil es aus anderen Ereignissen hervorgegangen ist, aus diesen hätte zwangsläufig hervorgehen müssen. Populäre Vorstellungen, die mehr oder minder eine deterministische Entwicklung der Weltgeschichte als selbstverständlich vorauszusetzen, finden hierin ihre Begründung. Der Historiker jedoch, wie auch jeder historisch Gebildete, kann solchen Vorstellungen nicht anhängen. Gerade weil er Probleme in allen ihren Verästelungen und in allen ihren Möglichkeiten zu untersuchen gewöhnt ist, weiß er, daß in jedem geschichtlichen Augenblick Möglichkeiten von Entwickelungen gegeben sind, von denen sich dann freilich durch Handlungen oder Unterlassungen bestimmter Menschen eine einzige verwirklicht, damit wohl die Realisierung aller anderen Möglichkeiten abschneidet, aber zugleich eine neue Konstellation schafft, in der wiederum verschiedene Möglichkeiten des Handelns bestehen. Das heißt nicht, daß jeder Mensch in jeder einzelnen Situation beliebig so oder auch anders entscheiden kann, wohl aber heißt es, daß es immer Menschen sind, die die Geschichte machen, und daß jeder Mensch fast immer eine bestimmte Wahlfreiheit besitzt.

Freiheit und Notwendigkeit, ein Zentralproblem aller Philosophie und aller Theologie, stehen in einem Verhältnis zueinander, welches der Historiker immer und immer wieder neu zu ergründen versuchen muß. Indem er von der Einzelbeobachtung aus zu Generalisierungen vorstößt, verläßt er freilich das Gebiet, auf dem er zu Hause ist, und seine eigene Wissenschaft kann ihm nicht mehr die verläßlichen Methoden zur Verfügung stellen, die sich in der Einzelforschung herausgebildet haben. Trotzdem sei betont, daß ein Historiker, der solche Grenzüberschreitungen grundsätzlich und immer ablehnt, in die Gefahren einer positivistischen Verengung, einer bloßen Abhängigkeit vom Stoffe geraten würde, und auch die kritischen Methoden seiner Disziplin verlangen das nicht. Im Gegenteil: ein Minimum von Wert- und Ordnungsvorstellungen muß der Gelehrte schon zu jeder Materialsammlung mitbringen. Welche Tatsachen, welche Quellenzeugnisse wichtig sind, kann nicht anders bestimmt werden als durch die notwendigerweise subjektive Entscheidung des Forschers, der damit partiell auch schon sein künftiges Arbeitsergebnis vorherbestimmt. Nicht also kann es sich darum handeln, eine vollständig wert- und voraussetzungslose Wissenschaft zu pflegen. Es sei wiederholt: die Entscheidung darüber, was wissenswert sei, beruht bereits auf einer Abwägung von Werten, damit also auch auf einer sittlichen Entscheidung. Sittliche Begriffe als Grundlage aller Wertungen können daher aus der Historiographie nicht ausgeschlossen werden, sie müssen vielmehr vorhanden sein, bevor wissenschaftliches Arbeiten beginnt. Nur ist zu verlangen, daß der Historiker sich darüber schlüssig ist oder wird, an welchen Ordnungsvorstellungen er sein Urteil bildet und daß er weder sich noch andere darüber im unklaren lassen darf, wo er jedermann nachprüfbare Tatsachen vorträgt und wo und wie er geschichtliche Vorgänge wertet.

Sind wir uns klar darüber, daß es wert- und voraussetzungslose Wissenschaft nicht geben kann, so verlieren die Gefahren, die historistischem Denken als einem grundsätzlich relativierenden anhaften, beträchtlich an Bedeutung. Die Gewissensentscheidung des Forschers, der gleichweit entfernt ist von einer unverantwortlichen, den Bereich subjektiven Entscheidens unangemessen ausweitenden Ausdehnung seiner Voraussetzungen wie von einer engen, jeder leitenden Idee ermangelnden Stoffverfallenheit, bleibt unersetzlich. Sie prägt sein Werk und gibt ihm seine Würde.

Kann man dann aber, so wird vielleicht gefragt werden, noch von einer Wissenschaft reden, wenn dem subjektiven Faktor, der in der Persönlichkeit des Forschers gesehen werden muß, eine so bedeutende und legitime Stellung eingeräumt werden muß? Wo liegt dann der Unterschied zwischen Ranke und Rosenberg, zwischen Burckhardt und Spengler, was den Wahrheitsgehalt ihrer Werke anlangt? Zunächst sei gesagt, daß „reine", „voraussetzungslose" Wissenschaft nirgends gefunden werden kann, schon gar nicht bei den Geistes- und Gesellschaftswissenschaften, in absoluter Form nicht einmal bei den Naturwissenschaften. „Voraussetzungslose Wissenschaft" ist ein in geistiger Auseinandersetzung gegen unkritische Übernahme allgemeiner Theorien auf die Arbeit der Wissenschaften geschaffener Schlachtruf, nicht aber eine einmal gewesene, jetzt verlorengegangene Realität. Als Programm ausgesprochen, hat diese Forderung klärend und reinigend gewirkt, und Forscher, die sich ihr verpflichtet fühlten, haben Bahnbrechendes geleistet. Freilich waren sie in Wirklichkeit nicht so voraussetzungslos, wie sie annahmen. Im Ergebnis aber verdanken wir ihnen als allgemeines Prinzip einen Wissenschaftsbegriff, der alle Disziplinen befruchtet hat. Ohne Voraussetzungen kann wissenschaftlich nicht gearbeitet werden; indessen sind die Voraussetzungen auf dasjenige Maß zu beschränken, welches zum Gewinn von Erkenntnissen notwendig ist. Damit erledigt sich denn auch der zweite Einwand, da er als Möglichkeit unterstellen würde, daß jedes beliebige als wissenschaftlich auftretende oder als wissenschaftlich begründet auftretende Herantreten an den Stoff ohne Rücksicht auf seine Vereinbarkeit mit den Tatsachen schon wissenschaftlich sein müßte. Wenn Tatsachen nicht mehr nach einer leitenden Idee ermittelt werden können, sondern umgebogen und verfälscht werden müssen, um offenkundigste Widersprüche mit der Leitidee zu umgehen, ist der Boden wissenschaftlicher Diskussion verlassen.

Daraus ergibt sich, daß die Geschichtswissenschaft allerdings einen breiten Raum in Anspruch nimmt und nehmen kann, in dem sie objektive Erkenntnis vermittelt, Erkenntnisse also, die von jedermann, der die methodischen Voraussetzungen besitzt, geprüft und in ihrem Tatsachengehalt anerkannt werden können. Voraussetzung ist freie und ausgedehnte wissenschaftliche Diskussion, durch welche mögliche und tatsächliche Einseitigkeiten der Betrachtung eliminiert werden. Selbstverständlich bleiben bestimmte Wertungen lange Zeit, vielleicht auch dauernd, strittig. Aber selbst hierbei kann es schließlich zu Annäherungen kommen, die zwar keine Einheitsmeinung, die es in der Wissenschaft überhaupt sehr selten geben wird, bilden, aber doch eine allgemeine Aussage ermöglichen. Wenn wir uns im klaren darüber sind, daß „objektiv" sachlich heißt, aber keine ein für allemal fixe, meßbare Größe meint, wird deutlich, daß ein gewisses Fortschreiten der Forschung selbst in einer so subjektiv erscheinenden Disziplin wie der Historiographie möglich ist.

Aus allem wird deutlich geworden sein, daß die Historiker bei oft unterschiedlichen Lehrmeinungen und auseinandergehenden Ansichten im einzelnen einen bestimmten Bereich von Gemeinsamkeiten haben. Aber, das ist richtig, sie haben sicherlich keine Geschichtsphilosophie, die ihnen aus ihrer Wissenschaft notwendigerweise zufließen müßte. Dieser Mangel an erkennbarer Allgemeinverbindlichkeit wird im übrigen auch zugrunde liegen, wenn Menschen unserer Zeit, die rascher und kühner Synthesen bedürfen, um noch einmal mit Meinecke zu reden, sich von der Geschichte abwenden. Aber die Wissenschaft kann hier nicht helfen, denn sie würde sich aufgeben, wenn sie zur Prophetie, zum Religionsersatz werden wollte. Sie kann Begriffe klären, Legenden auf ihren Wahrheitsgehalt zurückführen, historisches Denken vermitteln, sie kann auch zeigen, welche Werte staats- und gemeinschaftsbildend sind, und jedenfalls wird jeder Historiker eine Wertordnung besitzen, die ihn wie seine wissenschaftliche Arbeit bestimmt. Aber in einer Gesellschaft, in der eine Pluralität der Werte und der Ordnungsvorstellungen anerkannt werden muß, überschreitet er den Rahmen strenger Wissenschaftlichkeit, wenn er ein bestimmtes Wertsystem, eine bestimmte Philosophie, ja selbst eine bestimmte Religion als die einzig mögliche Voraussetzung historischen Denkens fordert, wie sehr er für seine Person immer auch einem bestimmten Wertsystem anhängen mag. Darin liegt keine Bewußtseinsspaltung, etwa in dem Sinne: „ich als Mensch", „ich als Historiker", denn er selbst denkt und handelt als Einheit; er erkennt aber an, daß redliche wissenschaftliche Bemühung auch aus anderen Voraussetzungen möglich ist.

So kann der Historiker auch nicht einen allgemein anerkannten, gar beweisbaren Sinn der Geschichte aufzeigen. Bleibt er in seiner Wissenschaft, muß er ihn offenlassen, ohne dabei zu bestreiten, daß ein Sinn in der Geschichte gefunden werden kann. Es ist aber offenkundig, daß auch der Historiker, indem er einen bestimmten Sinn der Geschichte annimmt, damit Fragen aufgreift, die den Bereichen der Theologie und der Philosophie angehören, denn welchen Sinn ich in der Geschichte sehe, hängt davon ab, welches Menschenbild ich habe. Fragen etwa der Art: „Wie kommt das Böse in die Welt?" „Warum vergehen Hochkulturen?", „Warum ist nicht nichts?" zielen auf die letzten Dinge, und die Geschichtswissenschaft bietet hier nur die begrenzten Hilfen, auf die ich verwiesen habe.

Muß aber nicht, so mag man fragen, ein Minimum gemeinsamer Weltanschauung vorhanden sein, müssen nicht doch bestimmte Werte allgemein anerkannt sein, wenn ich überhaupt eine Aussage, wie begrenzt auch immer, machen will, die nicht nur für mich gültig ist? Ist nicht trotz allen gemachten Vorbehalten ein schrankenloser Relativismus die Folge, wenn ich keine allgemeinverbindlichen Werte auch als wissenschaftlich begründet oder doch wenigstens begründbar annehme? In dieser Allgemeinheit ist der Einwand berechtigt. Wenn ich ihn aufgreife, muß ich zunächst betonen, daß er nicht nur historisches, sondern wissenschaftliches Denken überhaupt betrifft. Seine sachliche Behandlung liegt daher außerhalb eines einzelnen Faches und wäre dem Wissenssoziologen, dem Philosophen, wohl auch dem Theologen zuzuweisen. Andererseits soll man das Zuständigkeitsdenken nicht so weit treiben, daß verbindliche Antworten auch dann vermieden werden, wenn der Zusammenhang es erfordert. Jeder Gelehrte, jeder Historiker muß sich Rechenschaft über die Grundlagen und die Grundfragen seiner Wissenschaft geben, sich damit also philosophierend verhalten, wenn er auch weiß, daß er dadurch noch kein Philosoph ist. Auf die Frage, die wir soeben aufgeworfen haben, möchte ich also eine Antwort geben, deren bedingter wissenschaftlicher Wert mir bekannt ist.

Allgemeine, anerkannte Werte, so meine ich, gibt es allerdings trotz aller Pluralität der Wertsysteme, und ich bin davon überzeugt, daß die Normen des Dekalogs in der einen oder andern Abwandlung nicht nur für fast alle Hochreligionen, sondern auch für viele areligiöse Bewußtseinsformen gültig sind, mindestens für diejenigen doch wohl, die jedem einzelnen Menschen einen Eigenwert zuweisen. Weniger überzeugt bin ich davon, daß diesen Normen auch immer dieselbe oder wenigstens eine ähnliche Interpretation für das politische und gesellschaftliche Leben gegeben wird. Der Sinn der Geschichte rückt damit noch einmal in den Vordergrund. Kann man etwas Sinnlosem Sinn geben? Gibt es einen Fortschritt in der Geschichte? Wenn ja, auf welchen Gebieten? Fragen über Fragen, die uns um so mehr bedrängen, je geringer die Sicherheit unserer Antwort sein kann.

Die Frage des Fortschritts in der Geschichte wenigstens soll näher aufgegriffen werden, betrifft sie doch die Arbeit des Historikers auch in seiner alltäglichen Arbeit. Fortschritt im technisch-zivilisatorischen Bereich ist eine so offenkundige Tatsache, daß sie nicht näher begründet zu werden braucht. Ein Fortschreiten in der wissenschaftlichen Methodik der Geisteswissenschaften, der Geschichtswissenschaft, habe ich selbst mehrfach erwähnt. Von einem Fortschreiten, von einer Entwicklung innerhalb bestimmter Kulturen und Kulturkreise, selbst auf Gebieten, die nicht nur dem zivilisatorisch-technischen Bereiche zugeordnet sind, wird man, zumindest mit einer gewissen Behutsamkeit, sprechen können. Aber ob man von einem allgemeinen moralischen und sittlichen Fortschritt der Menschheit mit solcher Sicherheit sprechen kann, wie das seit dem 18. Jahrhundert oft geschehen ist und noch heute geschieht, ist mir doch sehr zweifelhaft. Wenn es ihn gibt, so vollzieht er sich offenbar sehr langsam. Schon die ältesten historisch verwendbaren Quellen zeigen uns den Menschen so, wie er auch uns im großen und ganzen vertraut ist, mit Trieben und Leidenschaften, mit dem Willen zur Vergeistigung und zur Versittlichung, mit Problemen, die den unseren verwandt sind. Im Bereiche der Kunst zeigt sich unser Problem besonders deutlich: Schon Ranke hat betont, daß es lächerlich wäre, ein größerer Epiker sein zu wollen, als Homer, oder ein größerer Tragiker, als Sophokles. Und wirklich: wer wollte behaupten, daß man über Shakespeare und Goethe, über Michelangelo und Beethoven hinaus —, fortschreiten könne? So vage diese Überlegungen sind, so vage kann also auch nur die Antwort sein: Ein allgemeiner Fortschritt der Menschheit ist wissenschaftlich in historisch erfaßbaren Zeiträumen nicht beweisbar, wenn auch ein partieller Fortschritt ganz deutlich ist. Um es ganz klar zu machen: Besteht nicht die Krise unserer modernen Welt weitgehend in der Tatsache, daß eine zu noch vor kurzem unvorstellbar großem technisch-wissenschaftlichen Können aufgestiegene Menschheit nicht fähig ist, auch nur ihre politisch-gesellschaftliche Organisation, geschweige denn das moralisch-sittliche Verhältnis ihrer Mitglieder zueinander besser zu ordnen als in archaischen Zeiten? Wenn die Menschheit einer Katastrophe entgegeneilen sollte, die sie von der Erde auslöscht, — woran ich freilich nicht glaube —, so wäre die Ursache dazu zweifellos die Diskrepanz zwischen einer immer höher entwickelten Technik und einer gleichbleibenden oder doch wenig veränderten Moral. Gerade weil das so ist, kann der Historiker in einer freilich über den strengen Fachbereich seiner Disziplin hinausgehenden Einsicht dem Naturwissenschaftler die Hand reichen, um die Notwendigkeit besserer und zweckmäßigerer Formen des Zusammenlebens darzutun. Freilich werden ihn die Erfahrungen, die er innerhalb seines Wissensgebietes ständig macht, vor einem vorschnellen Optimismus bewahren. An eine mögliche beste Welt zu glauben, hat der Historiker keinen Anlaß. Eine bessere Welt als die heutige kann er mit aller Inbrunst erstreben.

Damit kommen wir auf den Ausgangspunkt unserer Überlegungen zurück. Wir sind von der Frage ausgegangen, worauf es denn zurückzuführen sei, daß die Wirkung der Geschichtswissenschaft auf die Gesellschaft zurückgegangen sei und hatten uns einige, wenn auch gewiß nicht alle Argumente vor Augen geführt. Wir hatten gesehen, daß verfeinerte, wissenschaftlicher gewordene Methoden der Historiographie auf der einen Seite, gesteigerte und vergröberte Massenbedürfnisse auf der anderen Seite als einige der Ursachen angesehen werden müssen. Wir hatten auch gesehen, daß an die Stelle wissenschaftlicher Information für nicht unbedeutende Teile der Gesellschaft eine afterwissenschaftliche, groben Emotionen und Instinkten dienende Schnellinformation getreten ist, und von diesem Standpunkte aus muß man es fast bedauern, daß die Geschichtswissenschaft keine Fachsprache entwickelt hat; denn jeder, der überhaupt lesen und schreiben kann, ist damit der Verlockung ausgesetzt, über die kompliziertesten Probleme zu schreiben und sich als Fachmann auszugeben. Wieviel besser haben es da Disziplinen, deren Fachsprache dem Laien offenkundig unverständlich ist, vornehmlich die Mathematik und die Naturwissenschaften, in denen nicht so leicht jemand trotz völliger Unkenntnis dilettieren wird! Die positive Seite desselben Prozesses aber könnte darin gesehen werden, daß offenbar ein großes Informationsbedürfnis der Öffentlichkeit vorliegt, das auch, wenn auch schrittweise und allmählich, durch sachlichere und wertvollere Unterrichtung befriedigt werden könnte. So glaube ich, in Übereinstimmung mit den eingangs geäußerten Gedanken Friedrich Meineckes zu sein, wenn ich die Möglichkeiten praktischer Konsequenzen als nicht allzu schlecht ansehe, vorausgesetzt, daß wir in Übereinstimmung darin sind, daß die Historiographie auch dem modernen Menschen vieles zu bieten hat, was seinem Bildungsbedürfnis und seinem Verlangen nach sachlicher Information entspricht. Die Geschichtswissenschaft kann freilich nicht diejenigen Bedürfnisse befriedigen, die durch absinkende Religiosität oder ein Verblassen historisch-politischer Leitbilder breitere Kreise in verzweiflungsvolle Leere gestürzt haben. Der Historiker ist weder Seelsorger noch Prophet; und er würde seine Hörer täuschen, wenn er glauben machen wollte, er könne ihnen einen entschwundenen Glauben kampf- und schmerzlos ersetzen.

Dies bedeutet nicht, daß der Historiker den angeschnittenen Fragen kein Interesse entgegenbringt. Er gehört der Gesellschaft seiner Zeit ja an, und er ist nicht stumpfsinnig genug, um ihre Probleme nicht zu erkennen. Mit manchen von ihnen wird er selbst ringen und gewiß nicht diejenigen, die geistig und moralisch jeden festen Boden verloren haben, verachten. Vielleicht aber sieht er klarer als andere, daß die Wissenschaftsgläubigkeit früherer Zeiten, die ja auch noch im kommunistischen Machtbereich unserer Welt Grundlage der offiziellen Ideologie ist, Ersatzreligion war und ist und die Wunden nicht heilen kann, die sie selbst einst geschlagen hat.

Die politischen und gesellschaftlichen, die religiösen und die geistigen Wandlungen der Zeit bestimmen, wie ich sagte, auch den Historiker selbst. Nicht nur er wirkt auf seine Zeit in der einen oder in der anderen Form, sondern die Gesellschaft wirkt auch auf ihn und beeinflußt ihn nicht nur als Mitglied eben dieser Gesellschaft, sondern auch als Wissenschaftler. Eine so milde und harmonische Geschichtsschreibung, wie sie trotz aller Kenntnis der Schrecken, die in der Geschichte möglich und wirklich waren, von Leopold Ranke geleistet wurde, wird heute nicht leicht möglich sein. Im Vorgefühl nahender Katastrophen hat Jakob Burckhardt dann schon in wesentlich dunkler getönter, an den Pessimismus streifender Geisteshaltung seine unvergänglichen Werke geschrieben, und wer wollte heute, nach Abstürzen in die Barbarei, die noch im vorigen Jahrhundert nicht nur unverbesserlich Fortschrittsgläubige für undenkbar gehalten hätten, einem blanken Optimismus huldigen? Nehmen wir dazu die aus der persönlichen Stellung des Historikers als gesellschaftlichem Wesen resultierenden Bedingungen, so ergibt sich, daß seine Meinungen und Auffassungen, die Werte, denen er sich verpflichtet fühlt, getönt sein werden durch Faktoren, die strenger Forschung und leidenschaftsloser Anschauung der Dinge hinderlich sein können. Aber wir haben schon gesehen, daß der moderne Historiker den Anspruch gar nicht erhebt, die ganze und volle Wahrheit rein und ungetrübt zu erfassen, so sehr er auch danach strebt. Er steht damit nicht unter seinen Kollegen in einem totalitären Lande, handele es sich dabei um die nationalsozialistische oder um die bolschewistische Variante. Den Vorwurf mangelnder Aussagekraft, fehlender Leitideen oder gar des verstockten Klasseninteresses kann er gelassen hinnehmen, denn die bloße Tatsache, daß er in dieser Form erhoben wird, zeigt an, daß er nicht von einem Fachkollegen anderer Denkart, sondern von einem politischen Gegner erhoben wird, dem entweder die Voraussetzungen wissenschaftlichen Denkens fehlen oder der sich nicht so äußern darf, wie es seiner eigenen Überzeugung entspricht. Wir werden uns hüten, eine Gegenideologie zu entwerfen oder auch nur zu empfehlen, weil wir wissen, daß wir damit nicht zu höheren Formen des Lebens gelangen können, sondern allenfalls auf das Niveau des Gegners absinken würden. Welche Antwort sollte man auch schon einer sowjetzonalen Pseudohistorie geben können, die in ihrem offiziellen Fachorgan der deutschen Geschichtswissenschaft die Aufgabe stellte, auf der Grundlage des Marxismus-Leninismus die reichen Ergebnisse auszuwerten, welche die sowjetische Wissenschaft, vor allem Lenin und Stalin, auf dem Gebiete der Geschichtswissenschaft hervorgebracht hätten, die sich dazu noch ausdrücklich darauf beruft, daß sie in ihrer Arbeit von der Propaganda der sozialistischen Einheitspartei gefördert werde und von Walter Ulbricht ihre Aufgaben gestellt erhalte[5]? Hier gibt es keine wissenschaftliche Diskussion, und wir können nur hoffen, daß zarte Ansätze wissenschaftlichen Denkens, die sich heute in der Sowjetischen Besatzungszone Deutschlands zu zeigen beginnen, nicht zertrampelt werden.

Wir Historiker, und insoweit glaube ich bewußt das „wir" gebrauchen zu dürfen, können nur mit aller Redlichkeit und Nüchternheit, deren wir fähig sind, unseren Verpflichtungen nachkommen und unsere Arbeitsergebnisse der Gesellschaft anbieten, damit sie davon Gebrauch mache. Wir glauben, durch unsere Arbeit Vorurteile abbauen, solide Grundlagen für ein vernunftgemäßeres soziales und politisches Handeln schaffen zu können und fühlen uns den aktuellen Aufgaben verpflichtet. Ob wir Erfolg oder Mißerfolg haben werden, hängt nur teilweise von uns ab. Ohne eigene Bemühung, ohne geistige Auseinandersetzung kann sich niemand Wissen, geschweige denn Bildung aneignen.

Der Historiker ist, ich wiederhole es noch einmal, kein Prophet. Er kann verlorenen Glauben nicht ersetzen, jedenfalls nicht mit den Mitteln seiner Wissenschaft. Er kann einen jedermann einleuchtenden Sinn der Geschichte und damit einen Zweck für die Mühen des Lebens nicht beweisen. Er muß auch zugeben, daß Träger hoher Werte untergegangen sind und ihr Wirken nur mehr mittelbar weiterlebt. Er kann aber auch zeigen, daß der Mensch von heute nicht in einer solchen extremen Ausnahmesituation lebt, wie er sich das oft einbildet, daß auch frühere, scheinbar glücklichere Zeitalter mit den letzten Fragen, welche menschliche Existenz aufwirft, hart gerungen haben. Würde und Wert des Menschen bei aller Kleinheit im einzelnen sind ihm nicht Gegenstand wissenschaftlicher Diskussion oder relativierender Skepsis: er ist ihrer gewiß. So sicher der Historiker ist, wenn er an einer besten Welt zweifelt, so bestimmt kann er sagen, daß in aller überschaubaren Zeit immer wieder Menschen sich dem geistigen, politischen und sozialen Chaos entgegengeworfen haben und große Schöpfungen verwirklichten. Konnten sie nicht die dauernde beste Welt schaffen, so hat ihr Wirken bei aller Gefährdung mitgeholfen, die Beziehungen der Menschen zueinander wenigstens für größere Zeiträume zu versittlichen; diese Aufgabe ist auch uns gestellt. Zwischen physischer Vergänglichkeit und hybrider Versuchung zieht der Mensch seine Bahn, heute wie eh und je ein Ritter zwischen Tod und Teufel.

---

[5] Zeitschrift für Geschichtswissenschaft 1, 1953. S. 3—6.

DIE WIRTSCHAFTSWISSENSCHAFT UND DIE GESELLSCHAFT

Von Karl C. Thalheim

Alles Wirtschaften geschieht durch Menschen. Wirtschaft ist kein Naturvorgang, Wirtschaft ist auch kein mechanisch oder automatisch ablaufender Prozeß, gewirtschaftet wird nur durch das Handeln, durch die Entscheidungen von Menschen. Immer ist es eine Mehrzahl, eine Vielzahl von Menschen, deren Handeln Wirtschaft bewirkt. Wirtschaft ist *immer* Gesellschaftswirtschaft, mögen in Grenzfällen auch die Gruppen, die die Träger von Wirtschaft werden, sehr klein sein. Es war ein gelegentlich angewendeter Kunstgriff der älteren Wirtschaftstheorie, von der Fiktion eines isolierten Individuums, eines Robinson auszugehen. Aber diese Robinson-Fiktion ist kaum brauchbar für die Erklärung der wirtschaftlichen Wirklichkeit, denn selbst der Robinson des Daniel Defoe ist auf seiner einsamen Insel nur denkbar, weil er dorthin eine Fülle von Wissen und Können mitgebracht hat, die er einem bestehenden Gesellschaftsganzen verdankt.

Wenn dem aber so ist, dann bedeutet das auch, daß alles wirtschaftliche Handeln gleichzeitig ein Vorgang zwischen Menschen ist, ein gesellschaftlicher Vorgang. Er bedeutet aber umgekehrt auch, daß die gesellschaftliche Struktur und Entwicklung einer Menschengruppe zurückwirken auf die Art und Weise, wie von dieser Menschengruppe Wirtschaft getrieben wird. Dieser enge und unlösliche Zusammenhang von Wirtschaft und Gesellschaft ist in der Geschichte immer wieder von schicksalhafter Bedeutung geworden, und zwar im Sinne gegenseitiger Beeinflussung und Abhängigkeit. Von keiner anderen Denkrichtung ist der Einfluß ökonomischer Tatbestände auf die Gesellschaft so stark, so überstark betont worden wie vom Marxismus. Marx sagt z. B. im 1867 verfaßten Vorwort zum ersten Bande des „Kapital": „Es ist der letzte Endzweck dieses Werks, das ökonomische Bewegungsgesetz der modernen Gesellschaft zu enthüllen[1]." Hier wird also von Marx das Ökonomische durchaus als die wirkende Ursache der Veränderungen im Bereiche der Gesellschaft angesehen.

---
[1] *Marx*, Karl: Ökonomische Schriften. Erster Band. Hrsg. von Hans-Joachim Lieber und Benedikt Kautsky. Darmstadt 1962. S. XX.

Zwei Beispiele für den Zusammenhang wirtschaftlicher und gesellschaftlicher Zustände und Veränderungen möchte ich hier anführen, und zwar zwei Beispiele aus der Pathologie von Wirtschaft und Gesellschaft. Das erste Beispiel sei die kranke Wirtschaft während der großen Weltwirtschaftskrise zu Anfang der dreißiger Jahre. Viele unter uns werden sich noch an diese Jahre erinnern, an die Massenarbeitslosigkeit, an die Existenzbedrohung der Mittelschichten durch die Wirtschaftskrise, typische Erkrankungen des Gesellschaftskörpers, und viele unter uns werden sich auch daran erinnern, daß diese Erkrankung der Wirtschaft und die daraus resultierende Erkrankung des Gesellschaftskörpers die psychologischen Voraussetzungen für den politischen Sieg des Nationalsozialismus geschaffen haben. Wir sehen hier wieder den doppelten Zusammenhang, die Rückwirkung von dieser Veränderung der Gesellschaftsstruktur und der durch sie bedingten Umformung der Politik auf die Wirtschaft; denn mit dem Sieg des Nationalsozialismus begann ja auch eine Umformung der deutschen Wirtschaftsordnung, die immer mehr in die Richtung einer staatlich dirigierten Wirtschaft ging, immer mehr den Automatismus des Marktes, die freie Entscheidung der wirtschaftenden Menschen ausschaltete.

Und ein zweites Beispiel mit umgekehrten Vorzeichen: Die höchst labile und gefährdete Gesellschaftsstruktur des vorrevolutionären Rußland schuf die Voraussetzungen für eine revolutionäre politische Umformung, die ihrerseits wieder in stärkstem Maße auf die Wirtschaft dieses Landes zurückgewirkt hat. Wenn man sich heute fragt, aus welchen Gründen gerade in Rußland die radikalste Form der sozialistischen Bewegung zum Siege gelangt ist, so muß die Antwort darauf wohl lauten, daß es sich hier um die Kombination von drei verschiedenen Formen sozialer Erkrankung handelte. Einmal war es die trostlose Lage eines großen Teiles der russischen Bauernschaft, die über viel zu wenig eigenes Land verfügte, deren Lebensstandard sich nicht über den des Industrieproletariers erhob, ja oft hinter diesem zurückblieb. Dazu kam die ebenfalls sozial und wirtschaftlich recht unerfreuliche Situation der an Zahl und Bedeutung rasch zunehmenden Industriearbeiterschaft, und schließlich die negative, revolutionäre Einstellung eines großen Teiles der russischen Intelligenz zu der bestehenden Ordnung.

Diese drei Formen der sozialen Erkrankung haben gemeinsam den Boden dafür geschaffen, daß im Gegensatz zu West- und Mitteleuropa die sozialistische Bewegung in Rußland so ganz andere Bahnen gegangen ist, daß sie zu jenem katastrophalen Zusammenbruch der bestehenden Ordnung führte, der dem Bolschewismus die Möglichkeit gab, entsprechend den von Marx aufgezeigten Grundlinien eine „sozialistische" oder kommunistische Gesellschaft und Wirtschaft aufzubauen. Wir wissen, daß in der weiteren Konsequenz nach dem zweiten Weltkriege das in der Sowjetunion geschaffene Wirtschaftssystem und die damit eng verbundene Gesellschaftsstruktur auch auf alle diejenigen Länder übertragen worden sind, die in den politischen Macht- und Einflußbereich der Sowjetunion einbezogen worden waren.

Aber hier sehen wir nun wieder, wie Wirtschaft und Gesellschaft sich gegenseitig beeinflussen; denn das neue Wirtschaftssystem, das die Sowjets auf dem Boden des alten Rußland aufbauten, dieses neue Wirtschaftssystem mit seiner forcierten Entwicklung der Industrie, mit seinem Umbau einer noch weitgehend agrarischen Wirtschaft, hat die Gesellschaftsschichtung in Rußland wesentlich verändert. Es hat die alte Oberschicht ebenso wie den selbständigen Mittelstand — mag er auch dünn gewesen sein — beseitigt; aber auf der anderen Seite hat es im Zuge der Entwicklung eine immer breiter werdende Mittelschicht geschaffen, die in dieser Form in Rußland früher nur sehr schwach vertreten war, eine Mittelschicht nicht mehr von selbständigen Handwerkern, Kleingewerbetreibenden und Kaufleuten, sondern eine Mittelschicht von Abhängigen, von Arbeitnehmern, von Ingenieuren und Architekten, von Chemikern und Lehrern und Verwaltungsangestellten. Und gerade in den letzten Jahren sehen wir, daß diese Umformung der Gesellschaftsstruktur wiederum Rückwirkungen hat auf die Wirtschaftspolitik, die in der Sowjetunion betrieben wird; denn gerade im Hinblick auf die Bedürfnisse und Wünsche dieser Mittelschichten kann nicht mehr wie in der stalinistischen Periode der Lebensstandard auf einem absoluten Minimum gehalten werden, sondern auch das bolschewistische System muß Zugeständnisse machen, z. B. etwa in der wesentlich stärkeren Berücksichtigung des Wohnungsbaues in den jetzt laufenden Entwicklungsplänen.

Wenn wir uns diese wechselseitige Beeinflussung von Wirtschaft und Gesellschaft an Hand solcher Beispiele vor Augen führen, so wird dadurch wohl deutlich, daß die Zusammenhänge zwischen Ökonomie und gesellschaftlichem Geschehen, die Zusammenhänge zwischen der Struktur und Entwicklung der Gesellschaft auf der einen Seite, und der Struktur, der Ordnung und der Entwicklung der Wirtschaft auf der anderen Seite notwendigerweise auch Gegenstand wirtschaftswissenschaftlicher Forschung und Analyse sein müssen, wie sie andererseits, wenn man den gleichen Tatbestand primär von der Gesellschaft her betrachtet, notwendigerweise zum Erkenntnisobjekt der Soziologie, der Gesellschaftslehre, gehören. Es ist deshalb kein Zufall, daß schon rein terminologisch seit langem die Verbindung „Wirtschafts- und Sozialwissenschaften" üblich geworden ist, so wie auch die Fakultät unserer Freien Universität den Namen Wirtschafts- und Sozialwissenschaftliche Fakultät trägt.

Es soll nicht unerwähnt bleiben, daß die eben getroffene Feststellung über diesen engen Zusammenhang von Wirtschaft und Gesellschaft als Forschungsobjekt nicht *nur* für die Volkswirtschaftslehre gilt, sondern ebenso auch für den zweiten Hauptzweig der Wirtschaftswissenschaften, für die Betriebswirtschaftslehre. Auch diese hat es nicht nur mit der rechnerischen Erfassung wirtschaftlicher Prozesse oder mit mengenmäßigen Vorgängen im Bereiche der Güterwelt zu tun, sondern ebenso auch mit den lebendigen Menschen, die in den Betrieben und Unternehmungen arbeiten. Auch diese arbeitenden Menschen bilden, wenn wir einmal von dem Grenzfall des Einmannbetriebes absehen, Personengesamtheiten. Auch sie stellen also soziale Gebilde dar, innerhalb deren sich soziale Beziehungen ergeben und soziale Prozesse abspielen. Die Untersuchung dieser gesellschaftlichen Konsequenzen der wirtschaftlichen Tätigkeit, die in den Betrieben und Unternehmungen vor sich geht, ist daher eine ebenso legitime wie unabweisbare Aufgabe der Betriebswirtschaftslehre. Und genau wie die Volkswirtschaftslehre ist auch die Betriebswirtschaftslehre bei der Analyse derartiger Tatbestände auf enge Zusammenarbeit mit der Soziologie angewiesen, insbesondere mit der Spezialdisziplin der Betriebssoziologie.

Zwei Fragen stellen sich demnach für den Forscher, wenn er diese Zusammenhänge in den Griff bekommen will. Erstens: soll und muß die Wirtschaftswissenschaft die dargestellten Zusammenhänge zwischen Wirtschaftssystem und Gesellschaftsordnung, zwischen ökonomischer und sozialer Entwicklung, zum Gegenstand ihrer Forschung und Lehre machen? Wir haben diese Frage eben uneingeschränkt bejaht.

Zweitens: Wie weit hat die Wissenschaft die Möglichkeit, nicht nur Diagnose zu treiben, sondern auch therapeutisch tätig zu werden; wie weit hat sie die Möglichkeit, als Wirtschaftswissenschaft durch ihre Erkenntnisse über das Wesen der Wirtschaft und über den Ablauf der wirtschaftlichen Prozesse Ratschläge zu geben für eine Beseitigung wirtschaftlicher und sozialer Krankheitsherde und Krankheitserscheinungen? Jedem unter Ihnen, der die Geschichte der Wirtschaftswissenschaft kennt, wird klar sein, daß die zweite Frage, so, wie ich sie eben gestellt habe, eng zusammenhängt mit der Frage nach der Möglichkeit und der Berechtigung des Werturteils in den Wissenschaften. Diese Frage war es, die in dem sogenannten jüngeren Methodenstreit der Nationalökonomie vor etwa einem halben Jahrhundert die Köpfe erregte, in dem vor allem Max Weber mit seiner scharfen und entschiedenen Forderung nach Objektivität sozialwissenschaftlicher Erkenntnis als der große Gegner des Werturteils aufgetreten ist[2]. Lange Zeit hindurch war die damals von Max Weber vertretene Auffassung für das Denken der deutschen Volkswirtschaftslehre maßgebend. Aber ich glaube, daß die Entwicklung inzwischen über Max Weber hinausgegangen ist, und daß wir — davon

---

[2] Siehe besonders: *Weber*, Max: Gesammelte Aufsätze zur Wissenschaftslehre. 2. Aufl. Tübingen 1951.

werde ich an anderer Stelle meines Vortrages noch zu sprechen haben — heute nicht mehr diese Forderung der absoluten Werturteilsfreiheit wirtschaftswissenschaftlicher Forschung vertreten können.

Wenden wir uns nun zunächst noch einmal der ersten Frage zu, der Frage also, wie weit soziale, gesellschaftliche Tatbestände Gegenstand der wirtschaftswissenschaftlichen Forschung gewesen sind bzw. Gegenstand der wirtschaftswissenschaftlichen Forschung sein können und müssen. In den verschiedenen Etappen der Entwicklung unserer Wissenschaft war die Intensität dieser Verbindung zwischen ökonomischen und gesellschaftlichen Tatbeständen als Forschungsgegenstand sehr unterschiedlich. Viele Jahrzehnte hindurch, in jener Zeit, in der in Deutschland die Historische Schule und der mit ihr so eng verbundene Kathedersozialismus das Bild der wirtschaftswissenschaftlichen Forschung bestimmten, stand der soziale Aspekt des Wirtschaftens in der Volkswirtschaftslehre kaum weniger im Vordergrunde, als das beim Marxismus der Fall gewesen ist. Und in beiden Fällen, sowohl bei dem Theoriegebäude von Karl Marx als auch bei den Grundauffassungen eines Gustav Schmoller, eines Lujo Brentano, eines Adolph Wagner, war der Ausgangspunkt des Denkens der gleiche. Es war jene schwere Erschütterung des sozialen Gleichgewichts, der sozialen Ordnung, die das moderne Industriezeitalter mit sich gebracht hatte. In zwei Punkten vor allem zeigte sich diese soziale Ereiner neuen und immer stärker, immer zahlreicher, immer wichtiger werschütterung: Einmal in der Entstehung des industriellen Proletariats, als denden Schicht; zum anderen in der Bedrohung des selbständigen Mittelstandes, wie sie uns besonders etwa in dem Konkurrenzkampf zwischen Fabrikbetrieb und Handwerksbetrieb entgegentritt, einem Konkurrenzkampf, in dem große Zweige des produzierenden Handwerks erlegen sind, während andere Zweige gerade durch die Fabrikindustrie neu entstanden sind.

Wenn so also der Ausgangspunkt der Fragestellung sowohl beim Marxismus wie beim sogenannten Kathedersozialismus der gleiche war, so war doch die Antwort, die diese beiden Richtungen gaben, eine sehr unterschiedliche. Der Marxismus negierte eindeutig die Möglichkeit, daß im „Kapitalismus" überhaupt ein soziales Gleichgewicht entstehen könne, und die notwendige Konsequenz war für das Denken von Karl Marx und Friedrich Engels und all der vielen, die ihnen gefolgt sind, die Forderung nach einer revolutionären Umgestaltung der bestehenden Wirtschafts- und Gesellschaftsordnung.

Im Kathedersozialismus stand dagegen umgekehrt die Forderung nach Reformen im Vordergrund, die die neuen Wirtschaftsformen überhaupt erst sozial tragbar machen sollten, und die damit genau im Gegenteil zu der Marxschen Auffassung die revolutionäre Erschütterung der bestehenden Ordnung verhindern sollten.

Hier sehen wir bereits deutlich, wie und in welchem Maße die Wirtschaftswissenschaft Einfluß auf die gesellschaftliche Entwicklung nehmen kann. Es ist nicht zuletzt den gründlichen Untersuchungen der damaligen deutschen Wirtschaftswissenschaft und ihren ständigen Mahnungen an das soziale Gewissen zuzuschreiben, daß mit der deutschen Sozialgesetzgebung und Sozialversicherung und mit der Anerkennung der Gewerkschaften, für die insbesondere Lujo Brentano sich eingesetzt hatte, der Weg zu einem allmählichen Hineinwachsen des Proletariats in die bürgerliche Gesellschaft, zu einem allmählichen Hineinwachsen der Sozialdemokratie in den bestehenden Staat eröffnet wurde.

Wenn wir hier einen großen Bogen zur Gegenwart schlagen, so sehen wir eine geistige Verbindung zwischen den Anschauungen, die ein großer Teil der damals auf den Kathedern der deutschen Universitäten wirkenden Nationalökonomen vertrat, und den Auffassungen, die heute ihren Niederschlag in der Idee und der Realität der sozialen Marktwirtschaft gefunden haben. Wenn einer der wissenschaftlichen Hauptvorkämpfer der Idee der sozialen Marktwirtschaft, der jetzige Staatssekretär im Bundeswirtschaftsministerium, Professor Müller-Armack, die Notwendigkeit des Einbaus sozialer Sicherungen in die Marktwirtschaft durchaus bejaht, wenn er den Sinn der sozialen Marktwirtschaft dahin bestimmt, daß es darum ginge, das Prinzip der Freiheit auf dem Markte mit dem Prinzip des sozialen Ausgleichs zu verbinden[3], so unterscheidet sich diese Richtung, die man sehr oft — nicht ganz zutreffend — als „Neoliberalismus" bezeichnet, in der Bejahung staatlicher Eingriffe mit dem Ziele des sozialen Ausgleichs wesentlich von jenem Liberalismus, der um die Mitte des 19. Jahrhunderts das Prinzip des absoluten „Laissez faire" in der Wirtschaft und im gesellschaftlichen Leben vertrat.

Wie stark die gesellschaftliche Seite des Forschungsgegenstandes Wirtschaft von der historischen Schule betont worden ist, das zeigt etwa ein Blick in das repräsentative Lehrbuch dieser Richtung, Gustav von Schmollers „Grundriß der allgemeinen Volkswirtschaftslehre", der in zwei Bänden in den Jahren 1900 und 1904 erschien. Das zweite Buch des ersten Bandes ist ausdrücklich überschrieben „Die gesellschaftliche Verfassung der Volkswirtschaft", und ein großer Teil des Schmollerschen Grundrisses ist der Untersuchung der gesellschaftlichen Bezüge der Wirtschaft, der sozialen Konsequenzen des Wirtschaftens und der Forderungen, die sich daraus an staatliche Wirtschafts- und Sozialpolitik ergeben, gewidmet.

Lehrbücher von heute tragen schon in Anlage und Inhaltsgliederung einen wesentlich anderen Charakter. Wenn Sie etwa in das heute repräsentative deutsche Lehrbuch schauen, in die vierbändige „Einführung in

---

[3] Artikel „Soziale Marktwirtschaft" in Handwörterbuch der Sozialwissenschaften. Bd. 9. Göttingen 1956. S. 390.

die Wirtschaftstheorie" von Erich Schneider[4], so ist es wohl kein Zufall, daß weder in der Disposition dieses Werkes noch im Sachregister auch nur die Worte „Gesellschaft" oder „gesellschaftlich" in irgendeiner Stelle zu finden sind. Mir scheint, daß sich heute wieder einmal ein Gesetz bestätigt, das man in der Geschichte der Wissenschaft nicht selten beobachten kann, das Gesetz des Pendelschwungs zu den Extremen. Die Historische Schule betonte über die Maßen einseitig die historisch-gesellschaftlichen Aspekte; heute finden wir nicht selten den nicht weniger einseitigen Versuch einer Beschränkung wirtschaftswissenschaftlicher Forschung auf die rein ökonomischen Aspekte, auf die quantifizierbaren Vorgänge des Geld- und Güterkreislaufes, und damit eine Negation der gesellschaftlichen Konsequenzen des Wirtschaftens als Forschungsgegenstand der Volkswirtschaftslehre. Das Ziel ist dabei sicherlich sehr anerkennenswert, nämlich den oft sehr verschwommenen, subjektiv bedingten oder sich in der Analyse historischer Details erschöpfenden Ergebnissen der Schmoller-Schule exakte Erkenntnisse entgegenzusetzen; und deshalb sehen wir ja auch bei dieser modernen Richtung der Wirtschaftstheorie die Neigung zur Verwendung mathematischer Formeln und Symbole. Gerade das ist freilich ein schweres Hindernis für die Berücksichtigung der gesellschaftlichen Aspekte des Wirtschaftens, denn in Formeln und mathematische Symbole sind diese gesellschaftlichen Zusammenhänge sehr schwer oder überhaupt nicht einzubeziehen. Für diese heute vorherrschende Richtung der Nationalökonomie ist die Bildung theoretischer Modelle unentbehrlich, und ohne Zweifel sind auf diesem Wege wertvollste Einsichten zutage gefördert worden, zu denen die ältere Nationalökonomie mit ihren primitiveren Methoden nicht zu gelangen vermochte. Aber wenn man an das uns hier beschäftigende Problem denkt, nämlich an die gesellschaftlichen Wirkungen wirtschaftlichen Handelns und Verhaltens, dann muß der Nationalökonom sich immer bewußt bleiben, daß der Wert der durch solche Modellanalyse gewonnenen Erkenntnisse notwendig begrenzt ist. Die Bildung theoretischer Modelle ist nur möglich durch Abstraktion, d. h. durch Verzicht auf die Erfassung der ganzen Fülle der Wirklichkeit, in der sich menschliches Wirtschaften vollzieht. Daß man allein auf diesem Wege nicht zu ausreichendem Verständnis der volkswirtschaftlichen Vorgänge kommen kann und noch weniger zum Verständnis des Ineinander und Miteinander von Wirtschaft und Gesellschaft, das wird nun allerdings auch von den Meistern der abstrakt-theoretischen Richtung durchaus erkannt. Ich darf Ihnen zum Beweise dafür eine Stelle aus dem jüngst erschienenen vierten Bande des eben erwähnten Lehrbuches von Erich Schneider zitieren, dem dogmengeschichtlichen Teil dieses Lehrbuches. Schneider beschäftigt sich dort mit der in sehr scharfen Formen geführten Auseinandersetzung zwischen Gustav Schmol-

---

[4] Tübingen 1949—1962.

ler und Karl Menger, einem der Häupter der österreichischen Grenznutzenschule, und sagt dann, nachdem er einige Proben dieser Auseinandersetzung gebracht hat, die in für uns heute schwer verständlichen Formen geführt worden ist, folgendes:

„Es war aus unserer heutigen Sicht ein völlig überflüssiger Verschleiß von wertvollen Kräften in einer nutzlosen Sache. Für uns ist es heute selbstverständlich, daß weder die Theorie allein, noch die Wirtschaftsgeschichte allein ausreichen, um ein wirtschaftliches Phänomen zu verstehen, daß das Phänomen ‚Wirtschaft' viele Aspekte hat und in unserer Disziplin Lebensraum für Forscher der verschiedensten Richtungen vorhanden ist, ja, daß nur im Zusammenwirken aller Forschungsrichtungen wahrhaft fruchtbare Resultate erzielt werden können. Aber Schmoller erhob für seine historische Richtung den Ausschließlichkeitsanspruch, was immer, von welcher Seite er auch erhoben wird, eine unhaltbare Position ist[5]."

Ich glaube, diesen Worten Erich Schneiders wird jeder Nationalökonom, welcher Richtung er auch angehört, unbedenklich und im vollen Umfange zustimmen können. Die Auseinandersetzung mit dem einseitigen Anspruch der Historischen Schule war ein Spezialfall der Auseinandersetzung mit dem Historismus überhaupt, und daß die Einseitigkeit dieser Richtung überwunden werden mußte, wird jeder zugeben, der die Grenzen dieser Methode kennt. Andererseits würde, wie das ja in den eben genannten Worten Erich Schneiders durchaus anerkannt wird, eine ebenso ausschließliche Herrschaft der abstrakt-mathematischen Theorie und der Modellanalyse, wie sie seinerzeit die Historische Schule für ihre Methoden anstrebte, in gleicher Weise zu einer Verarmung der Wirtschaftswissenschaft und zu einer Verringerung des Wertes ihrer Erkenntnisse für die Gesellschaft führen. Mehr als die meisten anderen wissenschaftlichen Disziplinen ist gerade die Wirtschaftswissenschaft auf den Methodenpluralismus angewiesen.

Wie für jede Wissenschaft, so ist auch für die Wirtschaftswissenschaft die primäre Aufgabe die Erkenntnis der Wahrheit, Erkenntnis um der Erkenntnis willen. Aber es stellt sich die Frage, ob eine Gesellschaftswissenschaft bei dieser Erkenntnis um der Erkenntnis willen stehenbleiben darf, ob nicht, wie ich das oben zu formulieren versuchte, die Diagnose durch eine Therapeutik ergänzt werden muß. Therapeutik zielt auf Heilung ab, und wenn die Wissenschaft an einer solchen Therapeutik beteiligt sein soll, so setzt das zweierlei voraus: Es setzt einmal voraus, daß es mit den Methoden wirtschaftswissenschaftlicher Erkenntnis möglich sein muß, bestimmte Lagen der Wirtschaft als Krankheitserscheinungen zu charakterisieren, und es muß ferner möglich sein, mit wirtschaftswissenschaftlichen Methoden, mit den Methoden exakter Forschung, Heilmittel für diese Krankheitserscheinungen zu finden. Wenn ich diese Feststellungen treffe, so komme ich damit notwendigerweise zu einer Frage

---

[5] a. a. O., Bd. 4, S. 323.

zurück, die ich an einer früheren Stelle des Vortrages gestellt habe, zu der Frage der Berechtigung, vielleicht sogar der Notwendigkeit des Werturteils im Bereiche der Wirtschaftswissenschaft; denn Krankheitszustände der Wirtschaft oder Krankheitszustände des Gesellschaftskörpers kann man offenbar nur bestimmen und definieren von bestimmten Werturteilen aus, und wir wissen — gerade das hat ja in dem vorher erwähnten jüngeren Methodenstreit und in der Haltung Max Webers eine so entscheidende Rolle gespielt —, daß diese Werturteile letzten Endes auf weltanschauliche Grundentscheidungen zurückgehen. So können etwa grundsätzliche wirtschaftspolitische Entscheidungen davon abhängig sein, ob einer der folgenden fünf Werte als der zentrale Grundwert angesehen wird.

Erstens: Ein Optimum, vielleicht sogar — man denke an den Liberalismus um die Mitte des 19. Jahrhunderts — ein Maximum individueller Freiheitssphäre.

Zweitens: Die Maximierung des Sozialproduktes. Dabei kann wiederum zwischen dem kurzfristigen und dem langfristigen Aspekt dieser Maximierung unterschieden werden; es handelt sich dann also darum, ob man in diesen Begriff der Maximierung auch das Entwicklungsmoment hineinnimmt, wie es schon vor über hundert Jahren von Friedrich List gefordert wurde.

Eine dritte Möglichkeit: Ein Maximum an Sicherheit als Ziel des Wirtschaftens,

Eine vierte Möglichkeit: Ein Maximum an sozialer Gerechtigkeit,

Eine fünfte Möglichkeit: Eine möglichst weitgehende Gleichheit, insbesondere hinsichtlich der Verteilung des Sozialproduktes, des Volkseinkommens.

Das ist kein vollständiger Katalog, nur die Auswahl einiger besonders wesentlicher Grundziele, die für das Wirtschaften aufgestellt werden können. Ob ein Mensch sich für dieses oder jenes dieser Grundziele als zentralen Wert entscheidet, das ist — wie wohl aus dieser Aufzählung deutlich geworden sein dürfte — eine letzten Endes auf weltanschauliche Grundhaltungen zurückzuführende Entscheidung. Nur in Ausnahmefällen werden die Wege zur Realisierung dieser verschiedenen Grundziele gleichartig sein können, und es ist auch keine beliebige Kombination dieser Ziele möglich. So war es z. B. ein Grundirrtum der Ideologen der französischen Revolution, daß sie Freiheit und Gleichheit als kompatible Ziele ansahen. Wegen der sehr unterschiedlichen Anlagen und Fähigkeiten der Individuen schließt beides sich gegenseitig aus. Gibt man den Menschen Freiheit wirtschaftlicher Betätigung, dann führt das notwendigerweise zu Ungleichheit; erstrebt man Gleichheit, dann muß man die Freiheit fühlbar beschränken. Offenbar liegen den eben genannten zentralen Werten des Wirtschaftens sehr verschiedene Grundauffassungen von der anzustrebenden Struktur der Gesellschaft zugrunde. Daraus müssen sich dann aber auch notwendigerweise sehr verschiedene wirtschaftspolitische Konsequenzen ergeben.

Drei Beispiele dafür: Eine Maximierung des Sozialproduktes wird sehr häufig zu der Forderung des „Free Trade", des freien internationalen Austausches, führen. Das Streben nach Sicherheit, z. B. etwa konkretisiert in der Forderung nach Erhaltung der Existenzfähigkeit des Bauerntums, fordert dagegen unter bestimmten Voraussetzungen Protektionismus zum Schutze der einheimischen Produktion, die zugrunde gehen muß, wenn man sie der ausländischen Konkurrenz frei überläßt.

Ein zweites Beispiel: Ein Maximum individueller Freiheitssphäre fordert unbeschränkte Gewerbefreiheit, das Streben nach Sicherheit, konkretisiert etwa in der Forderung nach Erhaltung des selbständigen Handwerksbetriebes, fordert — mindestens unter bestimmten Voraussetzungen — Einschränkung der Gewerbefreiheit.

Ein drittes Beispiel: Maximierung des Sozialproduktes fordert materielle Anreize für die wirtschaftenden Menschen, denn nur bei dem Wirksamwerden solcher Anreize werden die einzelnen ihre individuellen Fähigkeiten so restlos entfalten und einsetzen, daß dadurch die Effizienz der wirtschaftlichen Leistung im ganzen maximiert werden kann. Das bedeutet aber notwendigerweise Verletzung des Gleichheitsgrundsatzes, weil dem einzelnen ja dann auf Grund seiner unterschiedlichen Leistung auch ein unterschiedlicher Anteil am Ergebnis des gemeinsamen Produktionsprozesses zugeteilt werden muß.

Alle diese Grundentscheidungen sind notwendigerweise subjektiv, sie besitzen keine Allgemeinverbindlichkeit, und sie sind daher auch einer exakten wissenschaftlichen Beurteilung und Bewertung unzugänglich. Wenn jemand auf Grund seiner individuell bedingten Grundentscheidung die Meinung vertritt, daß die Gewährleistung eines Maximums von Sicherheit in der Wirtschaft allen anderen Zielsetzungen voranzugehen habe, so kann ich ihm diese Grundauffassung nicht widerlegen, genausowenig wie ein anderer jene Grundauffassung widerlegen könnte, die ein Optimum individueller Freiheitssphäre als das wesentlichste, wichtigste, zentrale Ziel des Wirtschaftens ansieht. Diesen Tatbestand gerade hat ja Max Weber im Auge gehabt, als er die Forderung nach der Objektivität sozialwissenschaftlicher Erkenntnis erhob, im Gegensatz zu der oft sehr naiven und unreflektierten Verwendung des Werturteils, besonders im Kathedersozialismus, aber auch in anderen wirtschaftspolitischen Richtungen. Über den letzten Sinn des Wirtschaftens vermag die Wirtschaftswissenschaft als Wissenschaft keine Urteile abzugeben.

Bedeutet das nun die völlige Negation der Möglichkeit des Werturteils in unserer Wissenschaft? Wenn das der Fall wäre, dann müßten wir damit auch eine Absage an die Möglichkeit einer wissenschaftlichen Pathologie des Wirtschaftslebens treffen; denn wie könnte man ohne eine solche wertmäßige Beurteilung Gesundheit und Krankheit des Wirtschaftslebens unterscheiden?

Wenn sich ein solcher genereller Verzicht als erkenntnistheoretisch unvermeidlich erwiese, so wäre damit eine gefährliche Verringerung des Wertes wirtschaftswissenschaftlicher Erkenntnisse für die Gesellschaft verbunden. Aber glücklicherweise — ich deutete es vorhin schon an — scheint mit eine so weitgehende Askese, eine so weitgehende Enthaltung vom Werturteil nicht notwendig zu sein. Die Erfahrung ebenso wie eine vertiefte erkenntnistheoretische Besinnung zeigen uns heute, daß innerhalb bestimmter Grenzen wissenschaftlich fundierte Werturteile möglich sind, Werturteile, die durchaus ein Urteil über Gesundheits- oder Krankheitszustände des Wirtschafts- und Gesellschaftskörpers ermöglichen, und die in der weiteren Folge dann auch die Möglichkeit einer wissenschaftlich fundierten Therapeutik eröffnen. Es handelt sich dabei vor allen Dingen um ontologische Werturteile, d. h. also um Werturteile, die aus dem Sein der Wirtschaft an sich, aus der Stellung der Wirtschaft im Rahmen der gesamten menschlichen Existenz überhaupt abgeleitet werden. Werturteile dieses ontologischen Charakters setzen nun freilich eine Betrachtung der Wirtschaft voraus, die sie nicht nur isoliert unter ökonomischen Aspekten sieht, sondern sie in den Gesamtzusammenhang menschlicher Existenz überhaupt hineinstellt[6].

Am konkreten Beispiel gezeigt: Was im Wirtschaftsleben Gerechtigkeit ist, das können wir als Wissenschaftler nicht entscheiden, das ist ein subjektiv begründetes Werturteil. Dagegen können wir sehr wohl bestimmte Tatbestände als echte wirtschaftliche Gleichgewichtsstörungen erkennen, die als solche Störungen in der Konsequenz auch zu schweren Erschütterungen im Leben einer Menschengesamtheit, zu einer Erschütterung des sozialen Gleichgewichtes eines Volkes führen, möglicherweise — wie ich am Anfang meines Vortrages zu zeigen versuchte — auch mit den entsprechend gefährlichen politischen Auswirkungen. Die von mir schon zu Anfang angeführte große Weltwirtschaftskrise mit ihrer Massenarbeitslosigkeit und mit ihrer Vernichtung zahlreicher selbständiger Existenzen ist für die Menschen unserer Epoche wohl das Standardbeispiel einer solchen wirtschaftlichen Erkrankung, aus der sich notwendigerweise eine soziale und eine politische Erkrankung ergeben mußte.

---

[6] Vgl. dazu jetzt u. a.: Zur Grundlegung wirtschaftspolitischer Konzeptionen. Hrsg. von H.-J. Seraphim. Berlin 1960. — H.-J. *Seraphim:* Theorie der allgemeinen Volkswirtschaftspolitik. Göttingen 1955. Darin weitere Literaturangaben.

Diese Weltwirtschaftskrise und diese Massenarbeitslosigkeit waren ein Beispiel für eine pathologische Erscheinung *konjunkturellen* Charakters. Aber ebenso können wir bei einer wissenschaftlichen Analyse auch ähnliche Krankheitserscheinungen feststellen, die *strukturellen* Charakter tragen; ich denke dabei vor allen Dingen an ein Problem, das uns heute sowohl in der Theorie der Wirtschaft als auch in der Praxis der Wirtschaftspolitik in hohem Maße beschäftigt, die Massennot in vielen Entwicklungsländern, in denen das Sozialprodukt und das Pro-Kopf-Einkommen sehr niedrig liegen, in denen der Lebensstandard der Menschen oft noch unter dem physischen Existenzminimum liegt, d. h. also eine dauernde Hungersituation herbeiführt. Wir wissen auch, daß in vielen Fällen diese Massennot in den Underdeveloped Countries zurückzuführen ist auf das Fehlen nichtagrarischer Produktionsmöglichkeiten; wenn wir aus einer wissenschaftlichen Diagnose der pathologischen Situation diese Schlußfolgerung ableiten können, so ist damit bereits ein Hinweis auf die Punkte gegeben, an denen die Therapeutik eines solchen Zustandes einzusetzen hat.

Selbst bei noch so strengen methodologischen und erkenntnistheoretischen Forderungen an die Exaktheit wissenschaftlicher Erkenntnis ist wohl nicht zu bestreiten, daß es sich in den beiden Beispielsfällen, die ich genannt habe, der Massenarbeitslosigkeit der Weltwirtschaftskrise und der Massennot in einem Teile der Entwicklungsländer, wirklich um Krankheitszustände der Wirtschaft handelt, und daß diese Krankheitszustände auch eine äußerste Gefährdung für die Gesundheit und das Gleichgewicht des gesellschaftlichen Lebens mit sich bringen können. Hier ergeben sich notwendigerweise auch von der Wirtschaftswissenschaft her enge Beziehungen zur Wissenschaft von der Politik, die ja die politischen Auswirkungen solcher Krankheitserscheinungen mit in ihren Forschungsbereich einzubeziehen hat.

Gerade an diesen Beispielen also wird, wie mir scheint, sehr deutlich, welche Bedeutung die wissenschaftliche Analyse solcher Krankheitserscheinungen und ihrer Ursachen für die Erhaltung der Gesundheit der Gesellschaft hat. Gerade dabei werden aber auch die Verbindungen mit der modernen Entwicklung der Wirtschaftstheorie besonders erkennbar.

Ich möchte in diesem Zusammenhang allerdings noch einmal einen Blick zurück richten auf jene Epoche der deutschen Volkswirtschaftslehre, die ich vorhin als die Epoche der historischen Schule und des Kathedersozialismus charakterisiert habe. Wenn wir heute versuchen, aus einem zeitlich weiten Abstand zu dieser Epoche nun ein Urteil über ihre Fehler und Mängel auf der einen, ihre Leistungen auf der anderen Seite abzugeben, so werden wir doch bei aller Einsicht in die methodologische Fragwürdigkeit der Auffassungen Schmollers und der meisten seiner Gesinnungsgenossen um der Gerechtigkeit willen feststellen müssen, wie starke Impulse gerade von dieser Richtung für die Lösung der sozialen Probleme des Industriezeitalters ausgegangen sind. Es kann ja wohl kein Zweifel darüber bestehen, daß die Entstehung des Industrieproletariats und seine Lage in den ersten Jahrzehnten des modernen Industriezeitalters eine der schwersten sozialen Gleichgewichtsstörungen gewesen ist, die die Sozialgeschichte je gekannt hat. Der objektive Beweis dafür war die revolutionäre Bewegung des Proletariats, die für den Bestand einer Wirtschaftsordnung höchst gefährlich wurde, in der die Freiheitssphäre des Individuums weiterhin gesichert bleiben sollte. Gegenüber sehr viel Gleichgültigkeit und Verständnislosigkeit des damaligen Bürgertums ist von den Gelehrten, die dieser Richtung angehörten, immer wieder mit großem Nachdruck auf die Bedeutung der sozialen Frage hingewiesen worden, und durch dieses ihr Wirken ist die tatsächliche Entwicklung der deutschen Sozialpolitik und Sozialversicherung erheblich gefördert worden. Ich erwähnte vorhin die oft sehr unerfreulichen Auseinandersetzungen zwischen Gustav von Schmoller einerseits und Carl Menger andererseits. Aber derselbe Menger, der die methodologische Grundhaltung Schmollers mit schärfsten Worten angriff, schrieb doch gleichzeitig auch:

„Wenn irgend etwas mit der in so vieler Rücksicht gehässigen Wirksamkeit Schmollers auf dem Gebiete unserer Wissenschaft versöhnt, so ist es der Umstand, daß er, und zwar mit nicht zu verkennender Hingebung, an der Seite verehrungswürdiger Männer gegen die sozialen Übelstände und für das Schicksal der Schwachen und Armen kämpft, ein Kampf, in welchem, so verschieden oft die Richtung meiner Forschungen ist, meine Sympathien doch ganz auf der Seite dieser Bestrebungen stehen[7]."

Ich glaube, das gesellschaftliche Schicksal des Abendlandes, unserer Welt, ist wesentlich dadurch mitbestimmt worden, daß nicht zuletzt durch die Wirksamkeit dieser Männer die sozialistische Arbeiterbewegung auf dem Boden West- und Mitteleuropas aus einer revolutionären zu einer reformistischen Bewegung geworden ist.

Ein ähnlich charakteristischer Fall aus jüngerer Vergangenheit ist der Zusammenhang, der zwischen den Erfahrungen der großen Weltwirtschaftskrise und der Entwicklung des theoretischen Systems von John Maynard Keynes besteht. Diese große Krise war, wenn man ihren Ursachen im einzelnen nachgeht, zweifellos nicht nur wirtschaftlich, sondern in einem erheblichen Umfange auch politisch bedingt. Aber sie war doch zu einem guten Teile *auch* Ergebnis falscher Wirtschaftsführung und schlechter Wirtschaftspolitik, und die Konsequenz war jene bereits behandelte schwere Erschütterung des gesellschaftlichen und des politischen Gleichgewichts. Die äußerste Zuspitzung der Krise, und damit für

---

[7] Menger, Carl: Die Irrtümer des Historismus in der deutschen Nationalökonomie. Wien 1884. S. 82.

Deutschland vielleicht überhaupt der braune Totalitarismus, hätten wahrscheinlich verhindert werden können, wenn damals bereits die gleichen Erkenntnisse wie heute über das Wesen einer Krise und über das Instrumentarium der Krisenbekämpfung vorhanden gewesen wären. Gerade aber daß die Krise so furchtbares Ausmaß annahm, wurde für die Nationalökonomie ein starker Antrieb zu einer vertieften Durchleuchtung der Zusammenhänge, die die Krise verursacht hatten, zu einer verstärkten theoretischen Auseinandersetzung mit dem Krisenproblem, und diese Entwicklung gipfelt eben in der Entwicklung jener Theorie von John Maynard Keynes, die zu einer wesentlichen Vertiefung und Erweiterung unserer Kenntnisse vom Ablauf des Wirtschaftslebens geführt hat.

Diese Keynessche Theorie hat — das wissen Sie sicherlich alle — auf die Wirtschaftspolitik vieler Länder nach dem zweiten Weltkriege einen sehr wesentlichen Einfluß gehabt. Wenn heute das Ziel der Vollbeschäftigung, oder doch zum mindesten einer optimalen Beschäftigung, in vielen Ländern als ein unverzichtbares Ziel der Wirtschaftspolitik angesehen wird, so baut diese Zielsetzung nicht zuletzt auf den theoretischen Erkenntnissen von John Maynard Keynes auf. Ohne Zweifel hat diese Politik für die Vermeidung sozialer Störungen nach dem zweiten Weltkriege große Bedeutung gewonnen. Wir wollen zwar nicht übersehen, daß die Politik der Vollbeschäftigung, namentlich wenn sie extrem aufgefaßt und realisiert wird, auch negative Wirkungen haben kann. Der absolut gesicherte Arbeitsplatz kann leistungsmindernd wirken. Bei Voll- und Überbeschäftigung ist die Gefahr besonders groß, daß übersteigerte Preis- und Lohnforderungen das Preisniveau dauernd steigern, d. h. die Kaufkraft des Geldes laufend verringern. Aber für jeden, der die Zeit der Great Depression zu Anfang der dreißiger Jahre bewußt erlebt hat, ist es doch wohl klar, daß die positiven Wirkungen dieser Politik wichtiger und bedeutsamer sind als die negativen Nebenwirkungen, von denen ich eben gesprochen habe.

Noch ein paar Worte zu dem zweiten Beispiel eines pathologischen Zustandes, von dem ich ausging, der Massennot in den Entwicklungsländern. Wir wissen, welche politischen Konsequenzen sich auch daraus ergeben können und wie sehr der Kommunismus darauf hofft, gerade in Ländern mit solcher Massennot Expansionsraum finden zu können. Die wissenschaftliche Analyse der Ursachen des Underdevelopment, des Entwicklungsrückstandes in diesen Ländern ist die notwendige Voraussetzung dafür, daß eine richtige Therapie gefunden und angewendet werden kann. Wenn man die schon ins Uferlose gewachsene Literatur über die Probleme der Entwicklungsländer betrachtet, dann sieht man allerdings an einem Teil dieser Veröffentlichungen auch recht deutlich die Gefahren einer einseitig ökonomischen Betrachtungsweise, die z. B. in der Finanzierung von Investitionen in den Entwicklungsländern das Um und Auf des ganzen Problems überhaupt sieht. Diese Gefahr freilich wird vermieden, wenn im Sinne der Betrachtungsweise, die ich in diesem Vortrage anzuwenden versuche, die enge wechselseitige Verflechtung von Ökonomischem und Sozialem dauernd im Auge behalten wird.

Eine ähnliche Bedeutung für die Entwicklung der Wirtschaftspolitik haben aber auch Gelehrte anderen Typs als Keynes gehabt. Ich erinnere z. B. an die beiden englischen Nationalökonomen, die in gewissem Sinne als die geistigen Väter des heutigen Wohlfahrtsstaates angesehen werden können, Arthur Pigou mit seinem 1912 erschienenen Hauptwerk „The Economics of Welfare" und William Beveridge, der große Vorkämpfer der Idee der „Social Security", der im Jahre 1944, also noch im Endstadium des zweiten Weltkrieges, die berühmte Schrift über „Full Employment in a Free Society" veröffentlichte. Die Gedankengänge, die von Pigou und von Beveridge entwickelt wurden, finden heute in der Wirtschaftspolitik, wie sie etwa in den skandinavischen Ländern, aber auch in England selbst, betrieben wird, weitgehend eine Realisierung. Und gerade bei diesen Ideen, über deren Wert oder Unwert, Richtigkeit oder Unrichtigkeit ich hier nicht sprechen möchte, tritt uns jedenfalls die Ausrichtung des Wirtschaftens und der Wirtschaftspolitik auf soziale Ziele ganz besonders deutlich entgegen.

Für den heutigen Stand unserer Wissenschaft ist es ferner kennzeichnend, daß sich erstmalig eine engere Verbindung der Wirtschaftstheorie mit der wissenschaftlichen Sozialpolitik anbahnt. In der Vergangenheit war entweder ein einseitiges Vorwiegen der Sozialpolitik gegenüber der Wirtschaftstheorie festzustellen, wie etwa im Kathedersozialismus, oder aber ein ziemlich unverbundenes Nebeneinander, bei dem die Sozialpolitik als eine Spezialdisziplin galt, die mit den übrigen Zweigen der Wirtschaftswissenschaft kaum direkte Berührung hatte. Wie aber soll z. B. eine rationale Lohnpolitik möglich sein ohne eine exakte Lohntheorie?

Die genannten Beispiele zeigen uns doch wohl aus der Erfahrung der geschichtlichen Entwicklung heraus, welche positiven Wirkungen richtige und exakte ökonomische Erkenntnisse für die Gestaltung des gesellschaftlichen Lebens und der gesellschaftlichen Entwicklung haben können; wir haben andererseits an diesen Beispielen auch gesehen, wie falsche oder unzureichende ökonomische Einsicht von verhängnisvoller Wirkung, auch für das gesellschaftliche Geschehen, sein kann.

Nehmen wir als ein dafür besonders kennzeichnendes Beispiel aus der deutschen Wirtschaftsgeschichte die erste große Inflation der Jahre nach dem ersten Weltkrieg. Sie konnte nicht zuletzt deshalb ein so katastrophales Ausmaß annehmen, weil infolge der Theoriefeindlichkeit der historischen Schule der deutschen Volkswirtschaftslehre die Analyse inflatorischer Prozesse einem Teile der deutschen Nationalökonomen damals nur unzureichend möglich war. Die völlige Zerstörung des Geldwertes, die diese Inflation mit sich brachte, bedeutet aber auch die völlige Vernichtung aller Geldvermögen — im Gegensatz zum Sachwerteigentum —, und damit erfolgte eine nie wieder gutgemachte und auch nie wieder gutzumachende Schädigung der ökonomischen Basis großer Teile der Mittelschichten; d. h. durch die falsche Geldpolitik wurde ein zweifellos ungesunder Wandel der Sozialstruktur herbeigeführt. Und wenn ein großer Teil der deutschen Nationalökonomen gegenüber der Wirtschaftskrise der dreißiger Jahre auf Grund unzureichender theoretischer Einsichten eine ähnlich hilflose Haltung einnahm, so ist es ja wohl auch klar, daß damit ebenfalls die schweren sozialen Schäden, die durch diese Krise hervorgerufen worden sind, verstärkt und gefördert wurden.

Nun sagte ich schon: wir können ohne Überheblichkeit behaupten, daß in einer Reihe von Punkten im Laufe der letzten drei oder vier Jahrzehnte unsere Kenntnisse und Erkenntnisse wesentlich erweitert und vertieft worden sind. Aber andererseits wäre es eine ungerechtfertigte Arroganz, zu behaupten, daß die Wirtschaftswissenschaft bereits alle diejenigen ökonomischen Probleme gelöst hätte, die für das gesellschaftliche Geschehen und für das gesellschaftliche Gleichgewicht wichtig sind.

Ich möchte auch hier zwei konkrete Beispiele aus dem Wirtschaftsleben der Gegenwart anführen.

Wir sehen uns heute in allen marktwirtschaftlich organisierten Ländern der Tatsache gegenüber, daß der innere Geldwert langsam, aber kontinuierlich sinkt, oder anders ausgedrückt, daß das allgemeine Preisniveau langsam, aber kontinuierlich steigt. So sind z. B. in der Bundesrepublik für einen Vier-Personen-Haushalt mit durchschnittlichem Einkommen die Kosten der Lebenshaltung von 1950—61 um rund ein Viertel gestiegen. Das war z. T. die Wirkung notwendiger Anpassungsvorgänge bei Preisen, die durch staatliche Eingriffe lange Zeit hindurch besonders niedrig gehalten wurden, wie etwa die Mieten, z. T. war es das Ergebnis bewußt preissteigender Eingriffe, deren Ziel eine gleichmäßigere Einkommensverteilung war; letzteres gilt insbesondere für die Agrarpreise und den Versuch, durch die künstliche Hochhaltung der Agrarpreise der Landwirtschaft einen höheren Anteil am Volkseinkommen zu garantieren als sie ihn bei völlig freier Marktwirtschaft haben würde. Das Ausmaß dieser Preissteigerungen in der Bundesrepublik liegt zwar relativ niedrig, nur ganz wenige Länder haben noch geringere Preissteigerungen im gleichen Zeitraum zu verzeichnen, eine große Zahl von Ländern aber eine erheblich größere Preissteigerung. Trotzdem: ein Verlust von einem Viertel der Kaufkraft des Geldes in wenig mehr als einem Jahrzehnt bringt auch sozial erhebliche Schäden mit sich, und zwar in doppelter Hinsicht. Einmal passen sich die verschiedenen Einkommenskategorien unterschiedlich rasch und unterschiedlich stark an die verringerte Kaufkraft des Geldes an; für die gewerkschaftlich organisierte Arbeiterschaft ist das wesentlich leichter als etwa für die Angehörigen der freien Berufe des geistigen Lebens. Zweitens: Verringerung des Geldwertes bedeutet Verringerung des Wertes gesparten Geldkapitals, und wenn dieser Prozeß über längere Zeiträume hinweg so weitergeht, so wird das ohne Zweifel zu einer Beeinträchtigung des Sparwillens führen. Beeinträchtigung des Sparwillens bedeutet aber notwendigerweise Verstärkung der Tendenz zum Wohlfahrtsstaat, damit also zu einer Einschränkung der individuellen Freiheitssphäre im gesellschaftlichen Leben. Auch auf Grund des heutigen Standes unserer wissenschaftlichen Erkenntnis wäre es ohne Zweifel möglich, diesen Prozeß abzubremsen oder mindestens erheblich zu verringern, wenn man rigoros die Mittel der Notenbankpolitik, z. B. hinsichtlich einer Beschränkung des Kreditvolumens, einsetzte, und wenn man auf jene Ausgleichsmaßnahmen in der Preisbildung verzichtete, wie sie etwa zugunsten der Landwirtschaft durchgeführt worden sind. Dabei aber ergäben sich soziale Nebenwirkungen; eine scharf restriktive Notenbankpolitik müßte zur Arbeitslosigkeit führen, und ein Verzicht auf die Preisanhebung zugunsten der Landwirtschaft würde die Existenz eines Teiles des selbständigen Bauerntums erschüttern. Das Ziel der Stabilität des Geldwertes erwies sich also bisher als nicht vereinbar mit den sozialen Forderungen, die heute gestellt werden und deren Erfüllung als notwendig angesehen wird, und es ist noch kein Weg gefunden worden, wie diese beiden Zielsetzungen gleichzeitig realisiert werden können. Man kann wohl sehr ernsthaft die Frage stellen, ob es überhaupt einen solchen Weg geben kann, ob man nicht eben auf das eine oder auf das andere dieser beiden Ziele verzichten muß. Hier, in einem ohne Zweifel für das gesellschaftliche Geschehen sehr wichtigen Punkte ist also die Wissenschaft bisher nicht in der Lage, eine eindeutige, exakte Antwort zu geben und eine erfolgreiche Therapie in Vorschlag zu bringen.

Eine zweite, nicht weniger wichtige Frage ist die Konzentration, die Konzentration der Betriebe und Unternehmungen, die Konzentration des Eigentums, die Konzentration wirtschaftlicher Verfügungsmacht, schließlich auch räumlich gesehen die Konzentration von Standorten in Industrierevieren und in Industrie-Großstädten. Ich brauche wohl kaum sehr viel über die Bedeutung dieses Problems zu sagen. Alle Zeitungen, alle Zeitschriften sind voll davon, und daß es sich hier um ein Problem von größter Bedeutung, weit über das Ökonomische hinaus, handelt, wird auch etwa von einem Nationalökonomen zugegeben, der im allgemeinen, wenn auch nicht immer ganz gerechtfertigt, als typischer Vertreter des Neoliberalismus gilt, wie Wilhelm Röpke. Röpke bezeichnet in einem seiner letzten Bücher die Konzentration als die eigentliche

Sozialkrankheit unserer Zeit, und er sieht im kollektivistischen Totalitarismus, wie er uns etwa in der Sowjetunion entgegentritt, lediglich den äußersten und tödlichen Grad dieser Krankheit[8]. Sie erinnern sich vielleicht daran, daß die Gesellschaft für Wirtschafts- und Sozialwissenschaften, der altehrwürdige Verein für Socialpolitik, ihre Kissinger Tagung im Jahre 1960 diesem Problem der Konzentration gewidmet hat, und daß dabei recht verschiedene Auffassungen der Nationalökonomie zutage traten[9]. Mit großer Schärfe, meines Erachtens überscharf, sprach der erste der Vortragenden, Edgar Salin, in seinem Referat „Soziologische Aspekte der Konzentration" von der Unentrinnbarkeit dieses Prozesses. Es ist nun wirklich eine Grundfrage von allergrößter Bedeutung für die Zukunft unserer Gesellschaftsordnung, insbesondere hinsichtlich der Zukunft und des Schicksals der kleinen und mittleren Selbständigen, ob Konzentration tatsächlich ein unausweichliches generelles Schicksal ist, oder ob sie durch menschliches Wollen und Handeln beeinflußbar ist, beeinflußbar durch wirtschaftspolitisches, finanzpolitisches, sozialpolitisches Handeln.

Wenn man diese Möglichkeit bejaht, und ich glaube sie bejahen zu können, dann stellt sich die weitere, nicht weniger komplizierte Frage, welche Mittel denn eingesetzt werden können, um dem Konzentrationsprozeß entgegenzuarbeiten. Wir müssen ehrlich genug sein zu sagen, meine Damen und Herren, daß die Wirtschaftswissenschaft eine völlig schlüssige, fundierte und exakt beweisbare Antwort auf diese Fragen noch nicht zu geben vermag; um so dringender ist es, die wissenschaftliche Arbeit an diesen Problemen zu intensivieren, wie das etwa in dem jetzt in Entwicklung befindlichen Institut für Konzentrationsprobleme an der Wirtschafts- und Sozialwissenschaftlichen Fakultät der Freien Universität geschehen soll.

Vertiefte Erkenntnisse auf dem bisher behandelten Gebiete, die dann auch auf das gesellschaftliche Geschehen einwirken und für die Gesellschaftspolitik verwendbar sind, können nur auf dem Wege nüchterner wissenschaftlicher Diskussion gewonnen werden. Eine solche setzt voraus, daß es weder eine Bindung an Axiome gibt, die als verbindlich erklärt werden, noch eine Bindung an Ideologien in jenem Sinne, wie sie Professor Lieber in dem ersten Vortrag dieser Reihe aufgefaßt hat. Sicherlich ist auch in unserer Welt diese Forderung nie restlos erfüllt, denn auch der Gelehrte, auch der Forscher ist ja ein Mensch und kein Idealwesen, und als Mensch mit allen Mängeln menschlicher Existenz und menschlicher Erkenntnismöglichkeiten belastet. Auch bei uns gibt es Ge-

---

[8] *Röpke*, Wilhelm: Jenseits von Angebot und Nachfrage. Erlenbach-Zürich 1958. S. 48.
[9] Vgl. Die Konzentration in der Wirtschaft. Schriften des Vereins für Socialpolitik. N. F. Bd. 22. Berlin 1961.

bundenheit wissenschaftlichen Denkens an Ideologien, die als solche von dem einzelnen Forscher oft nicht erkannt werden. Unvergleichlich viel größer aber ist diese Gebundenheit an dogmatische Axiome und an Ideologien in jenem System, das für seine Wirtschafts- und Gesellschaftspolitik in besonderem Maße den Anspruch auf Wissenschaftlichkeit erhebt: im sowjetischen System.

Die geistige Grundlage dieses Systems ist das Gedankengebäude des Marxismus-Leninismus, und für dieses Gedankengebäude wird auch heute noch generelle axiomatische Gültigkeit beansprucht im Sinne jenes bekannten Lenin-Wortes: „Die Lehre von Marx ist allmächtig, weil sie richtig ist". „Weil sie richtig ist", das ist der Anspruch darauf, daß diese Lehre keiner intellektuellen Kritik unterliegt, daß sie wie das Dogmengebäude einer Religionsgemeinschaft verbindliche Gültigkeit besitzt. Es wird zwar in der Sowjetunion immer wieder behauptet, daß der Marxismus-Leninismus schöpferisch weiterentwickelt werden müsse, aber die Wirklichkeit sieht anders aus. Dieser Wirklichkeit entspricht viel mehr etwa die Formulierung, die sich im Vorwort der neubearbeiteten dritten Ausgabe des offiziellen Lehrbuches „Politische Ökonomie", erschienen 1958, findet[10]. Da heißt es:

„Den Ökonomen wie allen Arbeitern an der ideologischen Front (eine sehr schöne Bezeichnung: den Arbeitern an der ideologischen Front) sei die Aufgabe gestellt, den Kampf gegen die bürgerliche Ideologie, gegen jedwede Versuche der Revision des Marxismus-Leninismus als der Hauptgefahr in der derzeitigen Etappe... zu verstärken."

Damit aber sind nach wie vor jene ökonomischen Grundlagen des Sowjetsystems die den heutigen Gesellschaftsaufbau in der Sowjetunion entscheidend mitbestimmen, einer wissenschaftlichen Diskussion entzogen. Vor allem gilt das für die grundsätzliche Absage an jede Form des Individualeigentums an den Produktionsmitteln, auch dort, wo das Eigentum an den Produktionsmitteln nur die Grundlage für die eigene Arbeit des Eigentümers darstellt, also nicht etwa nur die Absage an privates Unternehmertum in der Großwirtschaft, sondern ebenso die Absage an selbständige Wirtschaftsführung auch des kleinen Bauern, auch des kleinen Handwerkers. Vom Standpunkt westlicher Wirtschaftsauffassung muß der Anspruch des Sowjetsystems, daß der von ihm geschaffene Gesellschaftsaufbau wissenschaftlich fundiert sei, mit der gleichen Entschiedenheit zurückgewiesen werden wie die Behauptung von der generellen Richtigkeit der marxistischen Theorie und wie die weitere Behauptung, die sogenannte bürgerliche Nationalökonomie der kapitalistischen Länder sei eine Vulgärökonomie, ihre Vertreter seien — wie es wörtlich in dem eben zitierten Lehrbuch heißt — die gelehrten Lakaien der Monopole. Ich

---
[10] Deutsche Übersetzung (Ost-) Berlin 1959. S. 5.

zitiere aus diesem Lehrbuch in seiner jetzt gültigen Fassung auch noch eine weitere charakteristische Stelle. Es heißt dort wörtlich:

„Mit dem Sieg der sozialistischen Revolution in Rußland wurde die in ein pseudowissenschaftliches Gewand gekleidete systematische Verleumdung des Sozialismus zu einer der wichtigsten Funktionen der bürgerlichen Apologetik[11]."

Nun befindet sich freilich auch das politökonomische Denken in der Sowjetunion heute in einer gewissen Umstellung. Nach dem Tode Stalins ist ein Teil der Tabus, die vorher für die sowjetische Politökonomie galten und denen in erster Linie deren Sterilität zwei Jahrzehnte hindurch zuzuschreiben war, abgebaut oder eingeschränkt worden. Die Grunddogmen dieser Lehre aber gelten uneingeschränkt weiter, und sie bedeuten für die sowjetische Politökonomie nach wie vor eine empfindliche Beschränkung der Denkfreiheit. Weit weniger als bei uns können in diesem System die Ergebnisse wirtschaftswissenschaftlicher Forschung für die Gestaltung der gesellschaftlichen Entwicklung nutzbar gemacht werden, und gerade das tiefe Niveau dieses Bereiches der Sowjetwissenschaft im Gegensatz zu den meisten Disziplinen der Naturwissenschaft, zur Mathematik, zur Medizin und zur Technik, gerade das tiefe Niveau der wirtschafts- und sozialwissenschaftlichen Forschung im Sowjetbereich zeigt uns mit besonderer Deutlichkeit, welch unentbehrlicher Lebensgrund echter wissenschaftlicher Erkenntnis die geistige Freiheit ist, die Möglichkeit, früher gefundene Lösungen der Wissenschaft immer wieder neu und radikal in Frage zu stellen.

Daß wir, die Forscher und akademischen Lehrer der freien Welt, diese Freiheit des radikalen Fragens und Zweifelns besitzen, ist für uns Glück und Verpflichtung zugleich. Wir leben heute in einer sich manchmal mit beängstigender Schnelligkeit wandelnden Welt, und auch im Verhältnis von Wirtschaft und Gesellschaft stellt uns dieser Prozeß der Entwicklung und Wandlung immer wieder vor neue Aufgaben und Probleme. Je eher diese Aufgaben erkannt, je besser diese Probleme gelöst werden, desto größer wird der Beitrag sein, den die Wirtschaftswissenschaft für die Gesundheit des Gesellschaftsganzen zu leisten vermag.

---

[11] Ebda. S. 353.

DIE WISSENSCHAFT VON DER POLITIK UND DIE GESELLSCHAFT

Von Ernst Fraenkel

Ich beabsichtige, mich heute abend mit dem Verhältnis von Politik- und Gesellschaftswissenschaft zu beschäftigen und insbesondere zu der Frage Stellung zu nehmen, ob die Wissenschaft von der Politik einen integralen Bestandteil der Soziologie oder eine eigenständige wissenschaftliche Disziplin bildet. Es wird ein Hauptanliegen meiner Ausführungen sein, den Nachweis zu erbringen, daß, so bedeutsam die gesellschaftswissenschaftliche Betrachtungsweise politischer Zusammenhänge — die Soziologie der Politik — auch für das Begreifen des Gesamtphänomens der Politik zu sein vermag, sie doch nur *einen* Zugang zum Erfassen des Politischen darstellt. Da Zentralbegriffe der Wissenschaft von der Politik — wie z. B. Repräsentation und Legitimität — an einem Wertsystem ausgerichtet sind, können sie mit den Methoden einer empirisch-deskriptiven Sozialwissenschaft nicht einmal im Ansatz begriffen werden. Ihr vertieftes Verständnis erfordert die Verwendung wissenschaftlicher Methoden, die diesem normativen Element gerecht zu werden vermögen.

Die Politikwissenschaft leitet ihren Anspruch, als selbständige Disziplin anerkannt zu werden, aus dem Bemühen ab, sich nicht einseitig nur *einer* Betrachtungsweise zu verschreiben, sondern vielmehr durch die Integration verschiedenartiger Betrachtungsweisen — durch die Verwendung sowohl empirisch deskriptiver als auch normativer Methoden — zu einem umfassenden und deshalb vertieften Verständnis politischer Phänomene zu gelangen.

Handelte es sich insoweit lediglich um einen Streit zwischen oder innerhalb der Fakultäten, dann lohnte es sich nicht, bei diesem Punkt länger zu verweilen. Die Fachgelehrten sollten die breite Öffentlichkeit mit akademischem Zuständigkeitsgeplänkel tunlichst nicht behelligen. Im Fall der Politikwissenschaft liegen die Dinge jedoch schon allein deshalb anders, weil die Auseinandersetzung darüber, wie Politik wissenschaftlich verstanden werden kann, nicht nur ein wissenschaftliches, sondern auch ein politisches Problem darstellt. Die radikale Absage an jede monistische Betrachtungsweise des „Politischen" beruht nicht zuletzt auf der Erkenntnis, daß die einseitige Betonung einer — wie immer auch gearteten — Deutungsmethode der Politik — der geographischen in Form der

Geopolitik, der biologischen in Form der Rassenlehre, der ökonomisch-soziologischen in Form des dialektischen Materialismus, der historischen in Form des konservativ-romantischen Quietismus, der juristischen in Form des apolitischen Bürokratismus (den Max Weber so leidenschaftlich verworfen hat) — nicht nur zu einer Perversion politischen Denkens, sondern auch gerade wegen der Einseitigkeit der Ausgangsposition zu einer katastrophalen Verirrung des politischen Handelns zu führen vermag. Von mehr als einem akademischen Disput über politologische Methodenfragen hat sich nachträglich erwiesen, daß er entweder den Auftakt oder die Begleitmusik zu politischen Diskussionen weltweiter Bedeutung dargestellt hat.

Es bedarf neben der Soziologie keiner besonderen Politikwissenschaft, um sich des pluralistischen Charakters der modernen Gesellschaft bewußt zu werden und dieses Phänomen empirisch zu erforschen und theoretisch zu deuten. Kein Politikwissenschaftler sollte der Soziologie auch die Zuständigkeit absprechen, sich mit solchen sozialen Gebilden und Erscheinungen der pluralistischen Gesellschaft zu beschäftigen, die vornehmlich, wenn nicht gar primär, dazu berufen sind, im Prozeß der politischen Willensbildung in Erscheinung zu treten, wie etwa den Parteien, den Interessengruppen, der Bürokratie und vor allem der öffentlichen Meinung. Können sich doch die Ergebnisse derartiger, gleichsam im Vorfeld der Politologie liegender, soziologischer Untersuchungen als ungemein wertvolles Material und als unentbehrliche Vorarbeiten für die Lösung der dem Politikwissenschaftler gestellten spezifischen Aufgabe erweisen. Diese bestehen darin, das bei der Fällung politischer Entscheidungen in Erscheinung tretende Zusammenspiel staatlicher und gesellschaftlicher Faktoren unter dem Blickpunkt zu analysieren, ob und inwieweit es geeignet ist, zur Realisierung der Wertvorstellungen beizutragen, die den Kitt darstellen, ohne den kein politisches Gemeinwesen zu bestehen vermag.

Die Politikwissenschaft muß sich mit der Erfahrungstatsache auseinandersetzen, daß seit jeher die Träger politischer Macht ihren Herrschaftsanspruch mit der Beteuerung gerechtfertigt haben, daß ihnen die salus rei publicae die suprema lex sei, wissend, daß ihre Herrschaft nur dann als legitim anerkannt wird, wenn diese Behauptung ausreichend glaubhaft dargetan und überzeugend bewiesen werden kann.

Das vielleicht kennzeichnendste Merkmal unseres Regierungssystems ist darin zu erblicken, daß die autonome Entwicklung partieller, an der Förderung von Individualinteressen ausgerichteter Gruppen nicht nur gestattet, sondern geradezu fördert, andererseits jedoch den Anspruch erhebt, die einzige Staatsform zu sein, die bestrebt ist, ein einheitlich verbindliches Gemeinwohl im Einklang mit der öffentlichen Meinung und unter Beachtung rechtlicher Verfahrensvorschriften zu fördern. In keiner offenen Gesellschaft besteht Gewähr dafür, daß aus dem ökonomischen und sozialen Kräfteparallelogramm automatisch eine Resultante hervorgeht, die für die öffentliche Meinung tragbar und vom Blickpunkt der sozialen Gerechtigkeit aus erträglich ist. Sie bedarf häufig der Modifikationen und Korrekturen unter Berücksichtigung von Erwägungen, die wir herkömmlicherweise „das gemeine Wohl" nennen.

Die Politikwissenschaft hörte auf, eine Wissenschaft zu sein, wenn sie das Wort „Gemeinwohl" unkritisch verwenden wollte. Die Verwendung dieses Begriffs kann sich nur dann als nutzbringend erweisen, wenn er zuvor seines phrasenhaften, peinliche Erinnerungen weckenden Beigeschmacks entkleidet worden ist, und wenn ein ernsthafter Versuch unternommen wird, den Begriff auf seinen Wesensgehalt hin zu prüfen und alsdann zu definieren.

Eine allseits befriedigende Definition des Gemeinwohls zu finden, ist der Politikwissenschaft bisher ebensowenig gelungen, wie es die Jurisprudenz zustande gebracht hat, eine generell akzeptierte und erschöpfende Definition von Recht und Gerechtigkeit aufzustellen. Unter dem Gemeinwohl wird im folgenden eine *in ihrem Kern* auf einem als allgemein gültig postulierten Wertkodex basierende, *in ihren Einzelheiten* den sich ständig wandelnden ökonomisch-sozialen Zweckmäßigkeitserwägungen Rechnung tragende regulative Idee verstanden, die berufen und geeignet ist, bei der Gestaltung politisch nicht kontroverser Angelegenheiten als Modell und bei der ausgleichenden Regelung politisch kontroverser Angelegenheiten als bindende Richtschnur zu dienen.

Der Politikwissenschaft liegt es ob, zu fragen, ob in einem politischen Gemeinwesen die institutionellen, intellektuellen, wirtschaftlichen, sozialen und moralischen Bedingungen erfüllt sind, die es ermöglichen, eine Lösung der jeweils anfallenden innen- u. außenpolitischen Tagesprobleme zu erreichen, die den praktischen Bedürfnissen einer wirksamen Regierung und Verwaltung und den Mindestanforderungen eines geläuterten Gemeinwohls Genüge tut. Sie hat gegebenenfalls dazu Stellung zu nehmen, welche Schritte notwendig und erfolgversprechend sind, um Fehlerquellen zu beseitigen, die dies zu erschweren oder gar zu vereiteln vermögen. Will die Politikwissenschaft in ihrem Bestreben, die Gestaltung der politischen Realitäten unter maßgeblicher Berücksichtigung der tunlichst wirksamen Förderung des Gemeinwohls zu erfassen, erfolgreich sein, so muß sie sich um die bestmögliche Lösung gesellschaftlicher Probleme bemühen, die gleicherweise der Verstricktheit der Glieder der Gesellschaft in die sozialen Gegebenheiten und ihrem Drang nach einer guten Gesellschaftsordnung Rechnung trägt.

Weil die Politikwissenschaft uns darüber Auskunft geben will, wie in einem Gemeinwesen regiert wird und wie in ihm regiert werden soll, kann sie ihrer Aufgabe nur gerecht werden, wenn sie sich um ein Verständnis der politischen Anthropologie der Personen bemüht, die am Prozeß der politischen Willens- und Entscheidungsbildung beteiligt sind und die von deren Ergebnissen betroffen werden. Forschungsbasis, Forschungsmethoden und Forschungsergebnisse der Politologie hängen maßgeblich von dem Bild ab, das sie sich von dem Menschen macht, dessen gesellschaftlich determiniertes politisches Schicksal und dessen letzthin doch in Freiheit gewonnenes politisches Sehnen sie zu erfassen sucht. Die Politikwissenschaft ist nicht nur eine Sozial-, sondern auch eine Moralwissenschaft. Eine Politikwissenschaft, die ausschließlich Sozialwissenschaft sein wollte, liefe Gefahr, sich in unwesentlichen Details zu verirren, eine Politikwissenschaft, die ausschließlich Moralwissenschaft sein wollte, liefe Gefahr, sich in wesenlosen Utopien zu verlieren.

Die Politikwissenschaft sollte sich gleicherweise davor hüten, der Realisierung politischer Utopien und der Eliminierung politischer Visionen als Schrittmacherin zu dienen. Sie sollte sich bewußt sein, daß der Mensch zwar in der Vorstellung das Modell einer gerechten Sozialordnung zu erfassen, in der Realität jedoch nicht zu verwirklichen vermag. Aus der Einsicht in die Möglichkeiten, die ihr gewährt, und in die Grenzen, die ihr gesetzt sind, ergibt sich der wissenschaftliche und politische Beruf der Wissenschaft von der Politik.

Der Politikwissenschaftler betrachtet den bei der Fällung politischer Entscheidungen in Erscheinung tretenden Prozeß des Zusammenpralls und des Zusammenschlusses der Parteien und Verbände, der Ausübung von Druck und Gegendruck seitens der verschiedenen pressure groups nicht mit der blasierten Miene eines unbeteiligten und distanzierten Beobachters, dem der Gedanke naiv erscheint, daß bei der Erledigung ihrer politischen Angelegenheiten die Menschen sich *nicht ausschließlich* von ihrer Interessenlage motivieren lassen. Er blickt auf diesen Prozeß aber auch nicht mit den verkrampften Gesichtszügen eines emotional aus dem Gleichgewicht geworfenen Fanatikers, der den Gedanken als frivol verwirft, daß bei der Erledigung ihrer politischen Anliegen die Menschen sich *auch* von ihrer Interessenlage motivieren lassen. Die Politikwissenschaft übersieht nicht, daß das Pathos, mit dem nur allzu häufig ein Interessenverband mit dem Odium belastet wird, eine pressure group darzustellen, im ungekehrten Verhältnis zu der Intensität des Interesses zu stehen pflegt, das der Kritiker an der Förderung gerade der Interessen nimmt, deren Pflege der fragliche Interessenverband sich widmet. Eine pressure group ist ein Interessenverband, dem nicht ich, sondern die anderen Leute angehören.

Hinter allem Geschrei über die Interessenverbände verbirgt sich nur allzu häufig das Unvermögen zu begreifen, daß Politik nicht in einem gesellschaftlich-ökonomischen Vakuum betrieben werden kann. Wenn man schon alle Schichten der Bevölkerung an der Politik Anteil nehmen lassen will, dann kann man sie nicht daran hindern, sich mit besonderer Intensität gerade mit denjenigen Fragen zu beschäftigen, die sie am unmittelbarsten berühren, und man sollte keinen Anstoß daran nehmen, wenn sie dies auf die einzig wirksame Weise, d. h. aber kollektiv tun. Der durch den Erlaß der berühmt-berüchtigten Loi Le Chapelier vom 14. Juni 1791 gemachte Versuch, unter Herrschaft einer politischen Repräsentativverfassung jede funktionale Repräsentation von Gruppeninteressen zu untersagen, hat zwar die Gründung von Gruppen, deren Mitglieder ausreichend mächtig waren, um das Gesetz mißachten zu können, nicht verhindert, jedoch bewirkt, daß diese Gruppen, gerade, weil sie im dunkeln operieren mußten, völlig verantwortungslos handelten und verheerend gewirkt haben. Denn: je heimlicher und verschämter ein Interessenverband sich betätigt, um so unheimlicher werden die Forderungen, die er erhebt, und um so unverschämter werden die Ansprüche, die er geltend macht. Ungleich den Frauen, von denen König Salomo redet, werden die Interessengruppen um so tugendhafter, je mehr man von ihnen spricht. Die Interessenverbände als im Prinzip demokratische Institutionen anerkennen und die Legitimität ihrer legalen Bestrebungen bejahen, schließt nicht aus, Auswüchse zu bekämpfen, die bei der sogenannten „Herrschaft der Verbände" in Erscheinung getreten sein mögen. Anstatt uns in generalisierenden Vorwürfen zu ergehen, sollten wir mit einer substantiierten Kritik dort einsetzen, wo Erwägungen des Gemeinwohls Korrekturen erforderlich machen. Ohne die feste Basis einer gemeinhin „das Gemeinwohl" genannten regulativen Idee ist das landläufige undifferenzierte Gerede über die pressure groups, die in Gestalt der Gewerkschaften, Arbeitgeberverbände, Beamtenbünde, Vereinigungen der Angehörigen freier Berufe und landwirtschaftlicher Institutionen essentielle Bestandteile der Sozialordnung darstellen, eitle Spiegelfechterei. Sie ist symptomatisch für die ambivalente politische Haltung einer Generation, die weder die innere Kraft besitzt, sich offen zu der Geltung eines naturrechtlich legitimierten Wertsystems zu bekennen, noch den Mut aufbringt, dessen Geltung für den Bereich der Politik zu leugnen. In allen freiheitlichen rechtsstaatlichen Demokratien bilden heute die Interessengruppen — um einen Ausdruck Ferdinand Lassalles zu verwenden, „ein Stück Verfassung".

Das gewiß nicht ausschließliche, jedoch überragend bedeutsame Studienobjekt der Politikwissenschaft erstreckt sich auf die Frage, ob und wie sich in der Verfassungswirklichkeit das den Verfassungsnormen zugrunde liegende Modell einer politischen Ordnung realisieren läßt, die gleicherweise den Anforderungen einer autonom pluralistischen Demokratie und eines sozialen Rechtsstaats gerecht wird. Muß doch ein der offenen Gesellschaft konformes *pluralistisches Gemeinwesen,* um den formalen Voraussetzungen eines *pluralistischen* Gemeinwesens Genüge zu tun, ein Rechtsstaat sein und, um den materialen Erfordernissen eines pluralistischen *Gemeinwesens* zu entsprechen, ein sozialer Rechtsstaat sein, ein Staat, der keinen agnostischen Charakter trägt, der sich vielmehr in seinem Grundrechtskatalog zu einem Wertsystem bekennt, dessen wirksame Geltung er durch die Verfassungsgerichtsbarkeit institutionell garantiert. Es ist kein Zufall, daß das Verfassungsinstitut der Normenkontrolle in den extrem-pluralistisch strukturierten USA zuerst begründet und ausgebaut worden ist. Was so häufig als eine Juridifizierung der Politik beklagt wird, stellt in Wirklichkeit den Versuch dar, einen Ausweg aus dem Dilemma zu finden, einen Rechtsstaat zu errichten, der zugleich pluralistisch und sozial ist. Indem der Politikwissenschaftler unser Staatswesen als pluralistisch-sozialen Rechtsstaat zu begreifen versucht, integriert er im Einklang mit der seiner Wissenschaft adäquaten Methode die empirische Betrachtungsweise bei der Analyse der pluralistischen mit der normativen Betrachtungsweise bei der Analyse der sozialen Elemente unserer autonom-rechtsstaatlichen Demokratie.

Weit davon entfernt, der Verfassungsrechtswissenschaft die ausschließliche Zuständigkeit abzusprechen, das Normensystem der Verfassung rechtsystematisch zu erfassen und rechtsdogmatisch zu interpretieren, widmet die Politikwissenschaft sich vielmehr der Aufgabe, unter Verwertung der Forschungsergebnisse der Verfassungsrechtswissenschaft den politischen Gehalt, die politische Relevanz und den politischen Effekt der Verfassungsordnung klarzustellen. Sie läßt sich hierbei von der Erwartung leiten, daß die synoptische Betrachtung von Verfassungsnorm und Verfassungssubstrat sich nicht nur als geeignet erweisen wird, das Studium des Verfassungsrechts zu vertiefen und zu bereichern, sondern durch Ausrichtung des gesellschaftlichen Denkens auf die Strukturprobleme der staatlichen Ordnung auch auf die soziologische Forschung anregend wirken zu können. Vor allem fühlt sich die Politikwissenschaft aber federführend verantwortlich für die wissenschaftliche Behandlung einer jeglichen Verfassungskritik und Verfassungsreform. Ein wissenschaftliches *Vordenken* von konkreten Verfassungsreformen ist nur möglich, wenn ihm ein wissenschaftliches *Nachdenken* über abstrakte Verfassungsprinzipien vorausgegangen ist. Mutatis mutandis gilt dies für jede Rechtspolitik, deren wissenschaftliche Behandlung jene Integration normativen und empirischen Denkens voraussetzt, die hier als kennzeichnendes Merkmal der Politikwissenschaft bezeichnet worden ist.

Im Gegensatz zu den autonom-pluralistischen, sozialrechtsstaatlichen Demokratien gehen die totalitären Staaten von der These aus, daß die Existenz einer pluralistischen Gesellschaftsordnung mit der Geltung und Verwirklichung eines einheitlichen, allseitig als verpflichtend anerkannten Gemeinwohls unvereinbar sei. Carl Schmitt hat die Krebsschäden der Weimarer Republik in der föderalistischen Struktur ihrer Verfassung, in der polikratischen Struktur ihrer Verwaltung und in der pluralistischen Struktur ihrer Gesellschaft erblickt. Mag es sich bei Schmitts Kampf gegen Föderalismus und Polykratie um verfassungs- und verwaltungspolitische Probleme handeln, über die man sehr wohl streiten kann, so unterminiert die in der Gleichschaltung der Gruppen in Erscheinung tretende gewaltsame Unterdrückung des pluralistischen Charakters der Gesellschaft das soziale Substrat einer jeden freiheitlich-rechtsstaatlichen Demokratie. Es geht nicht an, gleichzeitig öffentlich dem Gegner den totalitären Charakter seines Staatswesens vorzuwerfen und sich heimlich des pluralistischen Charakters des eigenen Staatswesens zu schämen. Eine Politikwissenschaft, die entweder davor zurückschreckt, gesellschaftlichen Realitäten ins Auge zu schauen, weil diese mit einer vorgefaßten abstrakten Auffassung über das Gemeinwohl nicht in Einklang gebracht werden können, oder die davor zurückschreckt, die Geltung eines Gemeinwohls zuzugeben, weil dies mit einer vorgefaßten Auffassung über die Natur der Gesellschaft nicht vereinbar erscheint — eine Politikwissenschaft, die der Erörterung der Gretchenfrage aus dem Wege gehen wollte, wie die Verwirklichung des einheitlichen Gemeinwohls in einer differenzierten Gesellschaft ermöglicht werden kann, würde sich bankrott erklären.

Seitdem der Politikwissenschaftler dank der Demoskopie das wissenschaftliche Rüstzeug besitzt, dem Volke auf das Maul zu sehen, muß er sich doppelt hüten, der Versuchung zu unterliegen, dem Volke nach dem Munde zu reden. Angesichts dieser Gefahr ist es angezeigt, mit besonderem Nachdruck zu betonen, daß eine Politikwissenschaft ihren Beruf verfehlt hat, die nicht bereit ist, ständig anzuecken, die sich scheut, peinliche Fragen zu stellen und Vorgänge, die kraft gesellschaftlicher Konvention zu arcana societatis erklärt worden sind, rücksichtslos zu beleuchten, die es unterläßt, freimütig gerade über diejenigen Dinge zu reden, über die „man nicht spricht". Politologie ist kein Geschäft für Leisetreter und Opportunisten. Die Grundhaltung, mit der der Politikwissenschaftler hic et nunc an die ihm gestellte Aufgabe herantreten sollte, möchte ich mit einer Formulierung Paul Tillichs die des gläubigen Realismus nennen: die rücksichtslose Ablehnung aller Beschönigungen und Verhüllungen, soweit es sich um die Aufdeckung der Realitäten des sozialen Lebens handelt, und das gleichzeitig unermüdliche Bemühen, unser politisches Denken und Handeln an dem Leitbild eines diesen Realitäten Rechnung tragenden, zugleich aber auf gültigen Werten basierenden Gemeinwohls auszurichten.

Ein Sozialforscher, der die verschiedenen Regierungssysteme ausschließlich nach empirisch feststellbaren und meßbaren objektiven Merkmalen differenziert und klassifiziert — ähnlich wie dies der Entomologe mit seinen Insektenarten tut — ein Sozialwissenschaftler, der sich scheut, die Herrschaft des Konvents „La Terreur", die Herrschaft des Dritten Reichs „den Unrechtsstaat" und ein kryptostaatliches Gebilde wie die DDR „Sowjet-Besatzungszone" zu nennen, weil schon durch diese Bezeichnungen allein ein bewertendes Element in die wissenschaftliche Analyse hineingetragen wird, mag sehr wohl in der Lage sein, Bedeutsames über die Technik der Machtausübung in den verschiedenen Regierungssystemen auszusagen: und dennoch bleibt ihm der historisch-politische Kerngehalt der verschiedenen Regierungssysteme verschlossen.

Es ist das kennzeichnende Merkmal der Politikwissenschaft, wie sie sich seit 1945 in Deutschland entwickelt hat oder — besser wohl — zu entwickeln beginnt, daß sie überwiegend das heroisch-asketische Bemühen Max Webers, das bewertende Element aus der Betrachtung gesellschaftlich-politischer Einrichtungen und Vorgänge auszuschalten, für sich nicht als verpflichtend und richtungweisend anerkennt. Hat sich doch herausgestellt, daß das Unterfangen, Politik ausschließlich unter Verwendung wertfrei-sozialwissenschaftlicher Methoden erfassen zu wollen, zur Überbetonung des Machtelements in der Politik geführt hat. Hierdurch ist aber — gewiß ungewollt, aber deshalb nicht weniger wirksam — der Sinnentleerung des Politischen, seiner Reduzierung auf ein Freund-Feind-Verhältnis, der Weg geebnet und der Machtkampf zur Norm der Politik erhoben worden.

Ich schließe mich daher der Ansicht des Münchener Politikwissenschaftlers Hans Maier an, daß Politologie nicht nur neutrale Empirie und unbeteiligtes Zutagefördern von „Wirklichkeitsbefunden" zu sein vermag; bei der Erforschung der politischen Wirklichkeit habe sie vielmehr stets vom Sinn und Ziel des Politischen als einer menschenwürdigen Ordnung des sozialen Lebens auszugehen. Die Grundlagen und Grundelemente staatlich-gesellschaftlichen Lebens stehen nach geltendem deutschem Verfassungsrecht, wie aus Art 79 Abs. 3 des Grundgesetzes hervorgeht, nicht zur Disposition des Verfassungsgesetzgebers. Sie gelten nicht nur kraft Verfassungsordnung, sondern auch kraft einer der Verfassung vorgegebenen allgemein gültigen Wertordnung.

Gewiß bleibt es dem einzelnen unbenommen, die einem jeden politischen Denken und Handeln, einer jeden politischen Norm und einem jeden politischen System inhärenten Wertvorstellungen — einschließlich der Idee des Gemeinwohls — damit abzutun, daß er sie als Ideologien zu enthüllen, wenn nicht gar als wertlose Selbsttäuschungen abzutun versucht. Ich konzediere jedem, der diese Grundposition einnimmt, das Recht, von seinem Standpunkt aus gesehen, die Möglichkeit einer eigenständigen Politikwissenschaft in Abrede zu stellen. Wer seinen höchsten Ehrgeiz daransetzt, der Sinnentleerung der Politik Vorschub zu leisten, muß jeden Versuch, Politik sinnvoll zu begreifen, als sinnlos zurückweisen. Dem Sozialforscher, der die Ideologienenthüllung um ihrer selbst willen betreibt, dürfte es jedoch letzten Endes so gehen wie Peer Gynt, der eine Zwiebel so lange entblätterte, bis er feststellen mußte, daß er nach einem Kern vergeblich gesucht hatte. Wenn ein angeblich wertfreier Soziologismus der Politik ein Monopol der politikwissenschaftlichen Forschung für sich in Anspruch nimmt, vermag dies entweder zu einem militanten politischen Messianismus oder zu einem defaitistischen politischen Agnostizismus zu führen.

Man hat die Soziologie einmal eine Oppositionswissenschaft genannt. In ihrer pervertierten, weil verabsolutierten, Form als politischer Soziologismus (der allerdings mit der Soziologie der Politik nicht in einem Atem genannt werden sollte) vermag sie einer Revolutionstheorie als Grundlage zu dienen. Wenn alle Ideen nichts anderes als Ideologien darstellen, wenn alles Denken in einer klassengespaltenen Gesellschaft klassengebunden ist, kann es notwendigerweise auch nicht das Minimum eines an der Idee des Gemeinwohls ausgerichteten Gemeinschaftsdenkens geben, das unerläßlich ist, um einen pluralistisch strukturierten Staat lebensfähig zu erhalten. Unter Zugrundelegung der Prämissen eines extremen Soziologismus der Politik stellt sich ein pluralistischer Staat als ein Widerspruch in sich selbst dar und ist daher — quod erat probandum — zur Selbstauflösung verurteilt. Akzeptiert man das Theorem, daß die politische Gewalt die organisierte Gewalt einer Klasse zur Unterdrückung einer anderen ist, dann kann ein genuines Gemeinschaftsdenken und damit die Vorstellung eines generell verpflichtenden Gemeinwohls erst dann entstehen, wenn die Regierung über Personen durch die Verwaltung von Sachen abgelöst und der Staat neben dem Spinnrad und der steinernen Axt in das Museum der Altertümer versetzt ist. In der klassenlosen Utopia verlieren die öffentlichen Funktionen ihren politischen Charakter. Vom Blickpunkt des extremen politischen Soziologismus aus gesehen ist eine jede Politikwissenschaft, die etwas anderes als Enthüllungsideologie zu sein beansprucht, Selbstbetrug.

Die Pflege einer eigenständigen Politikwissenschaft ist aber nicht nur von der Anerkennung bestimmter philosophisch-anthropologischer Prämissen, sondern auch von dem Vorliegen spezifisch-gesellschaftlich-politischer Voraussetzungen abhängig. Man hat intra muros lebhaft darüber diskutiert, ob denn nun die Wissenschaft von der Politik eine alte oder eine junge Wissenschaft sei, und man hat extra muros stets von neuem die Frage aufgeworfen, warum es notwendig sei, so viele politologische Lehrstühle zu errichten, wo man doch so lange Zeit ohne die Politikwissenschaft ausgekommen ist.

Versteht man unter Politikwissenschaft lediglich das Bemühen — um es ganz simpel auszudrücken — zu verstehen, wie regiert wird, dann ist es offenkundig, daß sie eine sehr alte Wissenschaft ist. Haben sich die Menschen doch seit Jahrtausenden Gedanken darüber gemacht, wie politische Herrschaft ausgeübt, gerechtfertigt und am besten und zweckmäßigsten eingerichtet und gehandhabt werden kann. Es fragt sich jedoch, ob diese Begriffsbestimmung der Politikwissenschaft nicht zu simpel ist, um fruchtbar sein zu können. Macht es doch einen entscheidenden Unterschied, ob die Ausübung der politischen Macht im Interesse der Regierenden oder der Regierten erfolgt, ob Regieren als eine schwarze Kunst, als eine Art Betriebsgeheimnis, angesehen wird, in die nur eine auserlesene Schar Hochgeborener eingeweiht wird, um die Technik der Domestikation der Volksmassen zu erlernen, oder ob Regieren als die Wahrnehmung von Hoheitsfunktionen einer res *publica* angesehen wird, die

a) zwecks Förderung der Wohlfahrt ihrer Bürger,
b) unter Berufung auf die Souveränität des Volkes,
c) unter aktiver Mitwirkung aller Glieder der Gesellschaft,
d) in Zusammenarbeit mit den autonomen Gruppen und Parteien,
e) im Einklang mit unverbrüchlich geltenden Rechtsnormen und
f) unter maßgeblicher Berücksichtigung der öffentlichen Meinung

geführt wird — a government of the people, by the people and for the people, wie die klassische Definition der Demokratie Abraham Lincolns lautet, ein Regierungssystem, das als die Demokratie einer offenen Gesellschaft autonom-pluralistischer und zugleich sozialrechtsstaatlicher Observanz gekennzeichnet werden kann.

In einer häufig zitierten Ansprache an die in der Sternkammer versammelten englischen Richter hat König Jakob I. am 20. Juni 1616 jeden Eingriff in die königliche Prärogative mit der Begründung untersagt, daß es sich insoweit um transzendentale Angelegenheiten handele: Alles, was sich auf das Mysterium der königlichen Macht bezieht, könne von Rechts wegen nicht disputiert werden, dies sei kein Gegenstand und — hier versagt die Kunst des Übersetzers —

„and is no subject for the tongue of a lawyer".

Man darf im Geist Jakob I. wohl hinzufügen, daß es erst recht

„no subject for the tongue of a scholar" sei.

Wo Herrschaft metaphysisch legitimiert wird, wo arcana imperii von Juristen und Staatswissenschaftlern nicht angezweifelt werden dürfen, kann es keine rationale Politikwissenschaft, sondern bestenfalls Instruktionen in Herrschaftstaktik und Verwaltungskunde geben.

Für eine rationale Politikwissenschaft ist aber auch kein Raum, wenn der Prozeß der politischen Willens- und Entscheidungsbildung sich zwar nicht im Dunkel von Mysterien, jedoch im Halbdunkel von Hofintrigen und Cliquenkämpfen abspielt, bei denen es sich darum dreht, welchen Schranzen es am ehesten und am besten gelingt, das Ohr des Fürsten und Führers zu gewinnen. Wenn die gesellschaftlichen Kräfte entweder nur auf Hintertreppen oder nur mittels Bestechung Zugang zu den Trägern staatlicher Macht erlangen können, wenn kein festgelegtes Verfahren besteht, das deren Mitwirkung bei dem Zustandekommen politischer Entscheidungen regelt, wenn die chronique scandaleuse zur unentbehrlichen, wenn nicht gar zur hauptsächlichen Quelle für das Verständnis des Prozesses der politischen Willensbildung wird, dann dürfte zur wissenschaftlichen Analyse dieser Vorgänge der Kriminologe besser als der Politologe geeignet sein.

Und schließlich bleibt für eine eigenständige Politikwissenschaft nicht allzu viel zu erforschen, wenn — zum mindesten in der Theorie und im öffentlichen Bewußtsein — Staat und Gesellschaft radikal voneinander getrennt sind, so wie es in Preußen unter der Herrschaft einer omnipotenten Bürokratie der Fall war, als „im Reich der Freiheit" die große Stunde für die Juristen und „im Reich der Notwendigkeit" die große Stunde für die Nationalökonomen geschlagen hatte.

Wenn sich jedoch Staat und Gesellschaft immer mehr ineinander verfilzen, weil sich in stets zunehmenden Maße die Verbände im staatlichen Raume bemerkbar machen; wenn der Glaube erschüttert ist, es genüge, im staatlichen Raum auf die Sachkunde einer allweisen Bürokratie zu vertrauen, und es reiche aus, sich im gesellschaftlichen Raum auf den automatischen Ablauf der Marktgesetze der Preis-, Lohn- und Meinungsbildung zu verlassen, um sicherzustellen, daß das gemeine Wohl bestmöglich zum Zuge kommt, dann erweisen sich die herkömmlichen Sozialwissenschaften als unzureichend, um zu verstehen, wie regiert wird. Sobald die Bürger nicht mehr als isolierte Individuen, sondern als Partei- und Verbandsbürger aufgerufen werden, an der Ausübung politischer und gesellschaftlicher Macht teilzunehmen, reichen sie vor allem nicht mehr aus, um zu begreifen, wie regiert werden kann, ohne daß auf die Geltung eines der Merkmale verzichtet wird, das für die Herrschaft einer autonom-pluralistisch-sozialrechtsstaatlichen Demokratie kennzeichnend und unentbehrlich ist.

Der Ausbau einer selbständigen Politikwissenschaft entspricht heute schon allein deshalb einem gesellschaftlichen Bedürfnis und einer politischen Notwendigkeit, weil der komplexe und komplizierte Charakter unseres Regierungssystems keinen unschwer abstellbaren Mangel darstellt, sondern sich aus seiner ihm wesensmäßen Natur als einer autonomen Ordnung ergibt. Die Komplizität des autonom-pluralistischen Rechtsstaats steht in einem nicht zufälligen Gegensatz zur Simplizität der heteronom-monistischen, d. h. aber totalitären Diktatur. Die Kompliziertheit ihrer Regierungssysteme ist der Preis, den die westlichen Demokratien dafür zu zahlen bereit sind, daß sie das Wagnis eingehen, in eigener Verantwortung und in freier Entscheidung zu bestimmen, an welchen Grundwerten ihr staatliches und gesellschaftliches Leben ausgerichtet sein soll.

Unter autoritären und totalitären Regimen ist der Maßstab, an dem jede politische Tätigkeit gemessen werden kann, a priori bestimmt und das Ziel einer jeden staatlichen Tätigkeit daher vorher eindeutig festgelegt — sei es auf Grund eines Ratschlages Gottes, zu dem der Gesalbte des Herrn, weil und solange er König von Gottes Gnaden ist, einen nur für ihn offenen Zugang besitzt; sei es durch eine Entscheidung der Vorsehung, deren Walten sich dem charismatischen Führer intuitiv offenbart; sei es durch den dialektischen Ablauf des historischen Prozesses, den der im dialektischen Materialismus geschulte leninistisch-marxistische Parteiführer „richtig" zu erkennen vermag; sei es durch die Entdeckung der Gebote der Vernunft, die für das Aufklärungsdenken eines Robespierre aus offenkundigen rationalen Prämissen objektiv eindeutig deduzierbar waren. Da in allen autoritären und totalitären Staaten die Ausübung einer jeglichen staatlichen Tätigkeit dem obersten Zweck dient, die heteronom gesetzten, als schlechthin gültig postulierten Ziele tunlichst reibungslos zu realisieren, kann keine Grundfrage staatlicher oder gesellschaftlicher Politik zur Disposition des Staatsvolkes stehen. Mit einem heteronom legitimierten Staatswesen ist auch die Vorstellung des Eigenwertes der unverbrüchlichen Geltung einer Rechtsordnung unvereinbar. Vielmehr gilt in ihm jede Norm des positiven Rechts nur unter dem Vorbehalt, daß ihre Anwendung nicht der Verwirklichung des unbedingt verpflichtenden — weil unentrinnbar notwendigen — Auftrags zuwiderläuft, den auszuführen diesem Staate aufgegeben ist. Angesichts dieser Umstände vermögen auch die Prinzipien der Selbstbestimmung der Individuen und der Mitbestimmung der Gruppe nicht als konstitutive Elemente autoritärer und totalitärer Staatswesen zu dienen. Ein jedes heteronom legitimiertes Gemeinwesen ist hierarchisch strukturiert und, soweit seine Staatsverfassung in Frage kommt, anstaltlich, soweit seine Gesellschaftsverfassung in Frage kommt, monistisch organisiert. Der französische Absolutismus des ausgehenden 16. Jahrhunderts beruhte auf dem Prinzip un roi, une foi, une loi; der deutsche Totalitarismus des 20. Jahrhunderts auf dem Prinzip: ein Führer, ein Volk, ein Reich.

Weil die Bürger einer genuinen Demokratie einen Gesalbten Gottes als Staatsoberhaupt, ein Orakel der Vorsehung als Regierungschef und einen (noch nicht einmal lächelnden) Auguren als Parteichef ablehnen und keine zivile Religion anerkennen — namentlich nicht, wenn deren Hohepriester ein wahrer Tugendbold und „unbestechlich" ist, fehlt ihnen der Mittler, der ihnen das Ziel und den Weg zu weisen vermöchte, die ihnen vorbestimmt sind. Bei dem Bemühen, Halt und Stütze, Richtlinien und Maßstäbe zu finden, die ihnen eine Orientierung in der durch das Miteinander, Gegeneinander und Durcheinander der sozialen Kräfte schier undurchschaubar gewordenen sozialen Realitäten gewähren könnten, sind die Bürger einer genuinen Demokratie auf sich selber angewiesen. Weil niemand ihnen verkündet, welches Schicksal ihnen vorbestimmt ist, müssen sie selber und in eigener Verantwortung entscheiden, wie sie ihr Schicksal gestalten wollen. Weil sie es mit ihrer Würde nicht vereinbaren können, sich die Grundnormen ihres Verhaltens von außen auferlegen zu lassen, müssen sie die Bürde auf sich nehmen, stets und von neuem den consensus omnium über die Fundamente ihrer Staats- und Gesellschaftsordnung herzustellen. Die autonom-pluralistische Demokratie hat ein so großes Vertrauen in die Überzeugungskraft ihrer regulativen Idee, sie hat ein so großes Zutrauen in die Selbstdisziplin ihrer Bürger, daß sie glaubt, darauf verzichten zu können, die Entstehung eines Gemeinschaftsbewußtseins forcieren zu müssen. Sie lehnt es ab, mit diktatorischen Mitteln die ökonomischen und sozialen Differenzierungen innerhalb der Gesellschaft zu beseitigen, weil sie in dem pluralistischen Charakter von Staat und Gesellschaft nicht ein Hindernis, sondern vielmehr einen Ansporn zur Begründung und Entfaltung eines den sozialen Realitäten und den psychologischen Gegebenheiten Rechnung tragenden Gemeinschaftsbewußtseins erblickt; mit der gleichen Entschiedenheit lehnt sie es ab, mit diktatorischen Mitteln die freie Assoziation ihrer Bürger in eine „verschworene Gemeinschaft" zu verwandeln, die durch eine künstlich erzeugte Angstpsychose sowohl gegenüber eigens zu diesem Zweck geschaffenen imaginären als auch gegenüber potentiellen und aktuellen Feinden zusammengehalten werden muß, um zu verhüten, daß sie mangels ausreichender Kohärenz und Homogenität auseinanderfällt. Der Fortbestand der westlichen Demokratien hängt maßgeblich davon ab, daß das sozialökonomische Substrat der Verfassungs- und Rechtsordnung nicht in flagranten Widerspruch zu den Wertvorstellungen gerät, die das politische Denken erheblicher Gruppen der Bevölkerung bestimmen. Andernfalls vermag die regulative Idee des Gemeinwohls weder einen consensus omnium zu begründen noch die ausreichende Überzeugungskraft auszustrahlen, die erforderlich ist, um die ihr wesensgemäße ausgleichende Funktion zu erfüllen. Soziale Einsicht und soziale Disziplin sind daher gleicherweise unentbehrlich, um eine Erschütterung der sozial-ökonomischen und der sozialpsychologischen Grundlagen zu verhüten, auf deren optimaler Koinzidenz die Wirksamkeit der regulativen Idee des Gemeinwohls beruht. Die westlichen Demokratien sind nicht nur äußerst komplizierte, sondern auch äußerst labile Gebilde. Daß sie an Kreislaufstörungen zugrunde gehen können, hat das Schicksal der Weimarer Republik offenkundig gemacht. Weil sie ihren Ehrgeiz darein setzen, ohne die Stütze einer heteronom legitimierten Ideologie und ohne die Krücken einer diktatorisch erzwungenen Homogenität auszukommen, stellen sie ein geradezu atemberaubend kühnes Experiment dar. Dies gilt um so mehr, als ihre Gegner sich der entgegengesetzten Methoden mit dem ausdrücklichen Ziele bedienen, ihre Schlagkraft auf ein Maximum zu steigern. Die westlichen Demokratien nehmen organisatorische Schwierigkeiten und ideologische Risiken in Kauf, weil sie in der Eigenverantwortung ihrer Bürger in Staat und Gesellschaft die Wurzeln ihrer Kraft und die Garantien ihrer Stärke erblicken. Die autonom-pluralistisch-sozialrechtsstaatliche Demokratie ist die Staatsform für reife Menschen. Sie steht und fällt damit, daß ihre Bürger sich nicht scheuen, die Eigenverantwortung für die Ausgestaltung ihres politischen Gemeinwesens zu tragen. Sie setzt voraus, daß ihre Bürger es ablehnen, sich in einen Zustand der Hörigkeit zu begeben, in dem sie keiner Selbstdisziplin bedürfen, weil sie einer strikten Fremddisziplin unterworfen sind, in dem sie sich um die innere Ausgestaltung ihres Staatswesens keine Sorgen zu machen brauchen, weil von außen her alles vorbestimmt ist, in dem sie sich um die Pflege einer inneren Homogenität nicht zu kümmern brauchen, weil die Homogenität äußerlich erzwungen wird.

Was den innerlich freien Menschen als ein Zustand der Hörigkeit abschreckt, erscheint manch einem innerlich schwachen Menschen als ein Zustand der Geborgenheit, der auf ihn eine gewisse Anziehung auszuüben vermag. Und so hat man sich denn gelegentlich gefragt, ob die Sehnsucht nach der Diktatur, die man immer wieder bei einem gewissen Menschentyp zu beobachten Gelegenheit hat, nicht auf einen verdrängten Vaterkomplex zurückzuführen sei und ob dem Drang nach Totalitarismus nicht allzu häufig ein Hang zum Infantilismus zugrunde liegt. Es gibt nicht nur eine Flucht in die Freiheit, es gibt auch eine Flucht aus der Freiheit, das, was Erich Fromm „Escape from Freedom" genannt hat. Die Mauer ist ein Symbol des Versuchs von Menschen, die aus der Freiheit geflohen sind, ihre Mitmenschen daran zu hindern, *in* die Freiheit zu entkommen.

In einer Stadt, in der jeder der beiden voneinander getrennten Teile beansprucht, „demokratisch" zu sein und jeder den „demokratischen" Charakter des anderen Teils verneint, ist die begriffliche Klarstellung dessen, was beide Teile subjektiv unter „Demokratie" verstehen, und was objektiv „Demokratie" bedeutet, die wissenschaftliche Bewältigung eines Problems, das in der Luft liegt oder, wenn ich so sagen darf, das auf der Bernauer- und Friedrichstraße liegt. Dies macht es aber erforderlich, die reichlich vage Aussage, Demokratie sei Volksherrschaft, durch Begriffsmerkmale zu konkretisieren, die geeignet sind, den historisch geprägten und politisch kennzeichnenden spezifischen Gehalt all der verschiedenen Regierungssysteme zu bestimmen, die die Legitimation ihrer

Herrschaftsausübung aus dem Dogma der Volkssouveränität ableiten. Ohne nähere Qualifizierung ist der Demokratiebegriff vage geworden, weil er seinen polemischen Charakter verloren hat, seitdem die metaphysische Legitimation der Herrschaft, d. h. aber das Königtum von Gottes Gnaden unglaubwürdig geworden ist. In dem einen Teil dieser Stadt glaubt man etwas Bedeutsames über die demokratische Legitimation des dort bestehenden „Staates" dadurch aussagen zu können, daß man sie als Volksherrschaft des Volks, als „Volksdemokratie" bezeichnet. Woraus sich ergibt, daß der extreme Enthüllungssoziologismus bei dem Versuch, sich selbst zu erkennen und die ihm eigentümliche Form der Demokratie zu qualifizieren, nicht mehr vorzubringen hat als eine Tautologie. Demgegenüber hat sich in dem anderen Teil dieser Stadt zunehmend die Ansicht durchgesetzt, daß es bei einigem Bemühen doch möglich sein sollte, zu politikwissenschaftlichen Erkenntnissen zu gelangen, die über die Politologie der Tautologie hinauskommen.

Wir wissen, daß die Entvölkerung der in Mitteldeutschland errichteten „Volksdemokratie" weitgehend darauf zurückzuführen ist, daß das Volk das dortige Regime gerade deshalb nicht länger ertragen kann, weil es den adäquaten Oberbau des bestehenden sozial-ökonomischen Unterbaus darstellt. Vom Blickpunkt eines konsequenten Enthüllungssoziologismus aus gesehen stellen die der Flucht aus der DDR zugrunde liegenden Vorstellungen von Recht und Freiheit Ideologien dar, die auf einem „falschen Bewußtsein" beruhen. Die Geister scheiden sich an der Frage, ob die Mauer errichtet wurde, um die Menschen — wie die einen sagen — daran zu hindern, Versuchungen zum Opfer zu fallen, die aus der auf *falschem* Bewußtsein basierenden Ideologie eines generell gültigen Rechts- und Freiheitsbegriffs erwachsen, oder ob die Mauer errichtet wurde, um die Menschen — wie die anderen sagen — daran zu hindern, der Stimme ihres Gewissens zu folgen, die auf dem *richtigen* Bewußtsein beruht, daß die Idee von Recht und Freiheit mehr als eine Ideologie ist. Gerade, weil in dieser Stadt der Unterschied zwischen West und Ost so offenkundig und gefühlsmäßig so leicht zu erfassen ist, ist es doppelt notwendig, die Gestalt des autonom-pluralistisch-sozialen Rechtsstaats der Gestalt der heteronom-monistisch-totalitären Diktatur in begrifflicher Klarheit gegenüberzustellen, ein Unterfangen, das nicht möglich ist, ohne sie in Beziehung zu einer gültigen Wertordnung zu setzen. Indem die Politikwissenschaft mit Nachdruck betont, daß der politische Soziologismus nicht ausreicht, um die Grundphänomene der Politik wissenschaftlich deutend zu verstehen, hat sie eindeutig klar zu einer Methodenfrage Stellung genommen, von deren Beantwortung die politische Grundentscheidung unserer Zeit abhängt.

Wo ist es offenkundiger als in Berlin, daß Politik nicht verstanden werden kann, wenn man sie nicht von den verschiedensten Seiten aus beleuchtet. Denn „Das Politische" in Berlin dreht sich nicht nur um Fragen der Macht, des Rechts, der Wirtschaft und der Gesellschaft; es dreht sich auch um Fragen des Gewissens und der Moral. Und darum bekenne ich mich am Schluß dieses Vortrags über „Die Wissenschaft von der Politik und die Gesellschaft" noch einmal zu meiner These, daß, so unentbehrlich sozialwissenschaftliche Forschungen und Erkenntnisse zum Verständnis des Politischen auch sein mögen, sie nicht ausreichen, um des Gesamtphänomens der Politik Herr zu werden. Nur, wenn wir integralwissenschaftlich zu denken vermögen, nur aus einer Verknüpfung empirischer und normativer Forschungsmethoden, eröffnet sich uns ein umfassender Zugang zum Verständnis der Theorie und der Praxis der Politik.

DIE BIOLOGIE UND DIE GESELLSCHAFT

Von Hans Nachtsheim

In der Reihe der Abendvorträge dieses Wintersemesters ist mir die Aufgabe zugefallen, über das Thema „Die Biologie und die Gesellschaft" zu sprechen. Nun ist die Biologie im Laufe dieses Jahrhunderts zu einem äußerst stark verzweigten Forschungsgebiet geworden, und man könnte das Thema von den verschiedensten Blickpunkten aus behandeln. Gestatten Sie mir, daß ich als Genetiker das Thema aus der Sicht des Erbforschers betrachte, dessen wissenschaftliche Arbeit seit 50 Jahren diesem noch jungen Zweige der Biologie gewidmet ist. Ich werde vier aktuelle Problemenkreise herausgreifen und die Stellung der heutigen Gesellschaft dazu erörtern, und zwar erstens das Rassenproblem, zweitens das Übervölkerungsproblem, drittens das Problem der Eugenik und viertens das — wie ich es einmal nennen will — Contergan-Problem. Das sind vier Themen — vier „heiße Eisen" könnte man sagen —, die Stoff genug bieten, um über jedes einzelne einen Vortrag oder sogar mehrere zu halten. Um nicht den Rahmen dieses Vortrages zu sprengen, werde ich mich damit begnügen, Ihnen neben dem Tatsächlichen in der Hauptsache meinen eigenen Standpunkt zu den Problemen vorzutragen. So wird der Vortrag den Charakter eines persönlichen Bekenntnisses erhalten, man könnte ihn vielleicht genauer betiteln „Ein Erbbiologe und die Gesellschaft".

Das Rassenproblem

Als ich im Jahre 1909 mit dem Studium der Naturwissenschaften und der Biologie im besonderen begann, empfand ich es als eine Lücke, daß in den Vorlesungen zwar viel von Tieren und Pflanzen die Rede war, aber das höchststehende Lebewesen, der Mensch, spielte im Vorlesungsstoff so gut wie gar keine Rolle. Die Menschenkunde, wissenschaftlich Anthropologie oder auch Anthropobiologie genannt, ist von jeher an den deutschen Universitäten stark vernachlässigt worden. Zu Anfang des Jahrhunderts gab es nur einige wenige deutsche Universitäten, an denen die Anthropologie mit einem Lehrstuhl vertreten war, und es muß mit Bedauern festgestellt werden, daß es auch heute noch nicht viel anders ist. Statt der Biologie innerhalb der naturwissenschaftlichen Fakultät nahmen sich andere Fakultäten der Anthropologie an. Während noch 1900 der Begriff Anthropologie scharf umrissen war, wurde er nun mehr und mehr ausgeweitet, und so ziemlich jede Fakultät nahm ihn für sich in Anspruch, man spricht jetzt von einer geisteswissenschaftlichen, einer theologischen, einer philosophischen, einer sozialen, einer medizinischen Anthropologie. Den geisteswissenschaftlichen Fakultäten soll auch keineswegs das Recht bestritten werden, sich mit Menschenkunde zu beschäftigen. Im Gegenteil: „Das eigentliche Studium der Menschheit ist der Mensch", sagt *Goethe* in den „Wahlverwandtschaften". Die Anthropologie ist indessen in ihrem eigentlichen und ursprünglichen Sinne ein biologisches Fach, darüber kann es keine Diskussion geben. Die Aufgabe der Anthropologie, heißt es in einer Denkschrift der Deutschen Gesellschaft für Anthropologie mit Recht, liege vorwiegend im Rahmen der Biologie; das spezifisch Menschliche zu erforschen, könne ihr kein anderes Fach abnehmen.

Wie aber soll die Anthropologie diese Aufgabe erfüllen, wenn sie an den meisten Universitäten überhaupt nicht als Fach existiert? Und in der Tat ist anthropologisches Wissen unter Akademikern erschreckend gering, gar nicht zu sprechen von der mangelhaften Verbreitung solcher Kenntnisse in der gesamten Bevölkerung. Die Folgen zeigten sich im Jahre 1933.

Die verhängnisvolle Rassentheorie des Nationalsozialismus konnte nur deshalb von den breitesten Schichten der deutschen Bevölkerung so bedenkenlos und willig aufgenommen werden, weil besseres Wissen auf diesem Gebiet ganz und gar fehlte. Gestützt auf die These des Franzosen Arthur *Gobineau* und des Engländers Houston Stewart *Chamberlain* von der Ungleichheit der Menschenrassen deklarierte man die nordische Rasse mit ihrer sog. „nordischen Rassenseele" zur „Herrenrasse", der eine alle anderen weit überragende Bedeutung für die Kulturmenschheit zukommen sollte. Aus diesem Rassedünkel des Nationalsozialismus erwuchs der Rassenhaß, ganz besonders ausgeprägt in seiner schlimmsten Form, dem Antisemitismus. Der Rassenwahn führte zu der unmenschlichen Rassenpolitik des „Dritten Reiches", man erhob den Rassenwahnsinn zur Staatsphilosophie. Und das alles sollte wissenschaftlich fundiert sein, die Ergebnisse der modernen Erbforschung sollten die verhängnisvolle Rassenpolitik gerechtfertigt erscheinen lassen.

Man sollte meinen, daß mit dem Untergang des „Dritten Reiches" im Jahre 1945 auch die *Hitler*sche Rassentheorie endgültig ad acta gelegt worden sei. Aber keineswegs. Das mangelhafte Wissen der Gesellschaft in erbbiologischen und speziell in Rassenfragen macht sich auch in der Nachkriegszeit immer noch wieder bemerkbar, indem Ansichten über Wert und Unwert einzelner Rassen vertreten werden, die genau dem entsprechen, was man uns in den berüchtigten 12 Jahren als die Staatsmeinung zu oktroyieren suchte. Um dem Mißbrauch des Rassenbegriffes den Boden zu entziehen und damit einer Rassendiskriminierung, dem

Rassedünkel und dem Rassenhaß sowie der Rassenpolitik entgegenzuwirken, hat im Jahre 1951 ein international zusammengesetzter Kreis von 12 Anthropologen und Genetikern, dem ich als einziger Deutscher angehörte, in Paris die Rassedeklaration der UNESCO ausgearbeitet. Der Inhalt unseres Manifestes entspricht auch nach 12 Jahren noch in allen wesentlichen Punkten dem heutigen Stande der Wissenschaft. Es ist nicht möglich, die Deklaration hier im Wortlaut wiederzugeben und die einzelnen Punkte zu erläutern, doch seien wenigstens der erste und der letzte Satz zitiert.

Die Deklaration beginnt mit den Worten: „In der Wissenschaft besteht allgemein Übereinstimmung darüber, daß alle heute lebenden Menschen zu *einer* Art, Homo sapiens, gehören und aus gemeinsamem Stamme hervorgegangen sind."

Die Deklaration schließt mit dem Satz: „Es gibt keinen Beweis dafür, daß Rassenmischung, vom *biologischen* Standpunkt aus betrachtet, nachteilige Folgen hat. Die *sozialen* Folgen der Rassenmischung, mögen sie gut oder schlecht sein, können allgemein auf soziale Faktoren zurückgeführt werden."

Selbstverständlich bedeutet dieser letzte Satz nicht, daß die Verfasser der Rassedeklaration einer Mischung der drei großen Hauptrassen, der Europiden, Mongoliden und Negriden, das Wort reden wollen. Was aber wissenschaftlich erhärtet feststeht, ist, daß Mischlinge aus diesen Hauptrassen weder körperlich noch geistig durch die Mischung an sich als *biologisch* minderwertig zu betrachten sind, gar nicht zu sprechen von Mischlingen aus Unterrassen einer Hauptrasse, wie etwa aus nordischer und mediterraner Rasse bei den Europiden.

Wie aber sieht das Rassenproblem in den Köpfen neonazistischer Kreise unserer heutigen Gesellschaft aus? Ich greife ein Beispiel heraus. Es gibt in Westdeutschland seit einiger Zeit eine Vereinigung, die sich Gesellschaft für Erbgesundheitspflege nennt. Erbgesundheitspflege? — Das ist doch eine gute Sache, die nichts mit Rassenwahn zu tun hat! Ich selbst bemühe mich seit langem um die Förderung der Erbhygiene und werde auf dieses Thema im Kapitel Eugenik noch eingehend zurückkommen. Sieht man sich aber die Schriften der eben genannten Gesellschaft für Erbgesundheitspflege an, so stellt man fest, daß hier wieder einmal mit einem guten Begriff in schändlicher Weise Mißbrauch getrieben wird. Das Wort dient lediglich der Tarnung der eigentlichen Ziele der Gesellschaft, der Propaganda für die *Hitler*sche Rassentheorie mit einer maßlosen Überschätzung des Wertes der nordischen Rasse und dem Verlangen nach einer Aufnordnung des deutschen Volkes. Hören wir, wie der „Ganzheitsbegriff nordisch" und die „nordische Rassenseele" definiert wird. Ich zitiere:

„Den Ganzheitsbegriff ‚nordisch' zerlegen wir aus taktischen Gründen in: Ehre und Würde, Vorsorglichkeit und Organisationstalent, Abstraktionsvermögen und Erfindungsgabe, metaphysisches und philosophisches Ausdrucks- und Denkvermögen, Pflegsamkeit und Ordnungssinn, einsatzbereite Wir-Bezogenheit und verschenkenden Reichtum heroischer Liebeskraft, Aufbauwille, Tatkraft und Ausdauer, ‚Vollgestaltigkeit vom Urstoff und Urbild her' oder wie immer wir die seelisch-charakterlichen Gene und Gen-Gruppen um- und beschreiben wollen. —"

Das ist der gleiche Nonsens, wie er uns 12 Jahre lang von *Hitler* vorgesetzt wurde, hat aber mit Rassenforschung und Genetik nicht die Spur zu tun. In einem anderen Rundschreiben heißt es:

„Eltern und Erzieher! Wenn Ihr nicht wollt, daß Eure Kinder und die Euch Anvertrauten Erbkranke oder Fremdrassige heiraten und ihr Leben in einer Richtung aufbauen, die nicht mit den Lebensgesetzen der Natur, des Volkes, der Art übereinstimmen, dann kümmert Euch um die Dinge, von denen hier die Rede war. Haltet Fühlung mit uns und verstärkt unsere Reihen!"

Und wer sind die „Erbkranken *oder* Fremdrassigen"? Es sind — ich zitiere wieder — die „Millionen von Fremdarbeitern aus anderer Umwelt und meist von ganz fremder Art", Menschen — ich zitiere abermals —, „die also ‚Erbgesundheit' nach dem strengen Maßstab unseres nordischen Raumes gar nicht besitzen".

Es ist doch wohl der Höhepunkt des Rassedünkels, die nordische Rasse als *die* erbgesunde in höchster Potenz hinzustellen und alle übrigen, die „Fremdrassen", hinsichtlich ihrer rassischen Erbanlagen als mehr oder weniger erbkrank zu betrachten. Dabei sind erfahrungsgemäß infolge des Wegfalls der natürlichen Auslese und der in steigendem Maße wirksamen Kontraselektion die kulturell am höchsten stehenden Rassen tatsächlich weitaus am stärksten mit wirklich krankhaften Erbanlagen belastet.

Der Vorsitzende der sog. Gesellschaft für Erbgesundheitspflege bezeichnet sich mit Vorliebe als „Bauer" und weist auf seine tierzüchterischen Erfahrungen in der Rassezucht hin. Nun, wenn er Deutsche Edelschweine züchtet, so mag er großen Wert darauf legen, daß alle Tiere den gleichen Typ haben und ein Tier aussieht wie das andere. Unsere Nutztiere züchten wir ganz einseitig auf bestimmte Leistungen hin. Höchstleistungen aber lassen sich in der Tierzucht nur mit einer ausgeglichenen Herde, d. h. mit Hilfe der Rasseneinzucht erzielen, die dafür bürgt, daß die wirtschaftlich wertvollen Erbanlagen möglichst allen Individuen in gleicher Weise mitgegeben werden. Die ungemein mannigfaltigen Aufgaben der Menschheit mit Hilfe derartiger Leistungszucht, wäre sie überhaupt möglich, bewältigen zu wollen, wäre töricht. Wir wollen keine Uniformität des Menschengeschlechtes, wir benötigen eine möglichst große Variationsbreite. Die wertvollen Erbanlagen *aller* Menschenrassen brauchen wir. Man lasse doch nur die unterschiedlichen Gene im freien Spiel der Kräfte sich auswirken und immer wieder neue Kombinationen schaffen.

Unsere größten Geistesheroen sind seltene Genkombinationen, an denen eine Unzahl verschiedener Gene beteiligt ist. Gerade die Mischung aber ist es, die solche Kombinationen herbeizuführen vermag, nicht die Reinzucht.

Von der Gesellschaft für angebliche Erbgesundheitspflege sei noch gesagt, daß sie die Anerkennung ihrer steuerbegünstigten Gemeinnützigkeit beantragt und — wiederum angeblich — vom Finanzamt bereits zugesagt erhalten hat. Hier höre ich die Frage: „Wieviel Mitglieder hat denn dieser Verein?". Es sollen nach Angabe des Vorsitzenden etwa 200 sein. Man antwortet mir vielleicht: „Tut man einem solchen Grüppchen von Sonderlingen innerhalb der Gesellschaft nicht zu viel Ehre an, wenn man sie ernst nimmt?" Hierauf antworte ich: Auch *Hitler* fing seinerzeit mit einem so kleinen Kreis an. Damals belächelten wir die Leute mit dem „nordischen Tick", die übrigens großenteils alles andere als nordische Typen waren. Wir betrachteten die „Bewegung" als harmlos, bis einige Jahre später aus dem kleinen Kreis Millionen geistig blinder Gefolgsleute geworden waren.

Das Übervölkerungsproblem

Doch gehen wir zur Betrachtung des zweiten Problems über, dem der Übervölkerung. Der britische Schriftsteller Cecil Davis *Lewis* stellte kürzlich die Frage: Wird sich die Kulturmenschheit schlagartig durch ein paar Wasserstoffbomben oder in gemäßigterem Tempo durch Bevölkerungsexplosion vernichten? Von der ersten Alternative wollen wir heute nicht sprechen. Aber wie ist es mit der Bevölkerungsexplosion?

Ich zitierte bereits den ersten Satz aus der Rassedeklaration der UNESCO aus dem Jahre 1951: „In der Wissenschaft besteht allgemein Übereinstimmung darüber, daß alle heute lebenden Menschen zu *einer* Art, Homo sapiens, gehören und aus gemeinsamem Stamm hervorgegangen sind". Wir sind uns darüber einig, daß diese Entwicklung aus tierischen Vorfahren *einmalig* erfolgt ist. Wann, wo und wie die Menschwerdung im einzelnen vor sich gegangen ist, wissen wir nicht. Auch über die Ausbreitung der Spezies Mensch auf der Erdoberfläche und ihre Zunahme können wir erst für die beiden letzten Jahrtausende genauere Aussagen machen.

Um Christi Geburt war die Erde, so schätzt man, von etwa 250 Millionen Menschen bewohnt. Die erste nachweisbare Verdoppelung dieser Menschenzahl ist in etwa 1½ Jahrtausenden vor sich gegangen. Um das Jahr 1600 waren es etwa 500 Millionen Menschen. Die zweite Verdoppelung wurde — statt in 1½ Jahrtausenden wie die erste — bereits in 250 Jahren erreicht; im Jahre 1850 war 1 Milliarde Menschen vorhanden. 80 Jahre benötigte die dritte Verdoppelung auf 2 Milliarden im Jahre 1930, die vierte Verdoppelung auf 4 Milliarden nach 45 Jahren wird im Jahre 1975 erreicht sein. Ende 1961 waren es 3 Milliarden. Die jährliche Zunahme beträgt zur Zeit 40 Millionen Menschen, auf den Tag umgerechnet über 110 000 Menschen, die Bewohner einer Großstadt, auf die Stunde umgerechnet rund 4500 Menschen, die Bewohner einer Kleinstadt. In Indien, einem der übervölkertsten Länder der Erde mit zur Zeit 415 Millionen Einwohnern, werden jeden Tag 28 400 Kinder geboren.

Geht die Zunahme der Erdbevölkerung im bisherigen Tempo weiter, so müssen wir damit rechnen, daß im Jahre 2050 30 Milliarden Menschen die Erde bevölkern. Das würde bedeuten, daß in weniger als einem Jahrhundert die gesamte Landfläche der Erde so dicht bevölkert sein würde wie die Bundesrepublik heute, nämlich mit 210 Menschen je qkm.

Läßt man die Dinge laufen, so muß die Übervölkerung der Erde naturnotwendig zu einer Katastrophe führen. Sir Charles Galton *Darwin*, der Enkel des Begründers der Abstammungslehre und Schöpfers der Selektionstheorie, betrachtet die Übervölkerung der Erde als *das Zentralproblem der Welt*. Selbst wenn die landwirtschaftlichen Experten, sagt er, recht hätten und sich auch bei einer Verdoppelung der heutigen Menschenzahl auf 6 Milliarden diese noch ernähren ließen, so sei doch auf alle Fälle die Lebensmittelproduktion begrenzt, und es dürfe nicht vergessen werden, daß bereits jetzt die Hälfte der Menschheit unterernährt sei. *Darwin* fordert eine systematische Geburtenkontrolle, zu der bisher nur einige erste Ansätze, vor allem in übervölkerten Ländern, wie Indien, China, Japan, vorhanden sind. Internationale gesetzgeberische Maßnahmen eugenischer Art sind erforderlich, wenn wir das Problem meistern wollen. *Darwin* schließt seine Ausführungen mit den Worten, er sehe die Menschheit vor sehr harten Lebensbedingungen, aber er lege seine Ansichten nieder in der Hoffnung, daß andere, die eine tiefere Einsicht in die Naturgesetze haben, ihn eines Besseren belehren können.

In den Worten *Darwins* kommt eine große Bescheidenheit zum Ausdruck, doch müssen wir ihm leider bestätigen, daß er die Gefahr keineswegs übertreibt. Es hat seine guten Gründe, wenn sich kürzlich ein Kreis von 133 Wissenschaftlern aus aller Welt, darunter 23 Nobelpreisträger, mit einem dringenden Appell an die Vereinten Nationen gewandt hat, ein internationales Programm für Familienplanung und Geburtenkontrolle auszuarbeiten. Durch die den Völkern Asiens und Afrikas in jüngster Zeit geleistete Entwicklungshilfe wird das Übervölkerungsproblem nur noch dringlicher. Die Entwicklungshilfe ist gewiß notwendig, doch dürfen wir nicht vergessen, daß wir den unterentwickelten Völkern mit den Segnungen der Kultur und Zivilisation *auch* ihre Schattenseiten bringen. Es steht außer Frage, daß dadurch der Bevölkerungsdruck, der ohnedies auf der Menschheit lastet, noch rascher und stärker steigt als bisher. Durch die Besserung der Wohnverhältnisse, ausreichendere und vollkommenere Ernährung, Bekämpfung der Infektions- und anderer Krankheiten usw. sinkt in den unterentwickelten Ländern die Sterblichkeit im Kindesalter und in allen höheren Lebensstufen, die mittlere Lebenserwartung steigt, die z. B. in Indien derzeit bei 32½ Jahren liegt.

Wir müssen das Problem, das darin liegt, *sehen* und müssen die, denen wir die Entwicklungshilfe bringen, entsprechend aufklären und sinnvoll beraten. Das ist freilich schwer, wenn man sieht, wie wenig weiteste Kreise unserer eigenen Gesellschaft Interesse und Verständnis für die Notwendigkeit einer Familienplanung, die Geburtenregelung und andere eugenische Maßnahmen aufbringen.

In den letzten Wochen ging eine Notiz durch die Tagespresse, nach der eine Reihe von katholischen Ländern, die den Vereinten Nationen angeschlossen sind, sich *gegen* ein UN-Programm zur Unterstützung weltweiter Geburtenkontrolle gewendet haben. Ich möchte dazu an dieser Stelle zunächst nur sagen: Hier wird eine für die Zukunft der Menschheit verhängnisvolle Vogel-Strauß-Politik getrieben. Ich komme auf diesen Punkt noch am Ende meines Vortrages zurück.

Das Problem der Eugenik

Aber nicht nur die *quantitative* Bevölkerungsbewegung ist für die Menschheit ein sehr ernstes Problem. Seit dem Beginn dieses Jahrhunderts ist in allen Kulturländern auch die *qualitative* Zusammensetzung der Bevölkerung in steigendem Maße einer unerwünschten Änderung unterworfen. Die natürliche Auslese, durch die in früheren Jahrhunderten dem Leben schlecht Angepaßte ausgemerzt wurden, ist weitgehend in Wegfall gekommen. Dank der großen therapeutischen Fortschritte der Medizin in unserem Jahrhundert kann heute vielen Trägern von Erbkrankheiten individuell geholfen werden. Es darf indessen auf der anderen Seite die große Gefahr nicht außer acht gelassen werden, die darin für die biologische Zukunft der Menschheit liegt. An die Stelle der natürlichen Auslese ist eine künstliche Gegenauslese, die Kontraselektion, getreten. Ein paar Beispiele mögen die Folgen kurz erläutern.

Eine der häufigsten körperlichen Mißbildungen ist die Lippen-Kiefer-Gaumenspalte; es kommen etwa 2 Träger des Leidens auf 1000 Neugeborene. Noch im vorigen Jahrhundert sind Kinder mit Gaumenspalte größtenteils zugrunde gegangen. Heute braucht sich diese Mißbildung dank der hochentwickelten Operationstechnik nicht mehr totbringend auszuwirken, die Kinder kommen ins geschlechtsreife Alter, pflanzen sich fort und können so, falls die Anomalie erblich ist, die krankhafte Erbanlage an ihre Kinder weitergeben. Die Zahl der Träger von Lippen-Kiefer-Gaumenspalten soll sich in den letzten 100 Jahren bereits verdoppelt haben.

Eine der am längsten bekannten Erbkrankheiten ist die Hämophilie oder Bluterkrankheit. Auf 8000 Männer kommt ein Bluter. Während früher die kleinste Blutung das Leben der Bluter schwer bedrohte und nur wenige das Erwachsenenalter erreichten und Kinder hatten, können heute auftretende Blutungen durch Transfusion normalen Blutes unschwer zum Stillstand gebracht werden. Infolge des besonderen Erbganges des Leidens wurden früher nur Männer von der Krankheit befallen. Eine Bluterin kann nur aus der Verbindung eines Bluters mit einer aus einer Bluter-Familie stammenden Frau entstehen, die zwar äußerlich gesund, aber Trägerin der krankhaften Erbanlage ist. Seit die Lebenserwartung der Bluter gestiegen ist, sind schon wiederholt auch die bis dahin unbekannten Bluterinnen beobachtet worden, ja, es sind sogar bereits erfolgreiche Schwangerschaften weiblicher Hämophiler vorgekommen. Bei der Verbindung zweier an der sog. klassischen Hämophilie leidenden Eltern sind ausschließlich bluterkranke Kinder zu erwarten.

Als drittes Beispiel sei die sehr häufige Zuckerkrankheit, der Diabetes mellitus, genannt. Auf 100 Individuen kommt mindestens ein Zuckerkranker. Seit Einführung der Insulin-Therapie ist die Lebenserwartung und die Leistungsfähigkeit der Diabetiker ganz wesentlich gestiegen. Die frühere Unfruchtbarkeit beider Geschlechter läßt sich heute weitgehend beheben, Schwangerschaften können erfolgreich durchgeführt werden. An der Zunahme der Zahl der Diabetiker im letzten halben Jahrhundert besteht kein Zweifel.

So ist, im ganzen betrachtet, die Lebenserwartung vieler Erbkranken heute weit größer als noch im vorigen Jahrhundert, sie kommen ins zeugungsfähige Alter, pflanzen sich fort und vererben ihre krankhaften Erbanlagen. Diese werden nicht nur nicht ausgemerzt, sondern in steigendem Maße in der Bevölkerung ausgeschüttet. Durch den Wegfall der Selektion wird das bis dahin bestehende Gleichgewicht der Gene gestört, die Häufigkeit krankhafter Gene und damit die Zahl der Erbkranken muß naturnotwendig von Generation zu Generation steigen.

Zur weiteren Verschlechterung des Erbgutes der Menschheit trägt die zivilisationsbedingte Steigerung der Mutationsrate, d. h. der Häufigkeit krankhafter Veränderungen des Erbgutes, bei. Durch Tierversuche, aber auch bereits durch unmittelbare Beobachtungen am Menschen wissen wir heute, daß das Erbgut außerordentlich empfindlich ist gegenüber allen ionisierenden Strahlen. Diese lösen Mutationen aus, die fast ausnahmslos eine Verschlechterung des Erbgutes bedeuten. *Wie* groß die Gefahr im Atomzeitalter ist, wissen wir heute noch nicht.

Neben physikalischen Faktoren, wie den ionisierenden Strahlen, gibt es chemische Substanzen, die wir auf Grund von Tierversuchen als mutagen betrachten müssen. Leider fehlt es aber auf diesem Gebiete noch fast völlig an Versuchen mit Säugetieren, ebenso mangelt es uns noch ganz an fundierten Erfahrungen am Menschen.

Geschieht nichts, um das Ansteigen der Häufigkeit der Erbkrankheiten, sei es durch Kontraselektion oder durch mutagene physikalische und chemische Faktoren, zu verhindern, so muß es zu einer schleichenden Degeneration der Menschheit kommen, und das von dem Nobelpreisträger H. J. *Muller* gezeichnete Bild vom *Gentod der Kulturmenschheit* wird Wirklichkeit, nach dem in einigen Jahrhunderten die Zahl der körperlich und geistig Kranken und Schwachen derart überwiegt, daß die Pflege- und Behandlungsbedürftigen von den wenigen noch gesunden und leistungsfähigen Menschen nicht mehr miternährt werden können.

In vielen Kulturstaaten hat man auch die dem menschlichen Erbgut drohende Gefahr erkannt und gesetzgeberische eugenische Maßnahmen getroffen, die durch Ausschaltung der Erbkranken aus der Fortpflanzung dem Überhandnehmen der Erbkrankheiten Einhalt tun sollen. Die wichtigste Maßnahme ist die freiwillige Sterilisierung der Erbkranken. Alle skandinavischen Länder haben heute vorbildliche Sterilisierungsgesetze, das älteste ist seit 1929 in Dänemark in Kraft. Dieses Land hat auch im übrigen dank der Initiative seines Humangenetikers Tage *Kemp* in Kopenhagen eine eugenische Organisation geschaffen, die bisher in der Welt nicht ihresgleichen hat. In dem Kopenhagener „Erbhygienischen Register" sind alle in Dänemark vorkommenden Erbkrankheiten familienmäßig erfaßt in einer Kartei, die nicht nur äußerst wertvolle Unterlagen für wissenschaftliche Arbeiten geliefert hat und weiterhin liefert, sondern auch für die Eheberatung und andere praktische eugenische Maßnahmen unerläßlich ist. Wie in anderen Ländern so stellen Schwachsinnige und Geisteskranke auch in Dänemark das weitaus größte Kontingent der sterilisierten Erbkranken. Betrachten wir den Erfolg des dänischen Sterilisierungsgesetzes kurz am Beispiel des angeborenen Schwachsinns, der in allen Ländern für Familie und Staat eine schwere Belastung bedeutet.

In seiner Galton Lecture, die Tage *Kemp* im Februar 1957 in London gehalten hat, betitelt „Erbhygienische Erfahrungen in Dänemark während der letzten Jahre", gibt er an, daß in Dänemark von 1930—1954, also in 25 Jahren, auf Grund des Sterilisationsgesetzes rund 5000 Sterilisierungen wegen erblichen Schwachsinns vorgenommen wurden; das sind etwa 58 % der insgesamt aus eugenischen Gründen Sterilisierten.

Kemp bringt weiterhin eine sehr aufschlußreiche Tabelle über die geistige Beschaffenheit der Kinder von 186 schwachsinnigen Müttern, die erst nach der Geburt von durchschnittlich 2—3 Kindern sterilisiert wurden. Von den 426 Kindern dieser 186 Mütter starben 74 = 17,4 % vor Durchführung der Untersuchung. Es bleiben somit 352 lebende Kinder, von denen 112 Kinder = 31,8 %, also fast ein Drittel, wiederum schwachsinnig waren. Mehr als das zweite Drittel, 127 Kinder = 36,1 %, waren geistig zurückgeblieben, das knappe letzte Drittel, 113 Kinder = 32,1 %, hatte zwar eine normale Intelligenz, doch waren 16 dieser 113 Kinder = 14,1 % schwere Psychopathen, und 44 Kinder = 44,2 % litten an nervösen Störungen. Nur 47 von den 352 Kindern = 13,3 % konnten als geistig gesund gelten, und nur 5 von diesen hatten einen Intelligenzquotienten, der über 100 lag, sich also über dem Durchschnitt hielt. Hätte man die 186 schwachsinnigen Frauen von vornherein nicht zur Fortpflanzung kommen lassen, so wäre die Zeugung von rund 300 geistig defekten Kindern unterblieben. Doch auch so kam die Unfruchtbarmachung noch nicht zu spät. Da das Alter der 186 schwachsinnigen Mütter zur Zeit der Sterilisierung in den meisten Fällen unter 25 Jahren lag, diese also den größten Teil der Reproduktionsperiode noch vor sich hatten, ist der Schluß berechtigt, daß durch die Sterilisierung die Zeugung einer großen Zahl weiterer geistig minderwertiger Kinder vermieden wurde.

Kemp kommt in seinem Überblick über 25 Jahre Sterilisierung in Dänemark zu dem Schluß, daß seit dem Erlaß des Gesetzes die Zahl der pro Jahr mit erblichem Schwachsinn Geborenen um mehr als die Hälfte herabgedrückt wurde. Während wir in der Bundesrepublik mit 2—4 % angeborenem Schwachsinn rechnen müssen, machen in Dänemark nach *Kemp* die Schwachsinnigen noch 1—2 % der Bevölkerung aus.

Und was geschieht in Deutschland zur Bekämpfung der wachsenden Zunahme der Erbkrankheiten? Die Frage läßt sich mit einem Worte beantworten: Nichts! Man macht sich in den maßgebenden Kreisen unserer Gesellschaft darüber keine Gedanken und läßt die Dinge laufen. In einem mir vorliegenden Bericht wird von deutscher Seite, die jede Eugenik ablehnt, unter Hinweis auf ein angebliches amerikanisches Gutachten gesagt, Maßnahmen wie Sterilisierungen aus eugenischer Indikation könnten sich erst in einem Zeitraum von 1500 Jahren auswirken. Ich brauche nur auf das eben Gesagte zu verweisen, um diese tendenziöse Behauptung ad absurdum zu führen. Hält man die für die Schaffung eugenischer Gesetze verantwortlichen Persönlichkeiten in zahlreichen Kulturstaaten wirklich für so dumm?

Ich war in den letzten Jahren mehrfach als Sachverständiger zu Besprechungen dieser Fragen mit Bundestagsabgeordneten in Bonn. Ich bin jedesmal beklommen nach Berlin zurückgekehrt, enttäuscht über die mangelhafte Vertrautheit der Angesprochenen mit diesen Dingen, über das Fehlen einer Aufgeschlossenheit den Problemen gegenüber und über die geringe Neigung, sich für Maßnahmen einzusetzen, bei denen es sich weniger um das Wohl und Wehe der Lebenden als der zukünftigen Menschheit handelt.

Ein bekannter Abgeordneter sagte mir: „Lassen Sie den Erbkranken doch ihre Freude, wenn sie Kinder haben wollen." Das, nachdem ich kurz zuvor ausgeführt hatte, daß in allen Ländern mit Sterilisierungsgesetzen wie auch bei den unter dem Gesetz zur Verhütung erbkranken Nachwuchses aus dem Jahre 1933 Sterilisierten weitaus die meisten Schwachsinnige jeden Grades und Geisteskranke sind. Was soll man davon denken, wenn man hört und sieht, daß Geistesgesunde unserer Gesellschaft meinen, die personalen Rechte erblich Geisteskranker auf ihre Fortpflanzung verteidigen zu müssen? Ich weiß nicht, ob der Herr Abgeordnete schon einmal eine große Heil- und Pflegeanstalt mit Tausenden von Insassen unter sachverständiger Führung besichtigt hat. Wer als Biologe bei der Arbeit in Irrenanstalten und Krüppelheimen von der Menschheit ganzem Jammer angepackt worden ist, der kann nicht anders, als immer und immer wieder zu fordern, daß alles geschieht, um die Zeugung solchen Lebens soweit wie irgend möglich zu verhindern. Wohlgemerkt — es handelt sich hierbei um die *Verhinderung* solchen Lebens, *nicht* um die Beseitigung bereits vorhandenen Lebens. Die Unfruchtbarmachung einerseits, und die Unterbrechung der Schwangerschaft oder gar die Euthanasie andererseits sind Dinge, die bei der Diskussion dieser Fragen, sei es aus Unkenntnis oder in bestimmter Absicht, immer wieder durcheinandergebracht werden.

Ein anderer Abgeordneter erwiderte mir: „Sie wollen dem lieben Gott ins Handwerk pfuschen." Auf diesen Satz möchte ich mit folgendem antworten. Wenn wir Genetiker die energische Bekämpfung der Erbkrankheiten fordern, so ist dies ja doch notwendig geworden durch die zivilisatorische Entwicklung der Kulturmenschheit, durch die Beseitigung der natürlichen Auslese und die daraus resultierende künstliche Gegenauslese, durch die steigende Strahlenbelastung und andere das Erbgut schädigende Umweltfaktoren. Will der Herr Abgeordnete, daß wir auf die Erfolge der ärztlichen Kunst dieses Jahrhunderts verzichten und die Lebensprozesse wieder wie in früheren Jahrhunderten unter natürlicher Auslese ablaufen lassen?

Ich hatte bei diesen Gesprächen in Bonn den Eindruck, daß der angesprochene Gesellschaftskreis viel zu sehr parteipolitisch oder/und konfessionell gebunden ist, um die Dinge wirklich sachlich zu betrachten und die der Menschheit drohende Gefahr zu sehen. Freilich muß ich hier noch bemerken, daß es ursprünglich um die Beurteilung des Gesetzes zur Verhütung erbkranken Nachwuchses aus dem Jahre 1933 ging. Ich war

gebeten worden, als Sachverständiger zu folgenden drei Fragen Stellung zu nehmen:
1. War das Gesetz zur Verhütung erbkranken Nachwuchses ein nationalsozialistisches Unrechtsgesetz?
2. Ist dieses Gesetz unter dem Nationalsozialismus zu rassenpolitischen Zwecken mißbraucht worden?
3. Ist eine Entschädigung der unter dem Nationalsozialismus sterilisierten Erbkranken angebracht?

Ich habe alle drei Fragen mit einem *Nein* beantwortet und darf wohl sagen, daß ich mir diese Antwort nicht leicht gemacht habe. Sie ist erst nach sehr gewissenhafter Prüfung des gesamten Sachverhaltes in mehreren umfangreichen Gutachten erfolgt. Die Kürze der hier zur Verfügung stehenden Zeit verbietet es, meine Antwort in extenso wiederzugeben, doch will ich versuchen, die wesentlichsten Punkte in ein paar Sätzen zusammenzufassen.

Zu Frage 1: Nach dem Zeitpunkt seiner Verkündigung und nach dem Gesetzgeber betrachtet, ist das genannte Gesetz ohne Zweifel nationalsozialistischer Herkunft. Nach seinem Inhalt ist indessen das Gesetz frei von nationalsozialistischer Ideologie und *kein* Unrechtsgesetz. Es diente der Erbgesundheitspflege durch die medizinische Maßnahme der Unfruchtbarmachung Erbkranker. Entsprechende Gesetze bestehen seit Jahrzehnten in vielen Kulturstaaten. Das Gesetz ist auch 1945 von den Besatzungsmächten nicht aufgehoben worden, im Gegensatz zu den durchaus sittenwidrigen sog. Nürnberger Rassegesetzen, die durch Kontrollratsbeschluß von den Alliierten beseitigt wurden.

Zu Frage 2: Entgegen einer weitverbreiteten Meinung, die ich anfangs auch geteilt habe, ist das Gesetz zur Verhütung erbkranken Nachwuchses *nicht* zu rassenpolitischen Zwecken mißbraucht worden. Die falsche Meinung ist dadurch entstanden, daß die unter dem Gesetz als ärztliche Maßnahme angewandte Unfruchtbarmachung in späteren Jahren von der SS zur Verwirklichung ihrer rassenpolitischen Ziele, nämlich zur Ausmerzung rassisch unerwünschter Volkskreise, benutzt wurde. Diese Verbrechen hatten aber mit dem Gesetz zur Verhütung erbkranken Nachwuchses nicht das geringste zu tun, auch waren die Sterilisierungsmethoden andere als die in dem Gesetz vorgeschriebene. Es ist somit unbillig, das genannte Gesetz mit den Schandtaten der Nationalsozialisten belasten zu wollen.

Zu Frage 3: Eine Entschädigung der unter dem Gesetz nach regelrecht durchgeführtem Verfahren sterilisierten Erbkranken ist m. E. *nicht* angebracht. Gewiß mag es einzelne Fälle geben, in denen Irrtümer unterlaufen sind, nach 30 Jahren weiterer menschlicher Erbforschung mögen wir heute manche Fälle exakter beurteilen können als damals. Es ist aber nicht mehr als eine tendenziöse Behauptung, wenn gesagt wird, ein großer Teil der in den 12 Jahren Sterilisierten — man hat von einem Drittel gesprochen — sei nach unseren heutigen Erkenntnissen überhaupt nicht mehr als erbkrank zu betrachten. Man hat nach 1945 bei einigen Hundert Sterilisierten ihre soziale Bewährung im Sozialgefüge des Staates geprüft und die in dieser Hinsicht positiv Beurteilten als zu Unrecht sterilisiert betrachtet. Das bedeutet natürlich eine völlige Verkennung des Sinnes der Sterilisierung; diese ist nicht aus *sozialer*, sondern aus *eugenischer* Indikation vorgenommen worden.

Zusammenfassend möchte ich sagen: Wir müssen uns endlich frei machen von dem Tabu, das seit dem Nationalsozialismus auf der Eugenik in Deutschland liegt. Das bedeutet kein Zugeständnis an den Nationalsozialismus. Ich gehöre nicht zu den Leuten, die Grund haben, sich von dem, was sie im „Dritten Reich" gesagt und geschrieben haben, heute zu distanzieren. Um so mehr fühle ich mich berechtigt und verpflichtet, davor zu warnen, alles und jedes, was während der berüchtigten 12 Jahre geschehen ist, gedanken- und bedenkenlos als Unrecht zu erklären. Im Falle der Eugenik schaden wir damit nur der Erbgesundheit des deutschen Volkes.

Das Contergan-Problem

Und nun noch einige Bemerkungen zu dem vierten Problem, von dem wir sprechen wollen, zur Contergan-Katastrophe. Darüber ist im letzten Jahre in den Zeitungen und Zeitschriften soviel geschrieben worden, daß ich nicht viel erklärende Worte vorauszuschicken brauche. Es handelt sich, ganz allgemein gesagt, um die Frage, ob und inwieweit von der Mutter in einer gewissen Periode der Schwangerschaft eingenommene Pharmaka bei der Frucht Mißbildungen hervorrufen können. Für das Contergan, international Thalidomid genannt, ein in den letzten Jahren vor allem in Deutschland sehr viel benutztes Beruhigungs- und Schlafmittel, muß diese teratogene Wirkung heute als bewiesen gelten. Trifft die Substanz auf die in einem bestimmten Stadium der Frühschwangerschaft befindliche Frucht, so hat sie bei einem Teil der Embryonen eine Entwicklungshemmung zur Folge, die sich vor allem in einer Unterdrückung des Wachstums der Gliedmaßenknospen äußert. Im extremsten Falle fehlen die vier Gliedmaßen völlig, oder es sind nur unmittelbar am Rumpf sitzende Reste von Händen und Füßen vorhanden. Wenn man bedenkt, daß das Fehlen anderer Körperteile oder Organe fast stets eine Lebensunfähigkeit mit sich bringt, während das Fehlen der Extremitäten, die sog. Phokomelie oder Amelie, den Menschen lebensfähig läßt, so muß man sagen, daß diese an sich nicht letal wirkende Mißbildung eine der furchtbarsten Defektbildungen ist, die wir beim Menschen kennen.

Doch ich will hier nicht weiter über das Mißbildungsproblem selbst sprechen, sondern lediglich die Reaktion betrachten, die das Auftreten von Tausenden von „Contergan-Kindern" vor allem in Deutschland bei der Gesellschaft hervorgerufen hat. Ich habe während des vergangenen Jahres die vielen Äußerungen zu diesem Thema in der Tagespresse und in Zeitschriften sehr eingehend verfolgt. Man darf wohl sagen, daß biologisches Geschehen seit vielen Jahren die Gesellschaft nicht so durchwühlt und aufgeregt hat wie die Contergan-Katastrophe, und ich muß gestehen, daß mir die Zerrissenheit und die tiefe Spaltung unserer Gesellschaft noch nie so zum Bewußtsein gekommen ist wie in diesem Falle. Und mit welchem Fanatismus und welcher Unduldsamkeit wird der eigene Standpunkt vielfach gegenüber dem Andersdenkenden verteidigt! Als ob es nur *eine* Moral und *eine* humane Gesinnung gäbe und der Andersdenkende auf alle Fälle ein amoralischer und inhumaner Mensch, ja, ein Verbrecher sein müsse. Ich will aus den vielen Beispielen nur eines herausgreifen.

Es ging um die Unterbrechung der Schwangerschaft einer Amerikanerin, die nach Contergan-Einnahme in der Frühschwangerschaft aus Sorge um die Entstehung eines mißbildeten Kindes die Unterbrechung ihrer Schwangerschaft erbat und sie nach vielem Hin und Her schließlich in Schweden erreichte. Ein deutscher Arzt, der früher in Schweden tätig war, berichtete daraufhin in einer deutschen Tageszeitung über die in Schweden geübte Praxis. Es antwortete ihm mit schwerstem Geschütz ein durch biologisches Wissen unbeschwerter Studienrat: Es gehe hier um die Überwindung eines brutalen, hemdsärmeligen Biologismus, es gelte demgegenüber, den Menschen als ethisches, d. h. personales Wesen zu verstehen. Hat ein deutscher Studienrat, so frage ich, das Recht, sich so überheblich über ärztliche Maßnahmen zu äußern, die in Schweden üblich sind? Haben wir Deutschen Veranlassung, dem schwedischen Volke eine mindere Moral zuzuschreiben, als wir sie besitzen?

Ihren Höhepunkt erreichten die Auseinandersetzungen während des Contergan-Prozesses in Lüttich. Eine belgische Familie samt Hausarzt standen vor Gericht, weil die Mutter dem durch Contergan schwer geschädigten Neugeborenen eine Überdosis Schlafmittel gegeben hatte. Alle Angeklagten wurden freigesprochen, und dieser Freispruch gab dann wieder Anlaß zu heftigen Diskussionen innerhalb der gespaltenen Gesellschaft. Wieder war es ein Studienrat, der Bezug nehmend auf das Lütticher Urteil den Belgiern vorwarf, das Gift des Sozialdarwinismus grassiere auch in ihrem Lande — des Sozialdarwinismus, ein antiquierter Begriff aus der zweiten Hälfte des vorigen Jahrhunderts, der dazu diente, in dem hoffnungslosen Kampf gegen die Abstammungslehre diese und damit die Biologie als „weltanschaulich gefährlich" hinzustellen. Selbst auf die Gefahr hin, von Fanatikern, die glauben, den wahren

Humanismus allein gepachtet zu haben, gesteinigt zu werden, möchte ich meine persönliche Meinung zu dem Lütticher Freispruch sagen.

In dem Lütticher Prozeß erklärte einer der Verteidiger, das mißgestaltete Kind sei gestorben, weil — ich zitiere — „die eigene Fahrlässigkeit der Gesellschaft" es erlaubt habe, ein Thalidomid-Präparat in Belgien ohne Kontrolle zuzulassen. Wen also verurteile der Ankläger? Ich zitiere weiter: „Die Eltern, die das Leben, das sie gaben, zurücknahmen? Oder die Gesellschaft, die vollbrachte, daß dieses Kind ohne Arme geboren wurde?" Soweit der Verteidiger. Wer ist denn nun, so möchte ich fragen, innerhalb der Gesellschaft der Schuldige? Ist es der Biologe, der seit Jahren in ausgedehnten Tierversuchen chemische Substanzen ermittelt hat, die auf die Frucht teratogen wirken, aber in seinem Elfenbeinturm saß statt lautstark in der Öffentlichkeit auf die Katastrophe hinzuweisen, die kommen mußte? Ist es der Arzt, der weiß oder doch wissen sollte, wie empfindlich die junge Frucht gerade im Frühstadium der Schwangerschaft allen körperfremden Einflüssen gegenüber ist, und die Schwangere trotzdem unbekümmert hat Tabletten schlucken lassen? Trägt die pharmazeutische Fabrik die Schuld, die entsprechend allen bisherigen Gepflogenheiten die Wirkungen eines neuen Mittels nur an *einer* Versuchstiergeneration geprüft hat statt an Mutter und Kind? Oder müssen wir der tablettenfreudigen Mutter die Schuld zuschreiben, die, allzu egozentrisch eingestellt, nicht an das Wohl und Wehe des in ihr werdenden Wesens dachte? Das Schuldproblem ist äußerst komplex, die Schuld trifft nicht einen einzelnen, sondern, wie der Verteidiger richtig bemerkte, *die Gesellschaft.*

War es nicht eine Erleichterung, daß dieser Prozeß in Belgien stattgefunden hat vor einem Gericht, das sich aus Laienrichtern zusammensetzte, die im Gegensatz zu den an den starren Buchstaben des Gesetzes gebundenen Berufsrichtern bei ihrer Entscheidung auch das Herz mitsprechen lassen konnten? Ich habe die größte Hochachtung vor einer Mutter, die einem schwer mißbildeten Kinde ihre ganz besondere Liebe zuwendet und ihm seinen Lebensweg nach besten Kräften zu erleichtern sucht. Aber müssen wir eine andere Mutter verurteilen, deren Mutterliebe nicht geringer sein mag, die aber über die Gegenwart hinaus sich Gedanken darüber macht, ob sie nicht zeitlebens die Vorwürfe ihres Kindes hören wird: Wie konntest du mich in ein solches Leben eintreten lassen? Der Wunsch, ihrem Kinde ein solches Leben zu ersparen, mag in ihren seelischen Nöten so stark geworden sein, daß sie ihren Weg gegangen ist selbst auf die Gefahr hin, von einer allzu wenig mitfühlenden Gesellschaft verurteilt und zeitlebens geächtet zu werden.

Bitte verstehen Sie mich nicht falsch. Es liegt mir völlig fern, für eine Euthanasie eintreten zu wollen. Ich habe bereits betont, daß ein grundsätzlicher Unterschied besteht zwischen der Unfruchtbarmachung einerseits und der Schwangerschaftsunterbrechung und Euthanasie andererseits, d. h. zwischen der *Verhinderung* von Leben und der *Beseitigung* werdenden oder gar bereits vorhandenen Lebens. Worauf es mir im vorliegenden Falle ankommt, ist, Verständnis zu wecken für die durch die Schuld der Gesellschaft am schwersten Betroffene, die Mutter. Hier ergibt sich hinsichtlich der Gesellschaft eine Parallele zur Sterilisierung. Die Gesellschaft handelt fahrlässig, wenn sie nichts tut, um die durch zivilisatorische Einflüsse in zunehmendem Maße steigende Häufigkeit und Verbreitung der Erbkrankheiten einzudämmen. Die Gesellschaft handelt aber ebenso fahrlässig, wenn sie nicht alles tut, um das werdende Leben vor der unter zivilisatorischen Einflüssen wachsenden Gefahr einer Schädigung durch teratogene oder/und mutagene Faktoren zu schützen, seien diese chemischer oder physikalischer Natur. Es sei zugegeben, daß unser Wissen über die Wirkung teratogener und mutagener Faktoren auf die menschliche Frucht noch sehr lückenhaft ist. Die Beseitigung dieser Lücken ist möglich und notwendig, doch sind derartige Untersuchungen sehr mühsam, langwierig und kostspielig. Aber wenn die in ganz anderer Größenordnung liegenden Mittel für die Weltraumforschung vorhanden sind, so sollten auch Menschen und Mittel nicht fehlen zu Arbeiten, bei denen es sich um das Schicksal der Menschheit auf unserem Stern handelt.

Zum Schluß noch ein paar zusammenfassende Bemerkungen. Unser Biophysiker, Professor *Stein,* hat vor einigen Wochen an dieser Stelle schon darauf hingewiesen, daß die kulturelle und zivilisatorische Entwicklung der Menschheit in diesem Jahrhundert ein Tempo angenommen hat wie nie zuvor. Mit dem, was in den seit der Jahrhundertwende verflossenen Jahren an Fortschritten von weltweiter Bedeutung erzielt worden ist, läßt sich der Fortschritt keines früheren Jahrhunderts — oder soll ich sagen Jahrtausends? — vergleichen. Der Lebensforscher aber weiß, daß eine derart rapide Veränderung der Umweltverhältnisse für die unter ihnen existierenden Lebewesen gewisse Gefahren mit sich bringt. Im Laufe der Geschichte des Lebens sind große Gruppen von Lebewesen ausgestorben — ausgestorben einfach deshalb, weil sie zu starr geworden waren, weil sie ihre Plastizität verloren hatten. Sie waren mit ihrer Entwicklung in eine Sackgasse geraten, es war ihnen nicht mehr möglich, sich den veränderten Umweltverhältnissen anzupassen, sie starben aus. Es ist meine Überzeugung, daß sich auch die heutige Menschheit in einer solchen Gefahr befindet, wenn es auch in unserem Falle weniger die körperliche Seite ist, von der aus die Hauptgefahr droht, als vielmehr der Mangel an geistigem Anpassungsvermögen an die veränderte Situation. An vier Musterbeispielen habe ich zu zeigen versucht, wie geistig starr und stur sich ein Teil unserer Gesellschaft gegenüber biologischen Problemen des 20. Jahrhunderts verhält, das wir das Jahrhundert der Naturwissenschaften, der Biologie, das Atomzeitalter nennen. Die Ursachen sind verschiedener Natur, Unwissenheit, Indolenz in biologischen Fragen, verschrobene politische Ideen, geistige Blindheit und nicht zuletzt Gedankenbindung durch Dogmatismus. Die Menschheit steht heute am Scheideweg. Wird sie sich von ewig Gestrigen in eine Sackgasse drängen lassen, aus der es kein Zurück mehr gibt? Oder wird die Gesellschaft nicht nur im Atomzeitalter leben, sondern auch ihm gemäß denken, fühlen und handeln und der auf uns zukommenden Probleme Herr werden? Im 18. Jahrhundert hat Carl v. Linné dem höchststehenden Lebewesen den anspruchsvollen Artnamen Homo sapiens gegeben. Es wird sich nunmehr erweisen müssen, ob wir wirklich Homines sapientes sind.

Literaturhinweis auf weitere Veröffentlichungen des Verfassers, die sich mit ähnlichen Fragen befassen

Nachtsheim, H.: Für und wider die Sterilisierung aus eugenischer Indikation. — Thieme-Verlag, Stuttgart 1952.
— Die neue Deklaration der Unesco zum Rassenproblem. — Homo *3*, 56, 1952.
— Biologie und Totalitarismus. In: Veritas, justitia, libertas. Festschr. z. 200-Jahr-Feier d. Columbia-Univ. New York, überr. v. d. Freien Univ. Berlin, Berlin 1953, 293.
— Häufigkeit und Verbreitung krankhafter Gene in menschlichen Populationen. Die Wirkung der Mutationsrate sowie mutagener Faktoren, des Selektionsdruckes und der Kontraselektion. — Münch. med. Wschr. *97*, 157, 1955.
— Sterilisation aus eugenischer Indikation. — Rhein. Ärztebl. *10*, Nr. 10, 1, 1956.
— Genetik und Weltanschauung. In: Genetik — Wissenschaft der Entscheidung. — Kröners Taschenausg. *260*, 117, Stuttgart 1957.
— Atomenergie und Erbgut. — Münch. med. Wschr. *99*, 1283, 1957.
— Die genetischen Auswirkungen nuklearer Strahlen. — Intern. Journ. f. prophyl. Med. *2*, 85, 1958.
— Die Schädigung des menschlichen Erbgutes durch physikalische und chemische Einwirkungen. — Jahrb. 1958 d. Max-Planck-Ges. z. Förderg. d. Wissensch., 102.
— Die Strahlengefährdung des menschlichen Erbgutes. — Ärztl. Wschr. *14*, 957, 1959.
— Das Gesetz zur Verhütung erbkranken Nachwuchses aus dem Jahre 1933 in heutiger Sicht. — Ärztl. Mitt. *47*, 1640, 1962; Aussprache: 2515, 1962.
— Eugenik. In: D. Arzt d. öffentl. Gesundheitsdienstes. — Stuttgart 1963.

MEDIZIN UND GESELLSCHAFT

Von Hans Frhr. v. Kress

Die Beziehungen zwischen der medizinischen Wissenschaft und der Gesellschaft sind so vielgestaltig, daß in einem zeitlich beschränkten Vortrag nur einzelne Gesichtspunkte herausgegriffen werden können. Es liegt vielleicht am nächsten, solche Sachverhalte zu erörtern, die das Interesse der Gesellschaft erweckt haben, weil Diskussionen, nicht zuletzt ausgelöst von gesellschaftswissenschaftlicher Seite, darüber in Gang gekommen sind, ob und wieweit korrigierende Reformen erforderlich erscheinen. In den folgenden Ausführungen wird erstens die Begegnung der medizinischen Wissenschaft mit der gesetzlich geregelten Sozialversicherung gestreift werden, zweitens handelt es sich um die Darlegung einiger krankheitserzeugender Faktoren, die in der Umwelt, auch in der sozialen Umwelt gelegen sind, drittens um die Problematik der großenteils von der Öffentlichkeit getragenen Krankenanstalten und viertens um die Frage einer medizinischen Aufklärung der Gesellschaft wie des einzelnen Kranken.

Es spricht die Gesellschaft ebenso wie die medizinische Wissenschaft von Krankheit und Gesundheit, ohne daß es den bedeutendsten Denkern jemals gelungen ist, den Krankheitsbegriff und den Gesundheitsbegriff eindeutig zu definieren. Gesundheit ist bestimmt nicht allein damit zu umschreiben, daß die Struktur und die Funktion aller Organe als intakt befunden werden. Zur Gesundheit, die, wie *Delius* mit Recht bemerkt hat, im Alter eine andere ist als in der Kindheit und in der Mitte des Lebens, gehört das Gefühl des Gesundseins, das durch anatomische, physiologische, biochemische und biophysikalische Gegebenheiten nicht begründet werden kann. Der Gesundheitsbegriff reicht demnach weit hinaus über jene Sachverhalte, die wir mit naturwissenschaftlicher Methodik zu fassen imstande sind. Von dem Psychiater *Mauz* stammt die zutreffende Aussage: „Gesund ist man nicht, sondern man wird es, indem man sich täglich aufs Neue dazu entschließt." Die überwiegende Mehrzahl der organisch als völlig intakt zu bezeichnenden Menschen kann bestätigen, daß das Gefühl ungestörten Wohlbefindens aus Gründen, die uns vielfach ganz undurchsichtig sind, immer wieder einmal abgelöst wird von einer mehr oder weniger störenden Beeinträchtigung der Grundstimmung und der Leistungsfähigkeit. Derartige in leichten Graden sich einstellende und vorübergehende Befindensschwankungen als Krankheit zu bezeichnen, wird kaum angängig sein.

Als Krankheit zweifelsfrei zu deklarieren ist jede belästigende Symptomatologie, die durch eine von der Norm abweichende Gestalt der Organe, Gewebe und Zellen ausgezeichnet ist oder auf objektivierbare Störungen der Funktionen und Regulationen, zumal im Stoffwechselbereich, zurückgeführt werden kann oder in Zusammenhang gebracht werden muß mit der Überproduktion oder der unzureichenden Produktion, Resorption oder Synthese eines für das Wohlbefinden erforderlichen Wirkstoffes. Wenn nun aber Struktur- und Funktionsänderungen in der normalen Entwicklung gelegen sind, wie beispielsweise die Altersveränderungen unserer Organe und Gewebe, dann können wir sie als Krankheit doch nicht kennzeichnen.

Vom Begriff der Krank*heit* ist derjenige des Krank*seins* abzutrennen. Kranksein oder Leiden sind subjektive Wahrnehmungen und Wertungen, psychologische, meist einfühlbare Phänomene. Die Krankheiten, die krankhaften Veränderungen im somatischen, also im körperlichen Bereich sind sichtbar, hörbar, tastbar, zählbar, meßbar oder wägbar. Sie sind mit Hilfe bestimmter Tests objektivierbar, demnach mit naturwissenschaftlicher Methodik zu beweisen. Infolgedessen läßt sich für somatische Fragestellungen eine Norm einigermaßen umreißen. Krankheit und davon abhängiges Kranksein bedeutet, wie es Franz *Büchner* ausgedrückt hat, in einem eminenten Sinne für den Kranken und seinen Arzt die Erfahrung der Kreatürlichkeit des Menschen. Nun gibt es Krankheiten, zum Teil gerade sehr gefahrdrohende, die über kürzere oder längere Zeit hinweg keine Belästigung des Kranken mit sich bringen, also kein Kranksein zeitigen. Trotzdem wird an der Krankheitsnatur solcher Zustände, die bei weiterem Fortschreiten das Sterben des Organismus einzuleiten vermögen, niemand zweifeln. Wir kennen organische Krankheitszustände, von denen als häufiges und eindrucksvolles Beispiel die Arteriosklerose der Gehirngefäße erwähnt sei, deren Träger ganz unauffällig erscheinen und nicht klagen, bis ein akuter Infekt, ein Unfall, ein niederschmetterndes seelisches Erlebnis, ein materieller Verlust oder selbst das Pensionierungsereignis sie sehr plötzlich in den Zustand der geistig-seelischen Dekompensation geraten läßt. Offenbar ist bis zum Eintritt solchen Ereignisses oder Erlebnisses der Kranke in der Lage gewesen, aus der geistig-seelischen Sphäre heraus seine Krankheit in die klinische Latenz zu drängen. Man darf wohl sagen, daß uns im Kranksein die Belästigung durch Schwäche, Schmerzen, Atemnot, Schwindelerscheinungen, Inappetenz, elementare Angst etc. entgegentritt, ein Beschwerdebild, das in manchen Fällen so charakteristisch ist, daß wir hieraus die zugrunde liegende organische Krankheit zu diagnostizieren imstande sind.

Andererseits gibt es subjektive, vom Kranken oft sehr dramatisch geschilderte Beschwerden, von denen später noch die Rede sein wird, die jeglicher organischer Begründung entbehren, die offenbar primär in der geistig-seelischen Verfassung des Betreffenden gelegen sind. Im Gegensatz zur körperlichen Norm ist die psychische Norm bei der sehr breiten Variabilität der menschlichen Psyche ungleich viel schwerer zu bestimmen.

Was im allgemeinen Sprachgebrauch als Krankheit bezeichnet wird, ist nichts anderes als der nicht hinreichend zu umreißende, abstrakte Oberbegriff für die Erfahrung und das Erleben der ungeheuren Vielzahl von Erscheinungsweisen des menschlichen Daseins, die sich, teils objektivierbar, teils nicht objektivierbar, in sehr individueller Weise und manchmal nur unscharf abheben von denjenigen Erscheinungsweisen, die wir den Begriffen der Gesundheit bzw. des Wohlbefindens einzuordnen uns bemühen.

Diese Ausführungen waren wohl nötig zum Verständnis des jetzt zu Erörternden. Krankheit hat Beziehungen zur Armut und zwar insofern, als Armut die Entstehung mancher Krankheiten begünstigen kann und Krankheit zur Armut zu führen vermag. Um den sozial Schwachen im Krankheitsfall vor eintretender wirtschaftlicher Notlage zu schützen, wurde s. Z. die gesetzliche Sozialversicherung geschaffen. Im Lauf der Jahrzehnte hat sich diese Einrichtung so ausgeweitet, daß heute etwa 80 % unserer Bevölkerung an ihr partizipieren. Die Gesellschaft, vertreten durch die gesetzgeberischen Körperschaften, mußte die Richtlinien darüber festlegen, wofür die von der Gesellschaft zur Verfügung gestellten Mittel Verwendung finden dürfen. Es wurde dem Arzt auferlegt und es konnte wohl auch niemand anderem auferlegt werden, im Einzelfall zu entscheiden, ob Krankheit im Sinn der Sozialversicherung vorliegt und ob eine vorhandene Krankheit eine vorübergehende oder dauernde Erwerbsbeschränkung oder gar Arbeitsunfähigkeit bedingt. Damit fiel dem Arzt neben seiner Heilungsaufgabe auch die schwierige und ihn manchmal überfordernde Aufgabe der Begutachtung zu. Gewiß wird er in diesem Aufgabenbereich unterstützt oder kann unterstützt werden durch Vertrauensärzte, die von den Institutionen der Sozialversicherung angestellt sind. Natürlich sind, wo Ermessensfragen zur Diskussion stehen, unterschiedliche Auffassungen unvermeidlich. Das Vertrauen, das der Kranke dem Arzt, der die Behandlung übernommen hat, entgegenzubringen pflegt, wird nun gar nicht selten begleitet von dem etwas mißtrauischen Gefühl des Kranken, ob der Arzt als Gutachter auch wirklich alle wirtschaftlichen Vorteile, die die Sozialversicherung zu bieten in der Lage ist, dem Kranken zukommen läßt. Wenn es sich um eine Krankheit im Sinne der vorangegangenen Ausführungen handelt, also um eine Krankheit, die mit naturwissenschaftlicher Methodik objektivierbar und damit nachprüfbar ist, besteht für den Arzt und für die Sozialversicherungseinrichtungen kein Zweifel, daß die zu ihrer Erkennung notwendigen und zu ihrer Beeinflussung erforderlichen Maßnahmen ebenso wie der durch solche Krankheit bedingte Verdienstausfall aus Mitteln der Krankenversicherung zu decken sind. Die Schwierigkeit beginnt dann, wenn ein Leiden sich mit naturwissenschaftlicher Methodik *nicht* objektivieren läßt, wenn jene vorhin erwähnten Leidenszustände vorliegen, die ihre Wurzel in der geistig-seelischen Sphäre haben. Es ist oft sehr schwer und manchmal nur durch langdauernde und damit viel Zeit beanspruchende Exploration des Kranken herauszubekommen, ob solches Leiden mit einer Veränderung der Grundstimmung nach der depressiven Seite hin und einer seelisch bedingten Leistungsminderung als Reaktion auf ein Erlebnis hin aufgefaßt werden muß oder etwa als Wunsch- und Zweckreaktion nach irgendwelchem äußeren Anlaß zu deuten ist oder ob es in einer frühzeitig induzierten Fehlentwicklung mit entsprechenden Fehlhaltungen und Fehlhandlungen seine Begründung erfährt. Das fehlerhafte Eingeordnetsein in die menschliche Gesellschaft, das unausgefüllte Dasein, die Minderung des Selbstwertgefühls, der nicht gestillte Ehrgeiz, die verfehlte mitmenschliche Beziehung, das Enttäuschtsein und das Unzufriedensein, alle diese seelischen Sachverhalte können einhergehen mit einem seelischen Leiden, mit einem Leiden am Dasein und solches Leiden kann unter Umständen gekoppelt sein mit funktionellen, gar nicht selten objektivierbaren körperlichen Störungen, etwa im Bereich des Kreislaufapparats oder des Magen-Darmkanals. Mit Recht hat *Peters* einmal darauf hingewiesen, daß der Mensch unserer Tage geneigt sei, soziale und sittliche Konflikte als Krankheit auszutragen. Solches Versagen im Intellektuellen und im Gemüt soll nun ärztlicherseits dahingehend begutachtet werden, ob es die Bedingungen einer Krankheit erfüllt und ob es zu einer Beeinträchtigung der Erwerbsfähigkeit zu führen geeignet ist. J. H. *Schultz* hat überzeugend begründet, daß Schädigungsfaktoren in der Kindheit, wenn sie entsprechend gewichtig, anhaltend oder immer wiederkehrend waren, Veranlassung geben zur erheblichen Schwächung der seelischen Tragfähigkeit für das ganze Leben und es wird ihm weitgehend zugestimmt, daß solche, den Kern der Persönlichkeit treffende Schädigung Krankheitswert besitzt. Aber von den alltäglichen Konflikten im Beruf und in den zwischenmenschlichen Beziehungen, von den Enttäuschungen und Schicksalsschlägen, die doch jeder von uns erfährt, ist zu sagen, daß es überaus unterschiedlich ist, *wie* der einzelne sie verarbeitet, *wie* er damit fertig wird, *wie* er solche geistig-seelische Belastung kompensiert. Ein mit derartigen Gegebenheiten ärztliche Hilfe in Anspruch nehmender Kranker — und das ist ein sehr großer Teil der Patienten in der ärztlichen Sprechstunde — bringt den Arzt, der gegenüber den Institutionen der Sozialversicherung ein Urteil abgeben soll, in die, wie es *Peters* ausgedrückt hat, Unsicherheitszone der Medizin, innerhalb derer uns eben die naturwissenschaftliche Methodik im Stich läßt. Nur ein psychologisch sehr gründlich geschulter Arzt vermag diese Zusammenhänge wahrzunehmen, aber dieser Arzt muß auch in der naturwissenschaftlichen Untersuchungstechnik so bewandert sein, daß er erkennt, ob sich hinter dem Leiden nicht doch ein Kranksein auf Grund eines organischen Prozesses verbirgt oder ob der mögliche Übergang einer funktionellen Störung in eine Krankheit bereits erfolgt ist. So wird es wohl einsichtig, daß bei einem seelisch Leidenden mit nicht beweisbarer Krankheit der entschädigungspflichtige Krankheitscharakter sehr problematisch ist. In praxi kann an der Tatsache nicht vorbeigegangen werden, daß der Krankheitscharakter sehr häufig anerkannt wird und damit die Sozialversicherungseinrichtungen eine erhebliche Belastung erfahren.

In die Unsicherheitszone der Medizin fällt nun aber nicht nur die Beurteilung einer Erwerbsbeschränkung durch die geschilderten Versagenserlebnisse, sondern auch die Beurteilung der Erwerbsbeschränkung durch organische Krankheiten. Die Erwerbsbeschränkung durch eine organische Krankheit ist, wie es bei der Erwähnung der Arteriosklerose der Gehirngefäße bereits anklang, nicht allein durch die Krankheit, den körperlichen Defekt bedingt, sondern weitgehend durch die vom Willen her beeinflußbaren Kompensationsmöglichkeiten. Von der Verwertung, der Ausgestaltung und Übung dessen, was verblieben ist, hängt der Grad der Erwerbsbeschränkung ebenso weitgehend ab wie vom krankhaften Defekt.

Wo soviel Segen und Licht sich finden, wie sie durch die Sozialversicherung geschaffen wurden, da sind auch Schatten unvermeidlich. Daß der Versicherte gegenüber dem Nichtversicherten eine durchschnittlich längere Genesungsdauer aufweist, wird nicht bezweifelt. Die Inanspruchnahme des Arztes bei geringfügigen Unpäßlichkeiten durch Versicherte ist fraglos größer als durch Nichtversicherte. Es stellt eine auffällige Erfahrungstatsache dar, daß die Klagen alter Menschen, die nicht mehr im Arbeitsprozeß stehen und infolgedessen aus einer Krankheit keine Vorteile mehr ziehen können, so gut wie immer einer organischen Krankheit zuzuschreiben sind.

Die wirtschaftlichen Möglichkeiten der Sozialversicherungseinrichtungen lassen ein nur sehr geringfügiges Entgelt für die ärztliche Leistung im Einzelfall zu, so daß der Arzt, um ein entsprechendes Einkommen zu erlangen, zum vielbeklagten Massenbetrieb veranlaßt wird. Es ist in der ärztlichen Praxis vielfach so geworden, daß die wünschenswerte menschliche Beziehung zwischen Arzt und Krankem aus Zeitmangel nicht so gepflegt werden kann, wie die Mehrzahl der Kranken es erwartet, daß das ärztliche Gespräch mit dem Kranken zu kurz kommt, zumal mit der großen Zahl derjenigen, die sich besorgt, bedrückt, enttäuscht, erschüttert fühlen. Die Zeitnot des Arztes hängt auch damit zusammen, daß ihm über die Erkennung und Behandlung von Krankheit, Kranksein und Leiden hinaus von der Gesellschaft zahlreiche Aufgaben übertragen worden sind, sicher auch übertragen werden müssen, die da bestehen in der Ausstellung begründeter Zeugnisse über Arbeitsbefreiung, die da Begutachtungen für den Bezug einer Rente und Aussagen über die Zweckmäßigkeit von Heilverfahren beinhalten.

Der Arzt ist, ebenso wie sein Patient, in eine wirtschaftliche Abhängigkeit von den Einrichtungen der Sozialversicherung geraten, denen als Organisation die bürokratische Verwaltung gesetzmäßig innewohnt. Durch die gesetzliche Sozialversicherung — und das ist wohl ein schwerwiegender Punkt — ist der einzelne Mitbürger von der gesundheitlichen Verantwortung für sich selbst, seine Angehörigen und die Mitmenschen weitgehend befreit worden. Das soziale Gewissen, so sprach es Oswald *Kroh* einmal warnend aus, hat sich dadurch verhärtet; mit ihrem wichtigsten Übungsfeld haben die Menschen zugleich einen ihrer wesentlichsten Antriebe verloren.

Die Beschäftigung mit jenen, den Eintritt von Krankheiten begünstigenden Faktoren, die in der von der Gesellschaft ja weitgehend regulierten Lebensweise des einzelnen und in der Umwelt gelegen sind, ist keineswegs neuen Datums. Die Veröffentlichungen von Johann Peter *Frank* in der zweiten Hälfte des 18. Jahrhunderts, die Darlegungen von Christoph Wilhelm *Hufeland* und vor allem diejenigen Rudolf *Virchows* in der 2. Hälfte des vergangenen Jahrhunderts mit seiner Forderung, der sozialen Pathogenese von Krankheiten vermehrte Aufmerksamkeit zu schenken, bilden in Deutschland die Anfänge einer vorbeugenden individuellen Medizin. Die Bedrohung der Gesellschaft durch die verheerenden Seuchen wurde bereits im 14. bis 16. Jahrhundert nicht ohne Erfolg einzudämmen versucht. Franz *Redeker,* dem wir eine besonders eindrucksvolle geschichtliche Studie über das Wirken des Amtsarztes verdanken, hat ausgeführt, daß dann das 19. und 20. Jahrhundert die Befreiung unserer Bevölkerung von der Geißel der Pest und Cholera, der Ruhr und der Malaria, der Pocken und des Fleckfiebers und noch mancher anderer Seuchen beschert hat, des weiteren das Sterben an der Tuberkulose zu mindern vermochte, damit das Gemeinschaftsleben gefahrloser und dadurch erst die engsiedelnde Lebensform der heutigen Zivilisation ermöglicht hat. Selbstverständlich waren diese Erfolge der Medizin nur möglich durch eine gewisse Beschneidung von Rechten des Individuums. Den beamteten Arzt, dem es obliegt, die Gesellschaft vor Krankheiten zu schützen, hat man neuerdings als Gruppenarzt, denjenigen Arzt, dem die Heilbehandlung bei eingetretener Krankheit des einzelnen obliegt, als

Individualarzt bezeichnet. Der Individualarzt läßt sich die Beschwerden des Kranken schildern, er orientiert sich über vorausgegangene Krankheiten, über die körperliche, psychische und soziale Situation, in der die Krankheit aufgetreten ist, er diagnostiziert und behandelt den Einzelfall. Die hauptsächliche Aufgabe des Gruppenarztes besteht darin, die Gesellschaft vor Krankheiten zu schützen.

Die Medizin weiß schon lange, daß bei Menschen, die in kühlen und feuchten Wohnungen zu hausen gezwungen sind, bestimmte Krankheiten gehäuft auftreten und daß die Einschränkung der Ultraviolettbestrahlung durch die über den großen Städten lagernde Staubschicht zu anderen Krankheiten disponiert. Dafür, daß eine zu reichliche Ernährung das Auftreten, zumindest das Fortschreiten von Stoffwechselerkrankungen und Erkrankungen des Kreislaufapparats zu begünstigen vermag, gewinnt die Medizin in zunehmendem Umfang Anhaltspunkte. Mein verehrter hiesiger Fachkollege Gotthard *Schettler* hat neben anderen Autoren darauf aufmerksam gemacht, daß zwischen wirtschaftlicher Blüte und gewissen Krankheiten Beziehungen bestehen und die durch den Wohlstand hervorgerufenen oder besser gesagt mithervorgerufenen Krankheitszustände herausgestellt.

Die immer weiter um sich greifende und sicherlich zur Befriedigung der Bedürfnisse unserer Gegenwart notwendige Motorisierung ist, was Personenkraftwagen und Motorrad anlangt, u. a. auch zu einer Angelegenheit des sozialen Prestiges geworden. Die zu beobachtende medizinisch nachteilige Folge ist die mangelnde körperliche Bewegung zahlreicher Menschen mit Inaktivitätsschäden im Bereich des Bewegungsapparats und der Kreislauforgane, funktionellen Störungen innerhalb des Verdauungskanals und vorzeitigen Alterszeichen. Es hat schon *Sheldon* in seinen bekannten Veröffentlichungen die immer wieder zu bestätigende Aussage gemacht, daß das körperliche Training zur Erhaltung der Körperkraft und der körperlichen Gewandtheit entscheidend beiträgt.

Die viel erörterte Belästigung der Menschen, zumal in den Großstädten, durch die Steigerung der Wahrnehmungsreize, durch Lärm und Licht, auch während der Nachtstunden, bringt eine zu wenig unterbrochene Erregung des Nervensystems mit sich. Solche Massierung von Wahrnehmungsreizen wird von autoritativer kinderärztlicher Seite angeschuldigt als wichtiger Grund für die offenbar mehr als früher zu beobachtende Konzentrationsschwäche und die leichte Ablenkbarkeit der Kinder wie für die Retardierung der geistig-seelischen Reifung im Vergleich zur biologischen Entwicklung der Kinder, eine Erscheinung, die sich vorwiegend auch in den Großstädten bemerkbar macht.

Die Anpassung der meisten von uns an das Verhalten der anderen, beispielsweise die rege Betriebsamkeit während der Freizeit, ist ein Umstand, der das Verhältnis zwischen nervlicher Anspannung und Entspannung nachteilig beeinflußt. Der immer weiter um sich greifende Genußmittelmißbrauch, mitbedingt durch Beispiel, Reklame und günstige Einkommenslage, ist in seinen schädlichen Auswirkungen für die Gesundheit hinreichend bekannt. Von der Arbeit als solcher, die die Gesellschaft zum Zweck der Gewinnung von Freizeit immer mehr einzuschränken bestrebt ist, kann die Medizin kaum etwas Gesundheitschädliches aussagen, sofern sie nicht von gesundheitlich bereits Geschädigten ausgeführt wird. Wir Ärzte können nur registrieren, wie die Tendenz zur immer weitergehenden Arbeitszeitbeschränkung von den Menschen dahingehend gedeutet wird, daß Arbeit etwas Unerwünschtes oder gar für die Gesundheit Nachteiliges sei. Gewisse medizinische Bedenken sind allein hinsichtlich der von der Arbeitswelt geforderten Schichtarbeit anzumelden, weil sie eine Unregelmäßigkeit der Lebensführung bedeutet. Es sind besonders die älteren Menschen, die auf in Schichten sich ändernde Arbeitszeiten erfahrungsgemäß mit einem unzulänglichen Schlaf zu der ungewohnten Zeit zu reagieren pflegen. Der Schlaf ist aber nun einmal die wichtigste Quelle der Restitution. Nach den Untersuchungen von Alexander *Pierach* und anderen Autoren scheinen sich Herzinfarkte und die Geschwürsbildungen am Magen und Zwölffingerdarm bei Schichtarbeitern auffallend häufig zu ereignen.

Was die Medizin in der Ursachenforschung jener Krankheiten, die als rein menschliche Krankheiten angesehen werden müssen, weil sie beim Tier spontan nicht vorkommen, besonders beschäftigt, sind die gestörten zwischenmenschlichen Beziehungen. Das sind die Eheprobleme, das sind die durch mitmenschliches Verhalten hervorgerufenen Enttäuschungen und das sind die Spannungen, die sich aus der besonders großen Belastung arbeitender Mütter ergeben, um nur wenige Beispiele zu erwähnen.

Die Medizin weiß um das Streben des Menschen, innerhalb der Sozietät Anerkennung zu finden und um die Folgen im Befinden desjenigen, der dieses Ziel nicht erreicht, desjenigen, dem die berufliche Karriere mißglückt, weil eine Diskrepanz zwischen Streben und Vermögen besteht. Das unbefriedigte soziale Prestige als bedingender Faktor für Mißbehagen und funktionelle körperliche Störungen betrifft erfahrungsgemäß weniger die Gruppe der Arbeiter als vornehmlich die bei uns an Zahl immer mehr zunehmenden und natürlich älter werdenden Angestellten, die nicht in die gewünschte gehobene Position aufrücken. Es ist, das glaubt die Medizin aussagen zu dürfen, das soziale Prestige allein durch ökonomische Vorteile nicht aufzuwiegen. Der innerhalb unserer Gesellschaft wohl etwas zu stark betonte Gesichtspunkt der Brauchbarkeit, der Verwendbarkeit eines Menschen für die Gesellschaft führt zu einem einfühlbaren Mißbehagen an sich gesunder, nur gealterter Menschen, die die Gesellschaft von allen Anforderungen freistellt, weil sie aus Altersgründen in den Arbeitsprozeß nicht mehr eingeschaltet werden. Mancher Kranke empfindet es als der Würde seines Menschseins nicht entsprechend, wenn er erkennen zu müssen glaubt, daß die Gesellschaft sich hauptsächlich aus wirtschaftlichen Gründen für die Beseitigung seiner Krankheit interessiert.

Sofern die im vorstehenden aufgeführten Faktoren gesundheitliche Störungen bedingen oder zumindest mitbedingen, handelt es sich zunächst um vegetativ-nervöse Syndrome, von denen allerdings sicherstehen dürfte, daß manche von ihnen in organische Defekte überzugehen vermögen. Noch einmal sei auf die Geschwürsbildung am Magen und Zwölffingerdarm zurückgegriffen, von der Manfred *Pflanz* in sehr ausgedehnten, gründlichen und kritischen Untersuchungen aussagen konnte, daß in ihrem anfänglichen Bedingungskomplex der soziale Abstieg, das Erlebnis der Arbeitslosigkeit und das Heimatvertriebensein eine unverkennbare Rolle spielen.

Die Errichtung des imposanten Gebäudes der naturwissenschaftlich orientierten Medizin mit ihrer auf naturwissenschaftlichen Erkenntnissen beruhenden, großenteils auf technische Hilfsmittel angewiesenen Diagnostik und Therapie begann in der 2. Hälfte des vergangenen Jahrhunderts. In geradezu atemberaubender Schnelligkeit ist dieses Gebäude seither immer mehr erweitert worden. Die Industrialisierung unseres Kontinents fiel zeitlich hiermit zusammen. Die Schaffung von Krankenhäusern, innerhalb derer die intensive und laufende Beobachtung von Kranken möglich ist und innerhalb derer heute die differenzierten und damit nicht immer ganz risikofreien, dafür aber um so ergebnisreicheren Untersuchungs- und Behandlungsverfahren Anwendung finden, erwies sich als notwendig. Die Gesellschaft, die der Fortschritte der Medizin teilhaftig werden wollte, konnte sich nicht mehr, wie in den vergangenen Zeiten, mit Anstalten klösterlicher oder ritterlicher Orden begnügen, die hauptsächlich der Pflege, weniger der ärztlichen Behandlung alleinstehender Armer, Schwacher und Kranker dienten. Noch *Leibniz* hat die Krankenhäuser seiner Zeit als Seminarium mortis und Thesaurus infectionis bezeichnet. Der ständig sich steigernde Kostenaufwand, der mit einer den Fortschritten der Medizin angepaßten Ausstattung verbunden ist, konnte nicht mehr allein durch die private Wohltätigkeit und die caritativen Verbände aufgebracht werden. Die Städte und Landkreise sahen sich zur Errichtung von Krankenhäusern veranlaßt, ja sie erblickten eine vornehme Aufgabe darin, aus öffentlichen Mitteln dem Stand der Wissenschaft entsprechend ausgerüstete Krankenanstalten zu erstellen und zu unterhalten. Es hatte sich die Ansicht durchgesetzt, daß die Krankenhäuser und Altersheime ein Test seien für die humane Einstellung der Gesellschaft zum leidenden und pflegebedürftigen Mitmenschen. Franz *Büchner* hat einmal so schön formuliert, daß es eine der größten Verwandlungen im Denken der Menschheit und gleizeitig der Theorie und Praxis der wissenschaftlichen Medizin gewesen ist, die biologisch Bedrohten und Verlorenen nicht zu verstoßen, sondern ihnen den Ehrenplatz in der menschlichen Gesellschaft einzuräumen, nichts von ihnen im Arbeitsprozeß zu erwarten oder zu fordern, sondern ihnen zu dienen und alles an sie zu verschwenden.

Das moderne Krankenhaus, die Stätte für die Heilung Schwerkranker, durch die medizinische Wissenschaft schließlich auch saniert als Quelle der Übertragung von Krankheiten, geschaffen und getragen durch erhebliche Mittel der Gesellschaft, begegnet nun seitens der Gesellschaft einer recht weitverbreiteten und herben Kritik. Was in der Medizin des modernen Krankenhauses sich gegenüber vergangenen Zeiten gewandelt hat, ist ein Ausbau der Methoden zur Erkennung und Behandlung von Krankheiten, doch wohl sicher zum Vorteil der Kranken. Pedro *Lain Entralgo* hat einmal darauf hingewiesen, daß es in der Geschichte der Medizin eine vergängliche, eine fortschreitende und eine unveränderliche Teilstruktur gibt. Das Unveränderliche ist das Helfenwollen, der ärztliche Beistand, das Vergängliche sind die Irrtümer, die über kurz oder lang in Vergessenheit geraten und das Fortschreitende sind die wissenschaftlich beweisbaren und damit bleibenden Erkenntnisse.

Da wird nun heute gesagt, daß der in das Krankenhaus eingewiesene Patient nicht dem von ihm gewählten Arzt seines Vertrauens begegnet, sondern einem ihm bis dahin fremden Team von Ärzten, Schwestern und Hilfspersonal überantwortet wird, das zwar in optimaler Weise die medizinische Technik spezialistisch beherrschen mag, das jedoch das Eingehen auf die Individualität, auf die psychische Verfassung, auf das Krank*sein* des Patienten weitgehend vermissen läßt. Dem großen Krankenhaus, das nun einmal nicht ohne betriebliche Organisation die vielfältigen Aufgaben an den Massen der Kranken bewältigen kann, wird vorgeworfen, daß es wichtigste Einwirkungsmöglichkeiten auf die Genesung der Kranken vernachlässige, weil es die individuellen Wünsche hinsichtlich Unterbringung, Ernährung, Pflege, Fernhaltung von Unruhe und Lärm oft nicht hinreichend berücksichtigt. Dem Kranken, so ist gesagt worden, wird im Krankenhaus ein Verhalten aufgezwungen, das seinen Gewohnheiten nicht entspricht. Der Kranke wird, obwohl er doch krank ist, zur Rücksichtnahme gegenüber denjenigen veranlaßt, die mit ihm das Krankenzimmer teilen, es wird ihm in mehrbettigen Krankenräumen das Mitansehenmüssen von Leiden und Sterben anderer zugemutet. Das Krankenhaus als eine der wichtigsten Stätten für die Ausbildung des Nachwuchses wird dahingehend kritisiert, daß der Kranke auch zu Lehrzwecken diene und möglicherweise zu Forschungszwecken mißbraucht werde.

Allen diesen Vorwürfen, die nur zum Teil berechtigt sind und gewisse Änderungen erheischen, die aber großenteils auf unbegründeten Vorurteilen beruhen, steht die unverkennbare Tatsache gegenüber, daß im Falle einer eingetretenen Krankheit die Einweisung in ein Krankenhaus nicht mehr nur abhängt vom Verantwortungsbewußtsein des zunächst zugezogenen praktischen Arztes, der die Grenzen seiner diagnostischen und therapeutischen Möglichkeiten kennt, vielfach sogar unterschätzt, daß die Einweisung nicht nur deswegen erfolgt, weil die häusliche Pflege auf Schwierigkeiten stößt, sondern daß die Kranken von sich aus in zunehmender Häufigkeit die Krankenhauseinweisung wünschen oder gar fordern, weil sie das Vorliegen einer schweren Krankheit fürchten und weil ja die Kosten für eine Krankenhausbehandlung restlos von der Sozialversicherung übernommen werden. Von einer Stimulierung des Krankenhausbettenbedarfs durch die Sozialversicherung hat Karl *Jeute* mit Recht gesprochen.

Von dem so oft angeklagten, in vielen Fällen eine einwandfreie Diagnostik aber erst ermöglichenden technischen Apparat ist zu sagen, daß wohl die Mehrzahl der Kranken ihm ein größeres Vertrauen entgegenbringt, als den Fähigkeiten eines erfahrenen praktischen Arztes, der mit Hilfe der richtigen Wertung des Beschwerdekomplexes und mit Hilfe der direkten Untersuchungsmethoden sehr häufig zu einer Klarstellung des Krankheitsbildes gelangen kann.

Wie oft begegnet man doch als Arzt dem Sachverhalt, daß der Kranke Mißtrauen und Enttäuschung nicht verbirgt, wenn der Arzt einen Krankheitszustand hinreichend geklärt zu haben und infolgedessen auf ein Elektrokardiogramm, eine Röntgenuntersuchung, eine Blutuntersuchung, einen Radiojodtest und noch manches andere verzichten zu können glaubt. Das grundsätzliche Vertrauen der Menschen auf die technische Apparatur, die Lebensvorgänge feiner zu registrieren vermag als unsere Sinnesorgane hierzu fähig sind, ist ohne Zweifel berechtigt. Mein medizinischer Lehrer, s. Z. weltweit anerkannt als hervorragender Diagnostiker, hat uns damalige Assistenten davor gewarnt, nach der Feststellung eines angeborenen Herzfehlers irgendwelche Erwägungen über die Einzelheiten dieses Herzfehlers anzustellen mit der Begründung, daß wir uns doch jedesmal würden irren. Es ist allein der neuzeitlichen, gewiß aufwendigen Technik des Herzkatheterismus und der Kontrastdarstellung der einzelnen Herzabschnitte und der großen Gefäße zuzuschreiben, wenn wir heute die angeborenen Herzanomalien in ihren Einzelheiten so zuverlässig zu beurteilen vermögen, daß sich hierauf die therapeutische Konsequenz einer operativen Korrektur aufbaut. Ich muß mir, weil es zu weit führen würde, die Schilderung anderer Beispiele ersparen, die Ihnen demonstrieren könnten, wie zahlreich die Krankheitszustände sind, die wir nur unter Zuhilfenahme sehr komplizierter

Apparate, die uns die Technik zur Verfügung stellt, erkennen und wirksam zu behandeln in der Lage sind. Die in unverständlicher Weise so viel geschmähte Laboratoriumsdiagnostik liefert uns die allerwichtigsten und ausschlaggebenden Daten für die Diagnostik und Therapie vieler Krankheiten. Die Technik hat Entscheidendes dazu beigetragen, daß wir Einblick erhielten in krankhafte Funktionen und Strukturen. Das elektronenmikroskopische Untersuchungsverfahren hat uns im Morphologischen eine neue Welt eröffnet.

Merkwürdigerweise fallen die Angriffe gegen eine technisierte Medizin zeitlich zusammen mit jener Epoche, in der gerade die technisierte, naturwissenschaftlich orientierte Medizin ihre größten Triumphe aufzuweisen hatte. Diese Triumphe hoben an, als die romantische Medizin, die, wie es Friedrich v. *Müller* einmal ausgedrückt hat, von philosophischen Spekulationen ihren Ausgang nahm und in Mystik und Theurgie endigte, abgelöst wurde von der Forschung mit Hilfe des nachprüfbaren Sehens, Messens, Zählens und Wägens, von der Forschung, die das wiederholbare Experiment zur Gewinnung von Naturerkenntnissen benützte, die die Feststellungen der Chemie, der Physik, der Biologie und der Genetik in ihren Dienst stellte. Bei diesem Übergang wurde der bedeutsame Schritt vom Glauben und Ahnen zur wissenschaftlichen Realität vollzogen. Wird eine Krankheit, so hat es Bruno *Wachsmuth* ausgesprochen, unter die Betrachtungsweise des Naturgesetzlichen gerückt, so verblaßt ihr personaler Träger zu einem körperlichen Gehäuse, in dem sich Vorgänge von bestimmter kausaler Erklärbarkeit abspielen. Damit ist nicht der Mensch Objekt des Arztes, sondern die Krankheit.

Die moderne Gesellschaft hat sich besonders aufgeschlossen gezeigt gegenüber jenen Bemühungen, die die Probleme des subjektiven Krank*seins* und des Leidens am Dasein herausstellten, Sachverhalte, die bei der naturwissenschaftlichen Betrachtungsweise der Krankheiten, bei der Betrachtung des Menschen als eine den Naturgesetzen unterliegende Kreatur, zwar nie vergessen worden waren, aber doch stark in den Hintergrund traten. Als *Charcot, Freud, Adler* und *Jung* die Ergebnisse ihrer psychologischen Forschungen veröffentlicht hatten, da wurden von seiten derjenigen Ärzte, die sich mit diesen Problemen beschäftigten, und seitens der Gesellschaft immer mehr Stimmen laut, die da etwas abschätzig von der Schulmedizin und von der Laboratoriumsmedizin sprachen, die das Überwiegen der Technik in der ärztlichen Tätigkeit kritisierten und die jene unglückselige Unterscheidung zwischen dem Mediziner und dem Arzt weitertrugen. Mit guten Gründen hat *Turner* die irrtümliche Meinung richtig zu stellen versucht, derzufolge ein gutes wissenschaftliches Training und ein logisches Denken gewissermaßen unvereinbar seien mit einem warmen Herzen und einem akzeptablen Verhalten am Krankenbett. Man versteht schon, daß die stärkere Betonung desjenigen Teils des menschlichen Seins, den mit den Bezeichnungen Geist, Seele, Gemüt zu umschreiben wir uns bemühen, innerhalb der Gesellschaft auf einen zugänglichen Boden fiel, weil kein Mitglied der menschlichen Gesellschaft frei ist von seelischen Konflikten und belastenden Erlebnissen und weil die seelische Konfliktsituation immer schon ein bevorzugtes Thema für Erzählungen und Romane gewesen ist. Sicher hat die Reaktion der Gesellschaft auch wieder auf die Medizin zurückgewirkt und mehr Ärzte veranlaßt, sich der Psychologie des Krank*seins* und Leidens zuzuwenden. *Pickering* hat einmal gesagt: „Sei es in der Medizin, sei es in der Erziehung oder in der politischen Neugestaltung, überall scheint heute die Tendenz zu bestehen, das Individuum zu vergessen". Hierzu kann bemerkt werden, daß das Bemühen der Ärzte unserer Gegenwart wieder dahingeht, in der Beurteilung eines von der gesunden Norm abweichenden Geschehens die je einmalige Situation, die individuelle Konstitution und die individuelle Reagibilität nicht außer acht zu lassen, den Kranken in dessen hypothetischer Ganzheit zu sehen.

Der Drang weiter Bevölkerungskreise ist unverkennbar, Einsichten zu gewinnen, die Gegenstände, die uns umgeben und mit denen wir umgehen, durchschauen, Wesen und Art etwaiger Gefährdungen erkennen zu wollen. Die Menschen unserer Zeit wissen im Durchschnitt mehr von Krankheiten, Krankheitsbehandlung und Krankheitsverhütung, als diejenigen früherer Generationen. Besonders lebhaft ist der Wunsch der Gesellschaft, möglichst bald Kenntnis zu erlangen von neuentdeckten Heilverfahren. Das vorhandene Interesse für krankhaftes Geschehen ist dadurch leicht erklärlich, daß Krankheit für viele ein aktueller, für alle ein potentiell wichtiger Sachverhalt ist. Jeder weiß, daß sein Körper den Gesetzen des Alterns, der Krankheit und des Todes anheimgegeben ist. Dabei sind die Menschen unseres Kulturkreises immer weniger gewillt, diese Gesetze als schicksalhaft hinzunehmen und sich damit abzufinden. Sie erwarten von der medizinischen Wissenschaft die Erhaltung ihres Wohlbefindens und die Verlängerung ihres Lebens, ja sie machen sogar einen Anspruch auf Gesundheit geltend, den zu erfüllen die medizinische Wissenschaft berufen sei. Krankheit hat in der Meinung vieler korrigierbar zu sein und zur Korrektur ist der Arzt verpflichtet.

Wenn gerade die medizinische Wissenschaft von ihren Trägern nicht als Angelegenheit eines beschränkten Kreises sachverständiger Gelehrter im elfenbeinernen Turm zurückgehalten wird und wenn die Ergebnisse der Forschungsarbeiten bereitwillig hinausgetragen werden zu allen geistig und sozial interessierten Menschen, dann geschieht dies deshalb, weil von mancher medizinischer Aufklärung der Gesellschaft ein Nutzen erwartet werden kann. Die Ärzteschaft hat beispielsweise im Streben nach möglichst häufiger Früherkennung der Krebsgeschwülste sich betätigt und die Mitarbeit der Presse, des Films, des Rundfunks und des Fernsehens dankbar begrüßt. Durch Vorträge, Artikel und bildliche Darstellungen wurde die Bevölkerung über die Frühsymptome der verschiedenen Krebslokalisationen unterrichtet mit dem Erfolg, daß nicht wenige sich aufmerksam beobachtende Menschen beim Auftreten entsprechender Erscheinungen die ärztliche Hilfe rechtzeitig erbaten. Ein gewisser Nachteil dieser Aufklärung bestand nun aber darin, daß durch solche immer wiederholte Information die Furcht vor dem Krebs gleichsam gezüchtet wurde, eine Furcht, die ohne Zweifel ein manche Menschen stark belastendes Leiden darstellt. Ein weiterer Nachteil entsteht immer dann, wenn eine voreilige oder zu optimistische Bekanntgabe von Heilverfahren Hoffnungen erweckt, die später dann doch enttäuscht werden müssen.

Hinsichtlich der Aufklärung des einzelnen Kranken über die Art seiner Krankheit und ihre Prognose und vor allem hinsichtlich der zu erwartenden nützlichen wie nachteiligen Folgen eines Heilverfahrens vertreten weite Kreise der Gesellschaft die sehr verständliche Auffassung, daß eine solche regelmäßig und wahrheitsgetreu zu erfolgen habe. Es besteht sogar die Tendenz, im Strafgesetzbuch irgendwie zu verankern, daß die Unterlassung einer entsprechenden Aufklärung ein zu ahndendes Versäumnis des Arztes darstelle. Die Rechte der Person, auch der kranken Person, so wird argumentiert, müssen geschützt werden und die Einwilligung eines Kranken zu einem nicht ganz risikofreien Heilverfahren, sei es ein chirurgischer Eingriff, eine Strahlenbehandlung oder eine medikamentöse Therapie, kann nur dann gültig sein, wenn der Kranke in völliger Kenntnis der nützlichen *und* nachteiligen Auswirkungen seine Zustimmung erteilt hat. Die Ärzteschaft hat sich zum Teil sehr leidenschaftlich gegen diese Bestrebungen gewandt, und zwar aus folgenden Gründen: Ob ein Heilverfahren zur Erhaltung des Lebens zwingend notwendig ist, in welcher Häufigkeit ihm Gefahren innewohnen und wieweit eine Heilung mit Defekt in Kauf genommen werden muß, setzt nicht nur Sachverständnis, sondern auch klares Denken voraus. Die ärztlichen Überlegungen können dem Kranken natürlich in einem Gespräch mitgeteilt werden, aber der Kranke muß eines solchen abwägenden Gesprächs fähig sein. In zahlreichen Fällen, zumal akuter, schwerer Krankheit, die ein sofortiges Handeln des Arztes gebieten, sind die Kranken von einer elementaren Angst okkupiert, von einem Vernichtungsgefühl betroffen, von Erstickungsgefühl, grober Übelkeit und schwersten Schmerzen beherrscht. In einer derartigen Situation das Für und Wider einer Behandlungsmethode mit dem Kranken zu erörtern, ist infolgedessen oft unmöglich. Sehr viele Kranke berichten uns hinterher, daß sie sich an diese Phase ihrer Krankheit kaum mehr oder gar nicht mehr erinnern, obwohl sie bei klarem Bewußtsein gewesen sind. Es kann sich der Gesunde vielleicht zu wenig vorstellen, daß der Kranke in manchen Phasen einer schweren Krankheit zu kritischem Denken einfach nicht fähig ist.

Der Mehrzahl der operativen Eingriffe und Strahlenbehandlungen geht ja nun ein Gespräch des Arztes mit dem Kranken voraus, in welchem der Kranke über Notwendigkeit oder Zweckmäßigkeit, über Heilungschancen und auch Gefährdungen schon informiert wird, aber bei diesem Gespräch ist doch natürlich jener weite Spielraum gegeben zwischen den Extremen einer übertrieben optimistischen und einer vielleicht unberechtigten pessimistischen Darstellung. Die ärztliche Erfahrung hat gelehrt und es ist in einem vielbeachteten gerichtlichen Prozeß einmal ausgesprochen worden, daß es bei entsprechender Belehrung des Kranken über die zwingende Notwendigkeit eines operativen Eingriffs gewiß Operationszauderer, aber nur sehr wenig Operationsverweigerer gibt. Es steht zu befürchten, daß bei einer eindringlichen Schilderung aller nicht ganz seltenen Gefahren, wie sie nun einmal eine große Operation mit sich bringt, die Zahl der Operationsverweigerer entgegen ihrem eigenen Interesse sich vergrößern würde. Meine chirurgischen Kollegen berichten ziemlich übereinstimmend, daß einfältige Gemüter, die da vertrauensvoll und ohne Einwendungen dem ärztlichen Rat sich fügen, bei Operationen eine bessere Prognose darbieten als jene ängstlichen, mißtrauischen und nach allen möglichen Komplikationen und Gefahren fragenden, medizinisch halbgebildeten Kranken. Es gibt psychische Faktoren, die sich unserer Heilungsaufgabe entgegenstellen und wir wissen um die heilungshemmende Mutlosigkeit, der entgegenzuwirken oft von großer therapeutischer Bedeutung ist. Aufklärung des Kranken ist selbstverständlich nötig, denn wir Ärzte sind ja nicht die Vorgesetzten, sondern die Berater unserer Kranken. Aber die Art und Weise der Aufklärung erfordert Einfühlungsvermögen in die Individualität des Kranken und ärztliches Fingerspitzengefühl. Gesetzlich regeln läßt sich zwischenmenschliches Verhalten kaum und die Formulierung von Mindestforderungen, die an die ärztliche Aufklärungspflicht zu stellen sind, wird in einer für alle Fälle brauchbaren Weise nicht möglich sein.

Die Gesellschaft steht in einem nutzbringenden Verhältnis zur Medizin, wenn sie der Wissenschaft Vertrauen entgegenbringt, auf das die Medizin im Hinblick auf die erbrachten Leistungen wohl Anspruch hat. Die Gesellschaft wird darauf bedacht sein müssen, daß die Träger dieser Wissenschaft gründlich ausgebildete und gut fortgebildete und zugleich gewissenhafte Ärzte sind. Das auf Sachverständnis und Gewissenhaftigkeit beruhende Helfenwollen des Individualarztes aber sollte nicht durch gesetzliche Regelungen und bürokratische Maßnahmen zum Nachteil von Kranken behindert werden.

LITERATURWISSENSCHAFT UND GESELLSCHAFT

Von Eckehard Catholy

Die Beziehung zwischen der Literaturwissenschaft und der Gesellschaft liegt nicht so offen zutage, wie das bei vielen anderen Wissenschaften der Fall ist, der Medizin etwa oder der Psychologie. Alle Ärzte sind Mediziner, und der Arzt ist ein eminent gesellschaftliches Wesen; in seiner Berufsauffassung geprägt von bestimmten gesellschaftlichen Voraussetzungen, nimmt er seinerseits Einfluß auf die Gesellschaft, in der er wirkt. Für den Psychologen gilt, wenn der Laie es richtig sieht, Ähnliches. Gesellschaftliche Probleme der angedeuteten Art finden sich bei der Literaturwissenschaft nur am Rande, so daß der Vertreter dieses Forschungsgebiets die Frage nach der Gesellschaftlichkeit zunächst nicht als Zentralproblem seines Fachs betrachten wird. Ob es darum geht, wie der Massenandrang zum Studium der Literaturwissenschaft zu erklären oder gar zu bewältigen ist, oder um die Überlegung, welche Auswirkungen die Massenmedien auf die Methode und den Stil des Faches haben — an diesen und vielen ähnlichen Fragen ist der Literaturwissenschaftler zwar brennend interessiert, aber er wird sich nicht für befugt halten, sie selbst zu beantworten, sondern eher wünschen, daß die hierfür zuständigen Ressorts sich darum kümmern. Die Soziologie etwa, die vor einiger Zeit die gesellschaftlichen Funktionen der juristischen Fakultäten aufs Korn genommen hat[1], könnte auch der Literaturwissenschaft Aufklärung über ihren gesellschaftlichen Standort und über ihr gesellschaftliches Prestige geben.

I.

Während die Literaturwissenschaft bei gesellschaftlichen Problemen der geschilderten Art Objekt, Forschungsgegenstand der Soziologie ist, kennt sie doch ein Thema, das sie immer aufs neue mit der Gesellschaftlichkeit konfrontiert: die gesellschaftliche Bedingtheit der Literatur, vor allen Dingen aber des einzelnen literarischen Werks. Mit dem gesellschaftlichen Hintergrund der Dichtung hat sich die Wissenschaft von der deutschen Literatur — und von ihr soll hier in erster Linie die Rede sein — keineswegs etwa erst in unserer Zeit beschäftigt. Ein Blick etwa in die „Geschichte der poetischen Nationalliteratur der Deutschen"

---

[1] *Dahrendorf*, Rolf: Ausbildung einer Elite. Die deutsche Oberschicht und die juristischen Fakultäten. (In: Der Monat. 14. Jg. Heft 166. S. 15—26).

von Georg Gottfried Gervinus (1835) zeigt, daß man schon vor mehr als 100 Jahren von solchen Zusammenhängen zwischen Literatur und Gesellschaft wußte — auch wenn man sie noch nicht mit den durch Hegel und Marx entwickelten Methoden und in der durch diese beiden Denker geprägten Terminologie untersuchte und beschrieb, wie das die heutige Literatursoziologie zumeist tut. Gervinus sah die Literatur der Deutschen sogar vollkommen „aufgehoben" — im doppelten Sinne des Wortes — in der gesellschaftlich-politischen Wirklichkeit der Zukunft: „Unsere Dichtung hat ihre Zeit *gehabt;* und wenn nicht das deutsche Leben still stehen soll, so müssen wir die Talente, die nun kein Ziel haben, auf die wirkliche Welt und den Staat locken, wo in neue Materie neuer Geist zu gießen ist[2]." Bei diesem Prozeß aber habe die Wissenschaft eine ganz besondere Funktion: „Die Literatur ist tot; es lebe die Literaturgeschichte als Erweckerin zu tätigem Leben[3]."

Überraschen kann uns das ehrwürdige Alter dieser Problemstellung freilich nicht; denn daß Dichtung und Gesellschaft in einem wie auch immer gearteten Zusammenhang stehen, ist eine Binsenweisheit. Nicht erst die Literatur unserer Tage zeigt das dem aufmerksamen Beobachter. Nein, der Zusammenhang einer Gemeinschaft durch Sprache, Geschichte und Kultur verbundener Menschen mit den Werken, in denen sich jenes Ganze, das wir Gesellschaft nennen, spiegelt, wird eigentlich um so enger und selbstverständlicher, je weiter wir in der Geschichte der Literatur zurückgehen. In ihren frühesten Zeiten sind die dichterischen Äußerungen einer Gesellschaft von deren sonstigen Selbstzeugnissen sogar so wenig zu unterscheiden, daß es dem Betrachter schwerfällt, solche „Literatur" als etwas Selbständiges anzusehen, das man auch ganz unabhängig von diesem ursprünglichen Zusammenhang verstehen und bewerten könne. Volkskunde und Völkerkunde, die sich die Erforschung solcher Frühformen der Literatur angelegen sein lassen, gehen hier der Literaturwissenschaft voraus oder zur Seite. Solche „archaischen" Literaturdenkmäler weisen nun so deutlich zurück auf jenen größeren gesellschaftlich-kulturellen Zusammenhang, aus dem sie entstanden sind, daß man zu ihrem Verständnis gewisser Kenntnisse bedarf. Das gilt aber auch im umgekehrten Sinne: Dichtungen dieses Typs verschaffen uns Kenntnisse von einer bestimmten Kultur und nicht zuletzt von deren gesellschaftlichem Aufbau. Einer solchen Betrachtungsweise blieb die

---

[2] *Gervinus,* G. G.: Geschichte der deutschen Dichtung. 5. Aufl. hrsg. von Karl Bartsch. Bd. 4. Leipzig 1873. S. V. (Wiederholung der Widmung an F. C. Dahlmann aus der 1. Aufl. des Werks).
[3] *Petersen,* Julius: Die Wissenschaft von der Dichtung. System- und Methodenlehre der Literaturwissenschaft. 2. Aufl. Mit Beiträgen aus dem Nachlaß hrsg. von E. Trunz. Berlin 1944. S. 32. (Über Gervinus).

Wissenschaft von der deutschen Literatur lange verpflichtet. Die „Germanistik", wie man das Fach zunächst nannte, erblickte ihren eigentlichen Sinn in der Erkenntnis und in der Festigung des eigenen Volkstums.

Daß ästhetische Gesichtspunkte hierbei zunächst eine untergeordnete Rolle spielten, zeigt sich schon in der Bezeichnung, die man für das neue Fach wählte: „Germanistik", das war ursprünglich die Wissenschaft und die Lehre vom germanischen Recht. Auch Jacob Grimm verwendete den Begriff zunächst in diesem Sinne. Als germanistischer Jurist hatte er selbst begonnen, und als Herausgeber deutscher Rechtsaltertümer (1828) sowie des bäuerlichen Gewohnheitsrechts, wie es in den „Weistümern" bewahrt wurde (Bd. 1—4, hrsg. 1840—1863), blieb er bis zu seinem Lebensende deutscher Rechtshistoriker. Geschichte, Rechtswissenschaft und Sprachforschung waren für ihn nur verschiedene Aspekte ein und derselben Sache. Grimm nannte sie „Deutschheit". Aufgabe dieser umfassenden Wissenschaft aber war nicht nur die Erhellung des Dunkels der deutschen Vorzeit, sondern die Beeinflussung der Zukunft des deutschen Volks. Als Romantiker erhofften sich die Germanisten vom Schlage Jacob Grimms von der Rückbesinnung auf die Gemeinsamkeit der Sprache eine Belebung des Gemeingeists aller germanischen Völker. Nichts trifft vielleicht besser die Atmosphäre jenes Denkens als die Verse Max von Schenkendorfs:

> Einst wird es wieder helle
> in aller Brüder Sinn,
> sie kehren zu der Quelle
> in Liebe' und Reue hin[4].

Dieses Ziel gab allen antiquarischen Bemühungen der Frühzeit des Fachs ihre tiefere Würde und machte die Erforscher „deutscher Art und Kunst" auf Grund von Zeugnissen des deutschen Altertums zu Vertretern einer — wie wir heute sagen würden — „engagierten", einer „National"-Wissenschaft.

Die Wörter „Nation" und „national" spielten in jenen Anfängen der Germanistik eine so große Rolle, weil die Sache, die diese Wörter vertraten, im Zentrum der wissenschaftlichen Anstrengungen lag. Hierbei müssen wir uns jedoch immer bewußt sein, daß diese Zentralbegriffe damals eine andere Bedeutung hatten als in späteren Zeiten, wo sie oft konservativen oder gar imperialistischen Interessen dienstbar gemacht wurden. Für Jacob Grimm und seine Zeitgenossen bestand noch ein enger Zusammenhang zwischen dem Wort „Nation" und dem lateinischen „na-

---

[4] *von Schenkendorf*, Max: Erneuter Schwur. (An Friedrich Ludwig Jahn. Junius 1814).

tus"(=geboren): Eine „Nation", das waren für sie die Menschen, die in einem Lande geboren und durch diese ursprüngliche Zusammengehörigkeit unauflöslich miteinander verbunden waren, mochten sie nun reich oder arm, vornehm oder gering, gebildet oder ungebildet sein. Die Neigung der Brüder Grimm etwa, den toten und den lebenden Zeugnissen gerade des einfachen Volks nachzuspüren, findet in dieser demokratischen Haltung ihre Erklärung, deren gesellschaftliche Konsequenzen ihnen freilich keineswegs in vollem Umfang bewußt waren. Die liberalen Tendenzen der Zeit führten häufig gerade im Kreise der Germanisten zur Auflehnung gegen die bestehenden Zustände, zu Protesten, die sich nicht in verbalen Demonstrationen erschöpften, sondern auch vor schweren materiellen Opfern nicht zurückschreckten.

In der nächsten Generation entwickelte sich aus der wissenschaftlichen Vertiefung in die deutsche Vergangenheit gelegentlich sogar ein revolutionärer Elan: Heinrich Hoffmann von Fallersleben (1798—1874), der Dichter der demokratisch konzipierten deutschen Nationalhymne, schrieb 1840/41 „Unpolitische Lieder", deren einziger Inhalt freilich die Politik ist. In einem dieser Gedichte, „Herrnhuter in beiderlei Gestalt", heißt es:

> Nie wollt ihr des Herrn vergessen,
> Nicht beim Trinken noch beim Essen,
> Und ihr tunkt in roten Wein
> Ein biscuiten Lämmlein ein.
>
> So erfüllt ihr Gottes Willen
> Im Geheimen und im Stillen,
> Und es iss auf Christi Tod
> Euer Nachbar trocken Brot[5].

Der Verfasser mußte für diese und andere Angriffe auf die soziale Gewissenlosigkeit seiner Zeit, die sich hinter dem Bund von Krone und Altar versteckte, bitter büßen.

Hinter allen antiquarischen Interessen, hinter aller Sammellust und Editionswut jener Germanisten der ersten Hälfte des 19. Jahrhunderts war also deutlich ein überliterarisches, ja ein überästhetisches Interesse verborgen, das Bewußtsein einer gesellschaftlichen Verpflichtung und eines gesellschaftlichen Auftrags nämlich. Einen solchen hatte schon Jacob Grimm im Auge, wenn er in der Vorrede zu den „Altdeutschen Wäldern" versicherte: „wir erkennen eine über alles leuchtende gewalt der gegenwart an, welcher die vorzeit dienen soll...[6]."

---

[5] *Hoffmann von Fallersleben,* Heinrich: Unpolitische Lieder. 1. Theil. 2. Aufl. Hamburg 1840. S. 65.
[6] *Grimm,* Jacob: Kleinere Schriften. Bd. 8. Vorreden, Zeitgeschichtliches und Persönliches. Gütersloh 1890. S. 6.

Stärker als die anderen philologischen Fächer, die sich ebenso wie die Germanistik im Laufe der zweiten Hälfte des 19. Jahrhunderts um Autonomie bemühten, blieb darum das Gebiet der Brüder Grimm der Entwicklung verbunden, die der deutsche Staat und die deutsche Gesellschaft im Laufe der Zeit nahmen. Noch der Kampf um die Befreiung des Fachs aus der mächtigen Umarmung der klassischen Philologie war Ausdruck einer Gesinnung, für die der Begriff „national" mit dem Begriff „sozial" oft identisch war. Wenn man jetzt danach strebte, das Schwergewicht der Erziehung auf jenes Sprach- und Kulturgebiet zu verlegen, in dem alle Schichten des Volks durch ihre Geburt zu Hause waren, so wandte man sich hierdurch nicht zuletzt gegen das Privileg bevorzugter Kreise, die es sich leisten konnten, auf langwierigem und oft kostspieligem Wege Latein und Griechisch zu lernen und sich damit die Grundlage einer „höheren" Bildung zu schaffen.

In der Frühzeit der Germanistik hatte sich — wir erinnern uns — die gesellschaftliche Bedingtheit des Fachs häufig in der indirekten oder gar direkten Kritik an den herrschenden politischen und sozialen Verhältnissen gezeigt. Dies änderte sich nun grundlegend: Unter dem Eindruck des Sieges über die Franzosen im Jahre 1871 und des wirtschaftlichen Aufschwungs der Gründerzeit verstand sich die offizielle Germanistik allmählich immer mehr als Dienerin einer Nation, die imperialistische Ziele verfolgte. Eine Erscheinung wie der einflußreiche Berliner Universitätslehrer Gustav Roethe etwa, der sich als Repräsentant der „Rechten", als Nationalist und Monarchist fühlte und einer Rechtspartei als Wahlredner diente, ist nur zu begreifen aus der ganz engen Verbindung der Wissenschaft von der deutschen Literatur mit der politisch-sozialen Realität Deutschlands. Die Richtung des Angriffs freilich hatte sich jetzt vollkommen geändert. Nicht mehr der Veränderung der politischen und gesellschaftlichen Verhältnisse sollte die Beschäftigung mit der deutschen Literatur dienen, sondern der Festigung der politisch-sozialen Vergangenheit. In Roethes Vortrag „Deutsche Dichter des 18. und 19. Jahrhunderts und ihre Politik" vom 13. April 1919 heißt es: „Die Sozialdemokratie hat ja aber die Courage besessen, sich in Weimar[7] auf die ‚Wanderjahre' und gar auf den 2. Teil des ‚Faust' kühnlich zu berufen. Nun, der ‚Faust' ist das geschlossene Bekenntnis zu dem königlich schaffenden Manne, der seinem Volke die Freiheit erringt, in der es glücklich ist durch Kampf und Arbeit. Und die pädagogischen Lehren der ‚Wanderjahre' gipfeln in der Ehrfurcht, von der unsere Demokratie[8] wenig wissen will. Wenn aber Goethe mit dem Gedanken spielt, auf neuem Lande eine Arbeitsgemeinschaft entstehen zu lassen, in der man

---

[7] Gemeint ist die Weimarer Republik.
[8] Sie war zur Zeit des Vortrags also ganze fünf Monate alt.

sozialistische Züge zu erkennen glaubte, so bestimmte ihn der Wunsch, den tüchtigen Handwerker vor der unheilvollen Wirkung der Maschine zu selbständig freudigem Wirken zu retten; auch hier ist das Ziel, daß der Tüchtige in diesem wohlpolizierten, von überlegnem Führer geleiteten Kreise das rechte Feld zu würdiger Entfaltung tätiger Kraft finde ... Goethe wußte sehr genau, daß die Masse überragende Leistung nicht ehrt, sondern steinigt... Nun ja, daß Seine Exzellenz, der Herr Staatsminister von Goethe, leider kein ‚Volksfreund' war, ist schließlich kein Wunder...⁹."

Sogar diejenige literaturwissenschaftliche Richtung, die sich unter dem Einfluß Stefan Georges entwickelte, zeigt einen engen Zusammenhang mit der gesellschaftlichen Situation ihrer Zeit — und zwar gerade indem sie diesen Zusammenhang leugnet. Ihr wichtigstes Publikationsorgan („Blätter für die Kunst") will bewußt — wie es in der Einleitung heißt — „alles staatliche und gesellschaftliche" ausscheiden[10]. Eine Rückzugsideologie wird hier entwickelt, wenn der gesellschaftlich-politische Zerfall der Zeit aufgehalten werden soll durch eine Elite, deren Leitstern der „Dichter als Führer" ist. Man erkennt ihn vor allem in Stefan George, aber man glaubt, ihm auch in der Vergangenheit der deutschen Literatur zu begegnen. Max Kommerell besingt die elitebildende Kraft Klopstocks und Herders, Goethes und Schillers, Jean Pauls und Hölderlins. Sein Buch schließt mit einer Prophezeiung, die wenige Jahre später schreckliche Wirklichkeit werden sollte: „... ehrfürchtig froh umfassen wir in jedem für sich ein höchstes Deutsches, in ihnen zusammengenommen die deutsche Allheit... Sie sind kein bloß Gewesenes: deutsche Urbilder kehren sie wieder... die Kernstoffe, die sie bergen, binden sich neu zu neuer Mischung, und der Grund, der so reich gebar, kann unter anderm Sternstand neu gebären. Dann wird, was sich einst schied oder befocht, eins und wirkt einhellig, und dem Volk, das nicht minder den kaum glaublichen Umfang seines Erbes zu kennen wagt wie die Schwere seiner fernern Bestimmung, werden seine namengebenden Dichter die Gnaden der zweiten Hohzeit fassen helfen: das Heute meisterlicher Herrschaft, den zeitlos unerschöpflichen Traum, der fortwebt mitten im Ärgsten: dem Unsicherwerden des volkhaften Lebenstriebs, — und ein innig ernstes Morgen, wo die Jugend die Geburt des neuen Vaterlandes fühlt in glühender Einung und im Klirren der vorzeit allzu tief vergrabenen Waffen[11]."

---

⁹ *Roethe*, Gustav: Deutsche Reden. Hrsg. von Julius Petersen. Leipzig o. J. (1927?). S. 286 f. — Es ist hier nicht der Ort, die wissenschaftliche Unhaltbarkeit dieser Goethe-Interpretationen zu behandeln.
[10] Bd. 1. Berlin 1892. S. 1.
[11] *Kommerell*, Max: Der Dichter als Führer in der deutschen Klassik (= Werke aus dem Kreis der Blätter für die Kunst: Geschichtliche Reihe). Berlin 1928. S. 483.

II.

Soviel mag zur Kennzeichnung der gesellschaftlichen Voraussetzungen und der mannigfaltigen gesellschaftlichen Wirkungen jenes Fachs genügen, aus dem sich schließlich die Wissenschaft von der deutschen Literatur entwickelt hat. Dieser „Literaturwissenschaft" aber gilt heute das Interesse immer zahlreicherer Studierender, die sich einer Disziplin zuwenden, welche noch heute im akademischen Volksmunde meist „Germanistik" genannt wird. Doch dies Wort sagt nur ungenau, was Studierende und Lehrende unserer Gegenwart von der wissenschaftlichen Beschäftigung mit der Literatur erwarten. Die Ermittelung des dokumentarischen Charakters einer Dichtung tritt immer mehr in den Hintergrund — und zwar nicht allein, weil dieser dokumentarische Charakter dank gründlicher Arbeit früherer Forschergenerationen bis auf wenige Epochen, Autoren oder Werke unserer Literaturgeschichte feststeht. Die Frage nach der geschichtlichen Aussagekraft solcher literarischen „Dokumente" hat vor allem deswegen an Bedeutung eingebüßt, weil sich in steigendem Maß die Überzeugung durchsetzt, daß die Kenntnis historischer und damit nicht zuletzt gesellschaftlicher Zusammenhänge für das künstlerische Verständnis poetischer Texte nicht allzu wichtig sei. Ja, deren Würde und Eigenart könne der Liebhaber wie der Forscher geradezu verfehlen, wenn er sich von dem Interesse für die zeitgeschichtlichen Elemente einer Dichtung leiten lasse.

Wie ist dieser Wandel zu erklären? Zunächst einmal aus der Tatsache, daß auch in unserem Jahrhundert die Ästhetik der Dichtung ein getreuer Spiegel der Dichtung selbst ist. Erscheinungen wie George, Rilke und Hofmannsthal — um nur von Deutschland zu reden — haben einen ganz neuen Maßstab gefordert. Ihre Gedichte wollten nicht mehr — wie bisher oft — als Ausdruck bestimmter universal- oder individualgeschichtlicher Verhältnisse, sondern als unmittelbar inspiriert verstanden werden[12]."

Diesen Dichtungen war also eine Beschäftigung nicht mehr angemessen, die durch die Texte zu ihren gesellschaftlichen und geschichtlichen Anlässen hinführte oder umgekehrt. Sie forderten vielmehr einen Leser, der sich ausschließlich auf das Werk selbst und auf den unlöslichen Zusammenhang seiner Form mit seinem Gehalt konzentrierte. Der künst-

---

[12] Rilke berichtet über die Vollendung der „Duineser Elegien" genau in der Weise, wie Heilige ihre religiösen Inspirationen schilderten: „... es war ein namenloser Sturm, ein Orkan im Geist..., alles, was Faser in mir ist und Geweb, hat gekracht, —..., Gott weiß, wer mich genährt hat. Aber nun *ists*. Ist. Ist. Amen." (Rilke an Marie Taxis, 11. 2. 1922. Abgedruckt in: Rainer Maria Rilke und Marie von Thurn und Taxis, Briefwechsel. 2. Bd. Zürich 1951. S. 698).

lerische Wert zeigte sich gerade darin, daß alle geschichtlich-biographischen Materialien eingeschmolzen waren[13].

Doch damit nicht genug: So wie die moderne Dichtung, am deutlichsten die moderne Lyrik, die außerdichterischen, vor allem die gesellschaftlichen Bedingungen der Literatur als quantité négligeable verstand oder sogar ganz leugnete, so lehnte sie auch die Möglichkeit einer direkten Wirkung der Dichtung auf die Gesellschaft ab. Dem in sich selbst vollendeten literarischen Werk waren derartige Funktionen nicht angemessen.

Als inspirierte Texte von höchster Eigenart waren diese Dichtungen jedoch wie alle inspirierten Schriften nun gerade auf Auslegung und Deutung angewiesen, sollten sie richtig gewürdigt und verstanden werden. Die Grundsätze solcher Auslegung kunst-heiliger Texte hat Peter Szondi in einer durch ihren Scharfsinn bestechenden Studie entwickelt, die ein präziser Angriff auf die historische Methode der Literaturbetrachtung ist. Dort heißt es: „Was die Literaturwissenschaft gegenüber der Geschichtswissenschaft kennzeichnet, ist die unverminderte Gegenwärtigkeit auch noch der ältesten Texte[14]." Wenn man diesen Satz ernst nimmt, so gewinnt man gerade durch ihn einen Hinweis auf die geistesgeschichtliche und gesellschaftliche Position, die darin ausgesprochen wird. Der Autor wendet hier ein sehr altes Verfahren zur Analyse von Texten, nämlich das theologische, auf poetische Werke an. „Unverminderte Gegenwärtigkeit auch noch der ältesten Texte" — das ist die Haltung, die jede Theologie ihren Zeugnissen gegenüber einnimmt, Zeugnissen, denen jedes relativierende Verfahren unangemessen ist, weil sie „inspiriert" und als inspirierte Texte absolut sind. Der moderne Literaturwissenschaftler trifft sich hier also auf das Genaueste mit der modernen Dichtung jenes „absoluten" Typs, von dem die Rede war. (Der

---

[13] Das eindrucksvollste Beispiel solcher „reinen" Literatur findet sich im Werk Rimbauds. Es ist das Sonett „Voyelles", das folgendermaßen beginnt:
 A noir, E blanc, I rouge, U vert, O bleu, voyelles,
 Je dirai quelque jour vos naissances latentes:
 A, noir corset velu des mouches éclatantes
 Qui bombillent autour des puanteurs cruelles,

 Golfe d'ombre; E, candeur des vapeurs et des tentes,
 Lance des glaciers fiers, rois blancs, frissons d'ombelles;
 I, poupres, sang craché, rire des lèvres belles
 Dans la colère ou les ivresses pénitentes...
(Arthur Rimbaud, Sämtliche Gedichte. Französisch, mit deutscher Übertragung von Walther Küchler. Heidelberg 1946. S. 104).
[14] *Szondi*, Peter: Zur Erkenntnisproblematik in der Literaturwissenschaft. (In: Universitätstage 1962. Veröffentlichung der Freien Universität. Wissenschaft und Verantwortung. Berlin 1962. S. 74. — Auch in: Die Neue Rundschau. 73. 1962. S. 148).

Begriff einer „poésie pure" weist besonders deutlich in diese Richtung.) Mit anderen Worten: Die Kunst gewinnt den absoluten Rang heiliger Schriften, die Wissenschaft von der Dichtung tritt neben die Theologie.

Bei dieser Form von Literatur, der die erwähnte „absolute" Literaturwissenschaft ganz konsequent folgt, scheinen außerkünstlerische, scheinen vor allem gesellschaftliche Gesichtspunkte jede Bedeutung verloren zu haben. Und dennoch ist die Bindung solcher poetischen wie solcher poetologischen Verfahren an bestimmte gesellschaftliche Voraussetzungen nicht zu übersehen. Die Konstituierung einer inspirierten Poesie wird genau in dem Augenblick akut, in dem die europäische Gesellschaft beginnt, sich von ihren theologischen Bindungen frei zu machen. Das geschieht bereits lange vor der Bewegung des französischen Symbolismus, der einen so ungeheuren Einfluß auf die deutsche Dichtung ausüben sollte. Und es geschieht — bezeichnenderweise — zunächst im theologischen Raume selbst und unter Verwendung theologisch-mythischer Bilder und Symbole. Wenn Peter Szondi zum Beweis für seine These von der Autonomie der Dichtung vor allem Hölderlins mythisches Gedicht „Die Friedensfeier" heranzieht, so ist das deshalb ein sehr geschickter Griff. Aber die Frage will nicht verstummen: Sind wirklich alle Texte, unabhängig von der Zeit und den Bedingungen ihres Entstehens, unabhängig von ihrer Gattung, in gleicher Weise autonome Gebilde — und damit in gleicher Weise nur der werk-immanenten Betrachtung zugänglich? Diese Frage aber führt uns zurück zu unserm Ausgangspunkt, der These nämlich, daß Dichtung inspiriert sei wie ein theologisches Zeugnis.

Die Methode der werk-immanenten Interpretation beruht auf einer stillschweigenden Voraussetzung: daß Kunst im Wertsystem der Menschen an erster Stelle stehe, weil sie inspiriert sei. Dies aber ist eine eminent gesellschaftliche Entscheidung, deren Bedingtheit sogleich einleuchtet, wenn man sich jener Epochen der Geschichte erinnert, in denen die Kunst ganz im Gegensatz dazu nur eine dienende Funktion hatte und sich oft sogar nur im Rahmen allgemeiner gesellschaftlicher Veranstaltungen und Institutionen entfalten konnte. Mit dem Verschwinden dieser Voraussetzungen war sie als Kunst nicht mehr nachvollziehbar und konnte nur noch durch die Vergegenwärtigung ihrer realen Begleitumstände wieder begreifbar werden. Ein naheliegendes Beispiel hierfür ist das geistliche Drama des Mittelalters, das entweder als kirchliche oder — später — als kommunale Gemeinschaftsveranstaltung fern von allen rein ästhetischen Zielen eine gesellschaftliche Funktion erfüllte — in der Kirche als Bestandteil der Liturgie oder als ihr Ersatz auf den Marktplätzen als großes städtisches Fest, bei dem man Kunstsphäre und Wirklichkeit überhaupt nicht trennen konnte und wollte. Bis tief in das 18. Jahrhundert hinein steht die Kunst und nicht zuletzt die Literatur im Dienste solcher allgemeinen Zwecke und Aufgaben, wobei es für unsere Frage unwichtig ist, wie sich die Ziele weisenden Instanzen ändern, solange sich nur die gesellschaftliche Realität in den Werken selbst zum Ausdruck bringt. Es gibt also offensichtlich Literatur, die ihrer Wurzel und ihrem Zweck nach alles andere als autonom ist.

Alle Literatur dieses Typs aber läßt sich mit den Mitteln der rein immanenten Analyse nicht oder nur unzureichend erfassen und würdigen. Stillschweigend scheinen auch die Vertreter der autonomen Literaturbetrachtung diese weiten Bereiche der Dichtung auszuschließen, bei denen es sich eben nicht um inspirierte, sondern um gelenkte, um beauftragte — mit einem Wort um gesellschaftliche Literatur handelt. Daß auch in unserer eigenen Epoche die Schriftsteller in den Dienst politischer und gesellschaftlicher Zwecke gestellt werden können, zeigt ein Blick auf diejenigen Länder, in denen die marxistische Theorie, die Theorie vom Primat der Gesellschaft, praktiziert wird. Hier hat der Autor stofflich wie formal meist sehr genau umschriebene Aufgaben zu erfüllen. Selbstverständlich entspricht dieser Auffassung von Dichtung auch die Vorstellung von den Funktionen der Literaturwissenschaft. Die werk-immanente Methode bildet hierzu den diametralen Gegensatz. Der bekannteste Literaturwissenschaftler des Marxismus, Georg Lukács, versteht sich darum — jedenfalls in der letzten Epoche seiner Entwicklung — ganz konsequent in erster Linie als Historiker, dem es aufgetragen ist, die Klassenwahrheit der jeweiligen Dichtung zu ermitteln und ihren Wert nach dem sich in ihr offenbarenden Grade der Fortschrittlichkeit im marxistischen Sinne zu bestimmen. Es ist nur konsequent, daß der späte Lukács den ästhetischen Qualitäten der Literatur daher geringe Aufmerksamkeit schenkt[15].

III.

Wir haben uns bisher in etwas abstrakter Weise die beiden extremsten Positionen vergegenwärtigt, von denen aus in unserer Zeit die Dichtung betrachtet, analysiert und gewertet wird. An einem konkreten Beispiel wollen wir nun zeigen, wie gefährlich jede Verabsolutierung der Methode ist, in wie hohem Grade sich vielmehr das literaturwissenschaftliche Verfahren nach dem jeweiligen Werk zu richten hat.

Die erste Fassung von Goethes Gedicht „An den Mond", die zwischen 1776 und 1778 entstanden ist, scheint dem Verständnis zunächst keine Schwierigkeiten zu bieten. Der Text lautet nach der Hamburger Goethe-Ausgabe:

---

[15] Stützt sich die werk-immanente Methode vor allem auf die Lyrik, die Aussageform des inspirierten Ichs, so wendet sich Lukács mit Vorliebe der gesellschaftlichsten Gattung der modernen Literatur, dem Roman, zu.

> Füllest wieder s'liebe Tal
> Still mit Nebelglanz,
> Lösest endlich auch einmal
> Meine Seele ganz.
>
> Breitest über mein Gefild
> Lindernd deinen Blick
> Wie der Liebsten Auge, mild
> Über mein Geschick.
>
> Das du so beweglich kennst,
> Dieses Herz im Brand,
> Haltet ihr wie ein Gespenst
> An den Fluß gebannt,
>
> Wenn in öder Winternacht
> Er vom Tode schwillt
> Und bei Frühlingslebens Pracht
> An den Knospen quillt.
>
> Selig, wer sich vor der Welt
> Ohne Haß verschließt,
> Einen Mann am Busen hält
> Und mit dem genießt,
>
> Was den Menschen unbewußt
> Oder wohl veracht'
> Durch das Labyrinth der Brust
> Wandelt in der Nacht[16].

Der Anfang ist deutlich und von jedem nachzuempfinden. Der Mond selbst wird angeredet. Sein Nebelglanz erfüllt die Seele des Sprechenden mit der gleichen Harmonie, wie es das mild begütigende Auge der Liebsten tut. Die dritte Strophe aber bietet dem Verständnis beträchtliche Schwierigkeiten. Sie ist die genialste des ganzen Gedichts, der Schlüssel zu seiner Erklärung. Ihre ersten beiden Verse sind noch verständlich. Das „Du" bezieht sich auf den Mond und — in Erinnerung an den Vergleich des Mondes mit der Liebsten — zugleich ein wenig auf die Geliebte selbst. Die nächsten beiden Verse jedoch:

> Haltet ihr wie ein Gespenst
> An den Fluß gebannt...

sind fast unverständlich. Wer wird hier angesprochen? Und was ist hier gemeint? In unseren Tagen scheint sich die Literaturwissenschaft dazu entschlossen zu haben, dieses Gedicht — und in ihm zumal diese beiden rätselhaften Zeilen — aus ihm selbst heraus zu verstehen, so wie in der Interpretation, die sich im Anmerkungsteil der Hamburger

---

[16] Goethes Werke. Hamburger Ausgabe. Bd. 1. Textkritisch durchgesehen und mit Anmerkungen versehen von Erich Trunz. 2. Aufl. Hamburg 1952. S. 128 f.

Goethe-Ausgabe findet. Sie hat alle Ergebnisse der modereren Goethe-Forschung eingearbeitet und kommt zu folgendem Schluß: „Auch wenn man das *ihr* in Vers 11 auf Mond und Tal bezieht, so tönt doch mehr mit, nämlich das in Vers 7 — wenn auch nur metaphorisch — aufgeklungene Wort die *Liebste*[17]." Diese Deutung läßt die schwierige Stelle ungeklärt und bleibt deshalb unbefriedigend.

Versuchen wir nun, den anderen Weg zu gehen, also die historische Methode anzuwenden, und vergegenwärtigen wir uns die Situation, in der Goethe das Gedicht schrieb. Rufen wir uns vor allem ins Gedächtnis, daß es eine ganz bestimmte Funktion erfüllen sollte. Um mit letzterem zu beginnen: Goethe hatte sich für eine Melodie seines Jugendfreundes Philipp Christoph Kayser begeistert, die dieser zu einem Text Heinrich Leopold Wagners komponiert hatte. Dieser Text trägt den Titel „An den Mond" und beschreibt in konventionell anakreontischer Weise den Gegensatz zwischen der „Torheit" des Hoflebens und dem Glück einer verschwiegenen Liebe[18]. Goethe ersetzt ihn durch etwas Neues, und die Tatsache, daß er seiner Fassung, die er an Frau von Stein schickte, die ursprünglichen Noten beifügte, zeigt, daß er sein Gedicht zunächst gar nicht als reine Poesie verstanden wissen wollte, sondern als eines jener Lieder, wie man sie damals in geselligem Kreise vorzutragen liebte.

Das „ihr" aber, das den Auslegern so viel Kopfzerbrechen bereitet hat, wird sofort klar, wenn man diesen Zweck des Liedes im Zusammenhang mit der Situation Goethes zur Entstehungszeit des Gedichts sieht. Die Antithese des ursprünglichen Wagnerschen Textes bildet auch hier noch den Ausgangspunkt; es ist der Gegensatz zwischen der höfischen Gesellschaft und dem Individuum. Goethe hat dies barocke Schema allerdings mit eigener Erfahrung erfüllt. Mit jenem rätselhaften „ihr" aber kann nur die Gesellschaft jener Stadt gemeint sein, in der für ihn „zu schweigen und zu leiden Zeit" war — so jedenfalls drückte Goethe sein Verhältnis zu Weimar wenige Jahre später in seinem Gedicht „Ilmenau" aus, er, dem die höfische Kunst versagt war, sich „künstlich zu betragen[19]." Auch hier also geht es — wie im ursprünglichen Liedtext — zunächst noch um das Spannungsverhältnis zwischen dem Einzelnen und der Gesellschaft.

---

[17] a. a. O., S. 472. — Eine Bibliographie der umfangreichen Spezialliteratur über Goethes Mondlied, der der Verf. in mancherlei Einzelheiten verpflichtet ist, findet sich a. a. O., S. 474.
[18] Abgedruckt in: Josef Körner, Goethes Mondlied. Ein Deutungsversuch (=Preußische Jahrbücher. Schriftenreihe. 25). Berlin 1936. S. 10.
[19] Goethes Werke. Bd. 1. A. a. O., S. 107—112. Zitiert wurde aus den Versen 95 und 117.

Die Lösung dieses Spannungsverhältnisses freilich scheint nicht mehr die, welche Heinrich Leopold Wagner präsentierte. Die Lebenslehre, die der vom Ganzen auch äußerlich abgesetzte Schluß des Goetheschen Liedes entfaltet, sieht den Ausweg aus der notvollen Situation offenbar gerade nicht in der Liebe, sondern in einer anderen Bindung des Menschen, in der Freundschaft. Aber das ist wenig einleuchtend, wenn man daran denkt, wie doch im Anfang gerade die Liebe als Metapher der Seelen-Besänftigung diente („... wie der Liebsten Auge, mild über mein Geschick"). Die Erklärung für diesen Widerspruch, den man durch eine ungerechtfertigte Gleichsetzung von „Mann" mit „Freund" zu umgehen versucht hat, bietet die rätselhafte dritte Strophe, von der wir ausgingen: Die Liebste lindert zwar das „bewegliche", das in Liebe brennende Herz; aber sie kennt es nur, ohne es in Wahrheit zu verstehen. Sie selbst nämlich ist ja Teil jener fremden Welt des Hofes, die den Dichter immer wieder dorthin zwingt, wo allein er das treue Gegenbild seiner bewegten, seiner labyrinthischen Seele findet, zum Fluß, dem ihm verwandten Element:

> Wenn in öder Winternacht
> Er vom Tode schwillt
> Und bei Frühlingslebens Pracht
> An den Knospen quillt.

Es wird uns nun nicht mehr überraschen, daß die beiden letzten Strophen, die „Nutzanwendung" des Ganzen, wie wir bei einem teilweise noch ganz im Stil gesellschaftlicher Kunstübung verfahrenden Text formulieren dürfen, einen Schlußstrich unter das bisher vom Dichter Gesagte ziehen. Es gibt nur eine wahre Lösung: nämlich die Trennung von der Welt und ihrer Enge, die hier noch wie so oft in der Dichtung des Barock das Gesicht des Fürstenhofs trägt, von den „Menschen", hinter denen die höfische Gesellschaft Weimars aufscheint, zu der auch die Adressatin der Verse gehört. Die milde Linderung, so dankbar sie empfunden wird, verhüllt nur — dem Nebel gleich — einen Teil der Wahrheit. Gefordert wird demgegenüber ein Verstehen, das um die dämonischen und elementaren Kräfte des Menschen weiß. Nun läßt sich auch begreifen, warum selig gepriesen wird, wer

> Einen *Mann* am Busen hält
> Und mit dem genießt,
> Was den Menschen unbewußt
> Oder wohl veracht'
> Durch das Labyrinth der Brust
> Wandelt in der Nacht.

In seinen Schlußstrophen wendet sich das Gedicht nämlich an die „Liebste" des Anfangs und damit an die Empfängerin des Lieds. Ihr wird jenes wahre, jenes lebendige Dasein vor Augen gestellt, das der Mensch erringen und genießen kann, wenn er sich aus dem Leben einer erstarrten Gesellschaft zurückzieht und seine Brust geheimnisvollem Wandel öffnet.

Die erste Fassung von Goethes Gedicht „An den Mond" war also nicht aus dem Texte allein zu verstehen, sondern es bedurfte hierfür bestimmter Kenntnisse vom Leben des Dichters und von der gesellschaftlichen Situation seiner Zeit. Und doch handelt es sich hier um mehr als um ein interessantes Selbstzeugnis des Autors aus seiner frühen Weimarer Epoche. Jene Grundproblematik, welche die künstlerisch vollkommene spätere Fassung (1787/88) kennzeichnet, die Spannung zwischen Mensch und Welt, ist hier bereits angedeutet — freilich in einer Weise, die es noch mit den konkreten gesellschaftlichen Bedingungen dieser Problematik zu tun hat.

Unser Beispiel erwies die Notwendigkeit und Fruchtbarkeit historischer Betrachtung, einer Betrachtung von außen sozusagen. Sie allein machte es möglich, mit der bedeutungsvollsten Strophe des Gedichts zugleich dessen geheimes Zentrum zu enthüllen: den Konflikt zwischen dem genialen Einzelnen, der die Zukunft vertritt, und der Enge einer privilegierten Gesellschaftsschicht, welche die Vergangenheit repräsentiert.

IV.

Immanente Werkdeutung und historische Analyse der Literatur waren die beiden extremsten Verfahren, die sich aus zwei verschiedenen Auffassungen von der Dichtung notwendig ergeben. Der inspirierte Text fordert die werk-immanente Interpretation; Literatur als Ausdruck bestimmter realer Verhältnisse verlangt die Berücksichtigung dieser Voraussetzungen bei der Analyse. Daß beide Methoden in unserer Zeit mit gleicher Kompromißlosigkeit um Anerkennung ringen, spiegelt die Zeit selbst in ihrem ganzen Spannungsreichtum wider. Dabei ist eins zu bedenken: Jene harte Antithetik bleibt in ihrer Ausschließlichkeit abstrakt und unwirklich gegenüber dem einzelnen Werk, das sich häufig genug nur einem kombinierten Verfahren erschließt, wie es unbewußt auch der extremste Verfechter der werk-immanenten Methode anwendet, dessen historisches Bewußtsein selbst dann wirksam bleibt, wenn er sich von ihm zu emanzipieren glaubt.

Der spannungsvollen Einheit einer Dichtung aber durch Überwindung standortbedingter Vorurteile zu ihrem je eigenen Recht zu verhelfen, ist eine Aufgabe, die über das ästhetische Gebiet hinausgeht und damit der Literaturwissenschaft sogar eine nicht unwichtige Funktion in der modernen Gesellschaft zuweist.

PSYCHOLOGIE UND GESELLSCHAFT

Von Hans Hörmann

Wer über die Beziehungen zwischen einer einzelnen Wissenschaft und der Gesellschaft zu berichten hat, sollte den Bericht vielleicht mit einer Definition dieser Einzelwissenschaft beginnen. Definieren heißt die Grenzen abstecken: bis hierher geht die Psychologie. Ich müßte also beginnen, indem ich mit Ihnen die Grenzen abschreite, an denen Psychologie endet, und von dem so umschrittenen Gebiet aus dann den Bogen zu schlagen versuchen zur Gesellschaft. Ein solches Vorgehen scheint mir für meinen Auftrag nicht günstig zu sein, weil die Grenzen der Psychologie umstritten sind. Ich kann nicht hoffen, beim Abstecken des Bereichs, den ich Psychologie nenne, die Zustimmung meiner Nachbarn zu haben, der Phänomenologen, der Soziologen, der Physiologen, der Psychotherapeuten, der Pädagogen, der Biologen, der Philosophen.

Lassen Sie mich deshalb Psychologie nicht als ein Gebiet auffassen, sondern als ein Geschehen. Lassen Sie mich dort beginnen, wo alle Psychologie anfängt: bei dem Ich, das sich selbst als der Welt gegenüberstehend und in ihr sich verhaltend erlebt. Das ist ein Punkt nicht in der Geschichte der Menschheit, sondern in der Geschichte jedes einzelnen Menschen. So gesehen hat die Psychologie jeden Tag Geburtstag: wenn die fraglose Dämmerung des Kleinkindes zum erstenmal sich zum Staunen verdichtet, dem Staunen, welches sich ergibt, wenn das eigene Ich, das eigene Erleben, das eigene Verhalten zum erstenmal Objekt des eigenen Blickes wird.

Aus dem Staunen wird die Frage, die wir alle kennen: Warum? Warum tust du das? — die Frage nach der Motivation. Und um die Antwort auf diese Frage entwickelt sich primär jene Psychologie, die vor aller wissenschaftlichen Psychologie da ist. Wir sind alle schon im Besitz einer Psychologie — längst bevor wir das erste Buch über Psychologie aufgeschlagen, längst bevor wir den Fuß in eine Vorlesung über Psychologie gesetzt haben. Wir alle wissen, daß Dummheit und Stolz auf dem gleichen Holz wachsen — d. h., wir wissen etwas über die Struktur und gegenseitige Abhängigkeit von Charaktereigenschaften. Wir alle wissen, daß man zu einem dreijährigen Kind in einer anderen Sprache reden muß als zu einem dreizehnjährigen — d. h., wir haben bestimmte Ansichten über den Verlauf der seelischen Entwicklung. Wir alle wissen, daß man nicht mehrere Dinge gleichzeitig tun kann — d. h., wir haben bestimmte Ansichten über die Aufnahme- und Verarbeitungskapazität des Organismus. Wir wissen, daß Lärm stört, und daß alte Menschen weniger umstellfähig sind als junge, und daß eine zu lange Reaktionszeit für den Autofahrer gefährlich ist. Und wir wissen, daß man den Trieb, dem anderen etwas wegzunehmen, mit der Kraft des Willens unterdrücken kann. Das Strafgesetzbuch ist der deutliche Ausdruck dieser Psychologie: es ist nur möglich, wenn man besimmte Annahmen über das psychische Funktionieren macht.

Hier stellen wir die Frage: Wozu dient dieses Wissen, diese primäre Psychologie? Die Antwort: zur Ordnung der Welt. Die Situation „ich in der Welt", deren Erlebnis den Urimpuls zur Psychologie bildet, diese Situation wird auch erlebt als zu bewältigende Aufgabe. Verhalten in die Welt ist nur dann erfolgreich möglich, wenn man Objekte kategorisieren, das uns Begegnende ordnen kann. Eßbar — nicht eßbar, gefährlich — nicht gefährlich, Freund — Feind, Vorgesetzter — Untergebener, männlich — weiblich: das sind einige von den vielen Tausend Schemata, mit deren Hilfe wir die Welt ordnen. Überlegen wir einmal, wieviel ein junger Mann schon geleistet hat, wenn es ihm gelingt, ein ihm begegnendes und ihn interessierendes Wesen als weiblich einzuordnen: er kann dann mit einiger Wahrscheinlichkeit annehmen — oder er glaubt zumindest, annehmen zu können —, daß dieses Wesen ziemlich gefühlsbestimmt sein wird, daß seine Verläßlichkeit durch periodische Stimmungsschwankungen gestört werden kann, daß es eher mit kleinen Kindern umgehen kann als er usw. Das sind, wenn man so will, Vor-Urteile; aber machen wir es uns nicht zu leicht: die Abwertung der Vor-Urteile ist zunächst auch ein Vorurteil. Das Wissen, welches unser junger Mann durch die Kategorisierung sich erschließt, macht ihm die Situation, in der er steht, transparenter. Sein Verhalten in die Zukunft hinein kann sich schon an einigen Wahrscheinlichkeiten orientieren und braucht also nicht mehr ganz zufällig und blindlings zu erfolgen.

Diese primäre, vorwissenschaftliche Psychologie ist also ein notwendiger Teil der Ausstattung, welche der Mensch für sein Verhalten in der Welt braucht — notwendig wie die Reflexe, notwendig wie die Intelligenz. Sie stellt einen Katalog von Erwartungsmöglichkeiten dar: Wenn man in dieser Situation jenes tut, wird einem das begegnen. Wenn man bei einem Menschen die Charaktereigenschaft X vorfindet, wird er sich in der Situation Y aggressiv verhalten.

Wer ist der Verfasser dieses Katalogs? Die erste Antwort auf diese Frage lautet wahrscheinlich: dieser Katalog ist der gespeicherte Niederschlag der Erfahrungen des betreffenden Individuums. Diese Antwort ist falsch, denn in dem Katalog sind auch Dinge enthalten, welche diesem Menschen noch nie begegnet sind.

Wenn aber der Verfasser des Katalogs, der Autor dieser primären Psychologie zunächst nicht zu eruieren ist, können wir ihm dann vielleicht auf die Spur kommen, indem wir untersuchen, woher und auf welche Weise der Einzelne diese Psychologie erhält? Und hier ist die Antwort einfacher: Diese primäre Psychologie ist die Psychologie der Gesellschaft, in der wir leben. Sie wird dem Einzelnen vermittelt im Prozeß der Erziehung, des Hineinwachsens in diese Gesellschaft. Wenn man die Kennzeichen einer bestimmten Gesellschaft aufzählt, so hat man dabei auch die Psychologie der Gesellschaft zu nennen, den Komplex ihrer Ansichten über die Faktoren und die Funktionsweise des Verhaltens und des Erlebens.

Damit haben wir eine erste Beziehung zwischen Psychologie und Gesellschaft aufgewiesen, eine Beziehung, die bereits existiert, bevor Psychologie Wissenschaft wird. Jeder von uns hat vor aller wissenschaftlichen Psychologie ein Gebäude von psychologischen Annahmen und Hypothesen und Erwartungen, die unser Verhalten in einer Welt ermöglichen, in welcher die Einschätzung der Triebkräfte und der seelischen Funktionsweise der Mitmenschen von entscheidender Wichtigkeit ist. Die Gesellschaft vermittelt ihren Angehörigen ihre Psychologie, eine Psychologie, welche das Miteinanderleben dieser Menschen steuert und damit die Existenz der Gesellschaft ermöglicht.

Diese primäre Beziehung findet jede wissenschaftliche Psychologie bereits vor. Daraus ergibt sich für uns jetzt die Aufgabe, zu klären, in welchem Verhältnis die wissenschaftliche Psychologie zur vorwissenschaftlichen steht, und — von da aus — in welchem Verhältnis sie zur Gesellschaft steht.

Ich will versuchen, diese sehr komplizierte Relation auf einige Grundlinien hin zu analysieren.

Lassen Sie mich mit dem beginnen, was ich für den entscheidenden Unterschied zwischen vorwissenschaftlicher und wissenschaftlicher Psychologie halte. Das ist der Unterschied in der Gegebenheitsweise.

Was man als Nicht-Psychologe an Psychologischem weiß, an Kenntnissen über seelische Vorgänge und Zusammenhänge hat, das trägt den Anspruch in sich, Abbild der Realität zu sein, wahr zu sein in dem Sinne, daß es Tatsachen der Natur in Worten darstellt. Wenn man sagt, aggressive Menschen sind unzuverlässig, dann steckt darin die Überzeugung, daß die Kategorisierung nach dem Grad der Aggressivität oder dem Grad der Zuverlässigkeit in der Realität existiert und von uns nur entdeckt zu werden brauchte. Man kann sich zwar irren, aber wenn man sich nicht irrt, dann ist das, was der Laie an Psychologie hat, wahr in dem Sinne, daß es getreue und einzig mögliche Darstellung der Wirklichkeit ist.

Für die wissenschaftliche Psychologie gibt es die Kategorie „wahr" nicht. Die heutige Psychologie ist eine Naturwissenschaft, denn sie untersucht ihren Gegenstand (das Verhalten und Erleben des Menschen) in einer Weise, die wiederholbar, nachvollziehbar, prüfbar ist. Sie beschreibt Struktur und Bedingungsgefüge des Verhaltens und Erlebens so, daß diese Beschreibung in eindeutiger Weise mitteilbar ist. Aber — ihre theoretischen Sätze stellen zwar Aussagen über die Realität dar, doch die Begriffe, mit denen in diesen Sätzen operiert wird, tragen nicht so sehr den Charakter des Entdeckten, des Gefundenen, sondern den des Angenommenen, ja des Erfundenen.

Das läßt sich leicht am Problem der Eigenschaften verdeutlichen. Nach der Meinung der vorwissenschaftlichen Psychologie *hat* der Mensch Eigenschaften, die es nur zu entdecken gilt. In der wissenschaftlichen Psychologie ist diese Gegebenheits- oder Existenzweise der Eigenschaften eine andere: wir nehmen Eigenschaften an, um das Verhalten des Menschen erklären zu können. Wir entdecken nicht die Eigenschaft „Intelligenz", sondern wir hypostasieren eine Eigenschaft „Intelligenz", um mit dieser Annahme erklären zu können, wieso bestimmte Verhaltensweisen zusammen vorkommen. Wir haben z. B. beobachtet, daß Leute, die gut rechnen können, meist auch besser Denksportaufgaben lösen und Flugzeuge konstruieren können als Leute, die einfach nicht begreifen, daß $2 \times 2 = 4$ ist. Und um erklären zu können, wieso diese drei Verhaltensweisen so häufig zusammen vorkommen, machen wir die Annahme, daß ihnen *eine* gemeinsame Eigenschaft zugrunde liegt, die wir Intelligenz nennen.

So ist auch der Trieb eine Annahme, so hypostasieren wir auch den Willen, mit denen Richter und Gesetzgeber umgehen wie mit handgreiflichen Pflastersteinen. Wir hypostasieren Eigenschaften, und hypostasieren heißt nach *Kant*, etwas, „was in Gedanken existiert, als einen wirklichen Gegenstand außerhalb dem denkenden Subjekte annehmen". In diesem Sinne hat *Freud* das Unbewußte nicht entdeckt, sondern eher erfunden — was seiner Genialität freilich keinen Abbruch tut.

Lassen Sie mich das oben Gesagte noch einmal etwas anders formulieren: Die vorwissenschaftliche Psychologie dient zwar dem Zweck, Verhalten in der Welt zu ermöglichen, aber sie erhebt einen viel höheren Anspruch, nämlich, wahre Aussage zu sein über Reales. Die wissenschaftliche Psychologie erhebt — wie alle exakten Wissenschaften — diesen Anspruch nicht. Ihr Ziel ist, ein Gedankengebäude zu konstruieren, welches Voraussagen über Verhaltens- und Erlebensweisen ermöglicht, Aussagen, welche nicht die Realität abbilden, sondern sich in der Realität bewähren.

Aus dieser Verschiedenheit der Gegebenheitsweise folgt etwas für uns sehr Wichtiges: die vorwissenschaftliche Psychologie, die mit dem prinzipiellen Anspruch auftritt, Aussagen zu machen über das Sosein der Psyche, ist nicht daran interessiert, auf welchem Wege diese Aussagen gewonnen werden. Wer glaubt, daß der Satz „gleich und gleich gesellt sich gern" die Wirklichkeit darstellt, der braucht sich nicht dafür zu interessieren, wie dieser Satz zustande gekommen ist. Die wissenschaftliche Psychologie hat das Ziel, einen allgemein brauchbaren Apparat zur Vorhersage des Verhaltens und Erlebens zu entwickeln, einen Apparat, der natürlich nur funktioniert, wenn er auf eine bestimmte Art und Weise, nach einer bestimmten Methode bedient wird. Sie ist deshalb in höchstem Maße daran interessiert, das Bedingungsgefüge für das Vorhersagenkönnen zu spezifizieren. Für sie ist ein Satz „gleich und gleich gesellt sich gern" nicht möglich, sondern möglich ist für sie höchstens ein Satz von etwa der Form: Wenn man unter Gleichheit die überdurchschnittliche Übereinstimmung zweier Individuen auf einer in einer 11-Punkte-Skala erfaßten Liste von 20 Eigenschaften versteht, dann kann man sagen, daß in diesem Sinne „gleiche" Individuen sich in einem signifikant höheren Prozentsatz in einer soziometrischen Wahl bevorzugen als „ungleiche". Die Sätze der wissenschaftlichen Psychologie haben also die Form: Wenn du das und das tust, dann kannst du jenes erwarten. Die Anweisung zum Tun, die in diesen Sätzen steckt, impliziert die Wichtigkeit der Methode. Mir scheint zur Kennzeichnung des Unterschieds zwischen wissenschaftlicher und vorwissenschaftlicher Psychologie in erster Linie diese Verschiedenheit der Stellung zur Frage der Methodik zu gehören. Und ein Zeichen dafür, daß der Prozeß der Ablösung der wissenschaftlichen Psychologie von der vorwissenschaftlichen immer noch im Gange ist, ist darin zu sehen, daß unsere wichtigsten Probleme Probleme der Methodik sind.

Noch ein zweites folgt aus dieser Differenz der Gegebenheitsweise psychologischer Sätze. Die Sätze der vorwissenschaftlichen Psychologie sind formuliert in der Sprache der Gesellschaft. Die Sätze der wissenschaftlichen Psychologie müssen, weil sie Handlungsvorschriften sind, exakt sein. (Ich darf in diesem Zusammenhang auf das verweisen, was K. *Hübner* in seinem Vortrag im Rahmen der diesjährigen Universitätstage ausgeführt hat.) Eine Anweisung ist dann exakt, wenn sie bei allen Empfängern das gleiche Verhalten hervorruft. Ein Satz ist dann exakt, wenn er bei allen Empfängern gleich verstanden wird. Um exakt zu sein, muß die Sprache, in welcher die wissenschaftliche Psychologie ihre Mitteilungen macht, eine andere sein als die in der Gesellschaft übliche Sprache, denn diese ist nicht exakt. Daraus folgt, daß die wissenschaftliche Psychologie z. B. unter Angst, unter Leistung, unter Motiv etwas anderes versteht als das, was die Gesellschaft unter diesen Begriffen subsumiert. Die Gesellschaft versteht vieles unter dem Wort Angst. Weil man in der wissenschaftlichen Psychologie aber nur eines unter Angst verstehen soll — nämlich das, worauf der Voraussageapparat geeicht ist —, decken sich die Begriffe nicht. Darin liegt für die Gesellschaft eine Quelle des Mißverständnisses und damit des Ärgers. Die Psychologie muß diese Mißverständnisse in Kauf nehmen, da sie nur so die Mißverständnisse unter den Psychologen vermeiden kann.

Wir haben als fundamentale Beziehung zwischen Psychologie und Gesellschaft herausgearbeitet, daß jede Gesellschaft schon vor jeder Wissenschaft eine Psychologie besitzt. Die Verwissenschaftlichung dieser Psychologie setzt an an einer radikalen Veränderung der Gegebenheitsweise der Sätze und Aussagen, die sich auf Psychisches beziehen. Die damit verbundene Betonung der Methode, mit welcher man zu Aussagen kommt, ist also der vorwissenschaftlichen Psychologie fremd und damit auch für den Laien zunächst kaum einsehbar. Das hat eine für uns Psychologen recht unangenehme Folge: Decken sich die Aussagen der wissenschaftlichen Psychologie mit denen der vorwissenschaftlichen, so erhebt man gegen uns den Vorwurf, wir hätten mit einem überflüssigen Aufwand an Experimenten und Rechnerei Selbstverständliches bestätigt. Decken sich unsere Aussagen mit denen der vorwissenschaftlichen Psychologie nicht — und das ist bei der Mehrzahl unserer Aussagen der Fall —, dann wird das Evidenzgefühl, welches die vorwissenschaftliche Ansicht begleitet, eingesetzt gegen den unverständlichen methodischen Apparat. Ein Satz, der die Präambel trägt „gilt nur unter der Voraussetzung, daß", wird nur schwer gegen einen Satz aufkommen, über welchem das stolze Banner der von allen geglaubten Selbstverständlichkeit weht. Wer Selbstverständlichkeiten in Frage stellt, ist nicht beliebt.

Wir haben eben von dem Sich-Decken oder Sich-nicht-Decken der vorwissenschaftlichen und der wissenschaftlichen psychologischen Sätze gesprochen. Es kommt aber auch vor, daß die wissenschaftliche Psychologie sich mit Fragen befaßt, welche für die vorwissenschaftliche nicht existieren. Auch darin spiegelt sich eine Beziehung zwischen unserer Wissenschaft und der Gesellschaft. Wir hatten anfangs gesagt, die primäre Psychologie, die wir alle haben, sei die Psychologie der Gesellschaft, in der wir leben. Das ist richtig, muß aber jetzt genauer gefaßt werden. Die primäre Psychologie dient dem Zweck, das Miteinanderleben innerhalb der Gesellschaft zu ermöglichen. Aber sie wird dieser Aufgabe zweifellos nicht voll und ganz gerecht. Das kann man von zwei Seiten her sehen: das Leben in unserer Gesellschaft verläuft keineswegs so reibungslos, wie es verlaufen könnte, und: in unserer Gesellschaft und durch sie werden uns Aufgaben gestellt, für welche unsere primäre Psychologie nichts bereit hält.

Beides ist nicht verwunderlich. Die Welt, in der wir leben, die Gesellschaft, in der wir leben, sind nicht die Welt und die Gesellschaft, für die der Mensch gebaut ist. Sie enthalten eine Fülle von Faktoren, die in seinem Plan nicht vorgesehen sind. Der Schutzreflex des Niesens ist gegen radioaktiven Staub inadäquat. Die Denkgeschwindigkeit des Menschen ist für die Lenkung des Verkehrs eines Großflughafens inadäquat. Unsere „eingebauten", von langer Hand uns überreichten Ansichten über die seelische Dynamik einer Familie sind für das Verständnis und die Steuerung einer modernen Großstadtfamilie inadäquat. Was wir von uns wissen und glauben, genügt nicht, um mit uns so auszukommen, daß wir glücklich sind.

Das heißt, die Veränderung der Gesellschaft, welche sich vollzogen hat und sich in immer rascherem Ablauf vollzieht, stellt der Psychologie Aufgaben. Ich will das an drei Beispielen erläutern.

Erstes Beispiel: Die Erziehungsberatung ist nur denkbar, aber auch nur nötig in einer Gesellschaft, in welcher entweder keine adäquaten Erziehungsvorschriften zur Erreichung eines allgemein verbindlichen Erziehungszieles existieren oder doch die Möglichkeit der Realisierung dieser Erziehungsvorschriften nicht mehr gegeben ist. In unserer Gesellschaft besteht keine Einigkeit mehr über das Ziel der Erziehung. Wir sind uns nicht darüber klar, ob es unbedingt gut ist, ein Kind zum Gehorsam zu erziehen; wir sind uns nicht darüber einig, ob es gut ist, wenn ein Mensch immer sich selbst zurückstellt, oder ob es vielleicht besser ist, wenn er in gewissen Fällen Ellbogen hat.

Verstehen Sie mich bitte recht: ich bin ein ausgesprochener Gegner des Geschwätzes von der Krise unserer Zeit. Wenn ich also sage, es besteht keine Sicherheit mehr in bezug auf die Erziehungsziele, so ist dies eine Feststellung, in der kein Bedauern mitschwingt. (Zu bedauern sind höchstens die Kinder, welche auf Ziele hin erzogen werden, die ihren Eltern trotz aller Vorgänge in den letzten hundert Jahren noch nicht einer Frage wert geworden sind.)

Während in früherer Zeit das Erziehungsziel für selbstverständlich gehalten wurde, muß man sich heute für ein solches Ziel entscheiden — und in dieser Entwicklung vom Für-selbstverständlich-Halten zum Sich-Entscheiden liegt ein Stück der Geschichte der Psychologie beschlossen und der Beziehungen zwischen Psychologie und Gesellschaft.

Wenn wir uns also nach langem Fragen für ein Erziehungsziel entschieden haben, dann erhebt sich die Frage, auf welche Weise, mit welchen Mitteln dieses Ziel zu erreichen ist. Wenn wir uns dafür entscheiden, daß wir unser Kind dazu erziehen möchten, auf einen gewissen Druck von außen mit Widerstand, aber nicht mit Aggression zu reagieren — wie ist dieses Ziel zu erreichen in einer Welt des Kindes, die für die Eltern nicht mehr übersehbar ist? Man redet seit langem davon, daß die jüngere Generation in einer anderen Welt lebt als die Älteren —

bedenken Sie, daß dies seit einiger Zeit buchstäblich wahr ist (vgl. dazu den Vortrag von W: Stein „Physik und Gesellschaft"). Die Welt, in der wir lebten, als wir zehn Jahre alt waren, ist von der Welt radikal verschieden, in welcher unsere zehnjährigen Kinder jetzt leben. Wenn wir die Welt unserer Kinder aber nicht mehr aus eigener Erinnerung kennen können, wie können wir dann gezielt Maßnahmen ergreifen, welche sich in dieser uns unbekannten Welt in dem von uns gewünschten Sinne auswirken? So horrend es klingt: ist es nicht vielleicht nötig, eine wissenschaftliche Expedition zu unternehmen, um diese uns unbekannte Welt zu erforschen? Muß man Kinderpsychologie, Entwicklungspsychologie betreiben, um erziehen zu können?

Ein zweites Beispiel: die Feststellung der Eignung für bestimmte Berufe. Wer im Kindergarten als erster sein Frühstück gegessen hat, ist Kaiser, der zweite König, dann Edelmann, Bürger, Bauer, Bettelmann. Das ist eine maximal einfache Berufsgliederung. Welchen dieser Berufe man ergriff, das war festgelegt, das war weder von Neigung noch von Eignung bestimmt.

Zieht man nun von dieser sehr primitiven Gliederung die Verbindungslinien zum Status unserer Zeit, wo wir mehr als 6000 verschiedene Arten von Berufen unterscheiden, so führen diese Verbindungslinien durch einige für uns recht interessante Zwischenstadien. Es gab einen Grad der Differenziertheit des Berufslebens, bei welchem bestimmte Eignungsfaktoren durchaus schon eine Rolle spielten, Faktoren wie Fleiß oder Intelligenz, also sehr globale, grobe Faktoren.

Mit solchen Faktoren operiert unsere primäre Psychologie. Wir sind gewohnt, Menschen zu klassifizieren nach dem Grad ihrer Intelligenz, ohne genauer zu fragen, was denn in diesem „Beutel" Intelligenz drin steckt. Die Gesellschaft stellt uns heute aber diese Frage. Sie will wissen, ob der Wirtschaftsingenieur eine höhere Intelligenz benötigt oder der Zahnarzt, ob der Steuermann einer Stahlwalzstraße fleißiger sein sollte oder der Fahrer eines Omnibusses. Und diese Fragen stellen heißt einsehen, daß die Operation mit den uns gewohnten globalen Faktoren wie Intelligenz oder Fleiß unzulänglich ist.

Die Differenziertheit unserer Gesellschaft zwingt die Psychologie, neue Eigenschaften zu konstruieren, nach denen man Menschen unterscheiden kann, neue Dimensionen, die unendlich komplexer sind als etwa die zwischen den Polen dumm und klug sich erstreckende Dimension der Intelligenz.

Wenn es aber eines großen wissenschaftlichen Aufwandes bedarf, um überhaupt erst einmal festzustellen, welches die relevanten, die in unserer Gesellschaft relevanten Eigenschaften sind, in denen sich Menschen unterscheiden, dann ist natürlich nicht zu erwarten, daß wir Vorhandensein und Stärke dieser Eigenschaften in einem bestimmten Individuum durch bloßes Hinsehen diagnostizieren können. Die Zeit, in der man den zum Schildknappen auswählte, der einem treu ins Auge zu blicken vermochte, ist vorbei. Ob einer die Fernbedienung einer Schaltzentrale zu überwachen vermag, das ist eine Frage, die weder durch den erfahrenen Blick noch durch das vertrauensvolle Gespräch entschieden werden kann, sondern nur durch Verfahren, welche genau, exakt daraufhin untersucht worden sind, mit welcher Sicherheit sie eine derartige Prognose gestatten. Der Test ist nicht die wunderbare Wünschelrute des Psychologen, sondern der Test ist ein kompliziertes Mikroskop, dessen Funktionsweise man ganz genau kennen muß, um aus der Abbildung im Okular auf die Struktur des Objekts schließen zu können, auf welches das Instrument gerichtet ist.

Ein drittes Beispiel, eines aus der Sozialpsychologie: In der Forschungsabteilung eines pharmazeutischen Großbetriebes ist ein Team von Chemikern tätig. Welche Struktur muß diese Gruppe haben, damit sie eine maximale Leistung erzielt? Welche Art von Gruppenstruktur ist mit den psychischen Eigenschaften der einzelnen Team-Angehörigen vereinbar? Wie wirkt sich eine bestimmte Gruppenstruktur auf das Verhalten des Einzelnen aus? Die in früheren Jahrhunderten üblichen Gruppenstrukturen waren meist hierarchischer Art, es gab etwa eine Befehlspyramide. Jeder hatte von seinem Vorgesetzten Befehle entgegenzunehmen und konnte selbst weder nach oben noch nach der Seite, sondern immer nur nach unten befehlen. Der Erfahrungsaustausch, die Kommunikation folgte häufig dieser Befehlsstruktur. Wenn man ein Team von Forschern nach diesem Modell strukturieren wollte, würde man mit Sicherheit jede Leistung verhindern. Und doch muß man diese Gruppe strukturieren, denn wir wollen mit guten Gründen nicht eine Anzahl allein und selbständig arbeitender Chemiker haben, sondern ein Team. Aus der Differenzierung der sozialen Struktur unserer Gesellschaft ergibt sich also auch für die Sozialpsychologie eine Fülle von Aufgaben.

Wir haben gesagt, daß aus der faktischen Differenziertheit der modernen Gesellschaft Aufgaben für die Psychologie erwachsen. Dieses Hinausgehen über das, was wir vage schon zu wissen glauben, muß aber noch unter einem etwas anderen Aspekt gesehen werden. Die Psychologie tut mehr, als ihr die Gesellschaft aufträgt.

Ich glaube, das größte Erlebnis eines jeden, der Psychologie studiert, ist die Erkenntnis, welch ungeheure Fülle von Möglichkeiten des Verhaltens und Erlebens es gibt, welch verschiedene Motive hinter scheinbar gleichen Handlungen stecken können, auf wie verschiedene Art man denken und lieben und treu sein kann. Die Psychologie der früheren Jahrhunderte war vielfach die Imagination der Dichter. Man war dem Dichter oder dem Schriftsteller dankbar, weil er in der Figur seines Werkes *eine* neue Art des Menschseins zeigte. Die naturwissenschaftliche Psychologie, die seit 103 Jahren entsteht (im Jahre 1860 erschien das Buch „Elemente der Psychophysik" von G. Th. *Fechner),* wurde allein durch die Betrachtung dessen, was es tatsächlich gibt, zu einer Differenzierung und Verfeinerung gezwungen, welche die Möglichkeiten von Generationen genialer Poeten weit übertrifft. Gerade die moderne, naturwissenschaftliche Psychologie hat unser Bild vom Menschen also nicht nur korrigiert, sondern in nahezu atemberaubender Weise verfeinert und erweitert. Die Palette, mit welcher wir den Menschen jetzt darzustellen vermögen, ist reicher geworden. Und hierin liegt wohl die eigentliche Leistung der wissenschaftlichen Psychologie für die Kultur unserer Gesellschaft.

Will man das eben Besprochene neben das stellen, was wir vorher gesagt haben, so kann man vielleicht den Satz formulieren: Aus der Zivilisationsstufe unserer Gesellschaft erwachsen Aufgaben für die Psychologie, aus den Erkenntnissen auch der auftragslosen psychologischen Forschung aber ergibt sich eine Bereicherung der Kultur unserer Gesellschaft. Ich glaube, diese Verfeinerung des Bildes vom Menschen ist die subtilste Belohnung, welche die oft trockene Wissenschaft Psychologie für ihre Adepten bereithält; aus dieser Erweiterung unserer Seh-Möglichkeiten geht unsere Befriedigung hervor, dieses Fach gewählt zu haben.

Lassen Sie mich einen Schritt zurückgehen. Wir haben bisher drei Bezugslinien zwischen Psychologie und Gesellschaft kennengelernt. Wir haben gesehen, daß die wissenschaftliche Psychologie schon durch die Gegebenheitsweise ihrer Sätze und die dadurch implizierte Betonung der Methodik der Wissensgewinnung mit der vorwissenschaftlichen in Konflikt gerät. Wir haben dann gesehen, wie durch die Entwicklung der Gesellschaft psychologische Probleme entstehen, die die primäre Psychologie der Selbstverständlichkeiten nicht lösen kann, zu deren Lösung vielmehr ein wissenschaftlicher Apparat nötig ist, dessen Kompliziertheit der Komplexität des Problems entspricht. Wir haben vor allem aber auch gesehen, wie die Differenzierungsmöglichkeit, das optische Auflösungsvermögen der naturwissenschaftlichen Betrachtungsweise zu einer Differenzierung des Bildes vom Menschen führt, welche für die Kultur der Gesellschaft von Bedeutung ist.

Fungierte in den ersten beiden der eben aufgezählten Beziehungen zwischen Psychologie und Gesellschaft die Gesellschaft als mehr oder minder freiwilliger Auftraggeber der Psychologie, so ist sie in der letztgenannten Relation zweifellos in der glücklichen Situation dessen, der ein Geschenk empfängt, also etwas, das er nicht bestellt hat. Die Differenzierung des Bildes vom Menschen und die darin liegende Bereicherung der Kultur einer Gesellschaft ist, wenn man so will, der Lohn dafür, daß die Mitglieder der Gesellschaft ihr Verhalten der Psychologie als Objekt zur Verfügung stellen.

Allein auch diese Relation ist nur scheinbar so uneingeschränkt positiv zu sehen. Sie trägt in sich nicht nur eine potentielle Problematik, sondern dieser Problematik sind Gesellschaft und Psychologie bereits ganz akut konfrontiert. Lassen Sie mich verdeutlichen, was ich meine.

Die Geschichte der naturwissenschaftlichen Psychologie ist die imponierende Akkumulation von immer mehr Einsichten in Verhaltensmechanismen und Erlebnisformen des Menschen. Eine solche Akkumulation, ein solches Steinchen für Steinchen fortschreitendes Weiterbauen ist möglich geworden, seit G. Th. *Fechner* die naturwissenschaftliche Methodik der Erkenntnisgewinnung in die Psychologie eingeführt hat, denn nur die Erkenntnis, welche mittels einer allgemein zugänglichen, prüfbaren und wiederholbaren Methode gewonnen worden ist, ist so tragfähig, daß man auf ihr weiterbauen kann.

Wir haben oben gesagt, die kulturelle Leistung der Psychologie bestehe in der Verfeinerung, der Differenzierung des Bildes vom Menschen. Aber: diese Verfeinerung hat in der kurzen Geschichte unserer Wissenschaft erst einige Partien des Bildes vom Menschen erfaßt. Es ist ein Bild, an welchem erst hier ein Fleck und dort ein Fleck ausgeführt ist, während dazwischen skizzenhafte Striche oder gar weiße Flächen sich ausdehnen.

Die Problematik, welche sich aus der bisherigen Leistung der Psychologie ergibt, liegt nun gerade darin, daß diese Leistung in der Breite ihrer Gültigkeit überschätzt wird. Der Nicht-Psychologe ist vielfach von dem, was die Psychologie auf einigen Gebieten leisten kann, so fasziniert, daß er dieselbe Leistungsfähigkeit auch in anderen Bereichen erwartet, in denen die Psychologie sie aber noch nicht aufweisen kann. Wir sehen uns vor der verblüffenden Erscheinung, daß der Psychologie die Gefahr erwächst, daß sie überfordert, weil überschätzt wird. Und zwar droht ihr diese Gefahr nicht von den Gebildeten unter ihren Verächtern, sondern von den Halbgebildeten unter ihren Verfechtern. Man extrapoliert von dem, was die Psychologie schon kann und kennt, auf das, was die Gesellschaft interessiert, was für die Psychologie aber noch terra incognita ist. Vielfach vollzieht sich diese gefährliche Verschiebung in einer so unauffälligen Weise, daß sie selbst dem Psychologen nicht sofort bewußt wird. Und dann bewegt man sich etwa auf dem Gebiet der Persönlichkeitsdiagnostik mit einer Sicherheit, die eigentlich nur einem sehr viel besser durchforschten Gebiet, etwa der Intelligenzdiagnostik, angemessen wäre. Man hält die grobe Skizze, welche sich noch zwischen den bereits fein ausgeführten Partien des Bildes vom Menschen erstreckt, für schon ebenso endgültig und treffend wie diese fertigen Partien und handelt entsprechend. Wir können die Eignung eines Lehrstellenbewerbers für den Beruf des Maschinenschlossers mit einem recht befriedigenden Grad von Verläßlichkeit feststellen. Die Glaubwürdigkeit eines jugendlichen Zeugen in einem Sittlichkeitsprozeß zu erkennen ist nur mit sehr viel größerer Unsicherheit möglich. Die Gesellschaft, welche diese verschiedenen Aussagen der Psychologie entgegennimmt und zur Basis ihres Handelns macht, sollte sich stets darüber klar sein, daß das, was die Psychologie weiß und sagt, mit einem ganz verschiedenen Grad an Sicherheit gewußt und gesagt wird. Das heißt, der gegenwärtige Stand der Wissenschaft Psychologie macht es notwendig, denjenigen, der sich auf psychologische Erkenntnisse nur zu gerne verlassen möchte, über den jeweiligen Grad der Verläßlichkeit dieser Erkenntnisse zu informieren. Ich sehe die damit umrissene Gefahr nicht so sehr — oder jedenfalls nicht nur — in einer Selbstüberschätzung der Psychologie, sondern in einer Überschätzung der Psychologie durch die Gesellschaft, durch eben jene Gesellschaft, welche sich zur Lösung der aus ihrer Entwicklung sich ergebenden Aufgaben der Hilfe der Psychologie versichern möchte. Nicht der Expansionsdrang der Psychologie bedroht die Gesellschaft, sondern eine Gefahr ergibt sich aus der naiven Wissenschaftsgläubigkeit der Gesellschaft. Der hilfreiche Seeleningenieur ist nicht eine Erfindung der Psychologie, sondern ein Wunschbild der Gesellschaft.

Aber die aus der Psychologie-Freundlichkeit sich ergebende Gefahr hat auch noch einen anderen Aspekt. Es wird von der Psychologie nicht nur etwas erwartet, was sie noch nicht leisten kann, es wird von ihr auch etwas erwartet, was sie niemals leisten kann. Die Gesellschaft unserer Tage fordert von der Psychologie nicht nur die Lösung praktischer Probleme, sondern auch eine Theorie des glücklichen Lebens.

Ich will wieder versuchen, das mit Hilfe einiger Beispiele deutlich zu machen. Wir wissen durch entwicklungspsychologische Untersuchungen einigermaßen darüber Bescheid, was das dreijährige, das vierjährige, das zehnjährige Kind kann und tut. Das heißt, wir wissen, welche Verhaltensweisen im Durchschnitt, also bei der Mehrzahl der Kinder, auf einer bestimmten Altersstufe dominieren.

Und nun beobachten wir etwas Unheimliches: wir sehen, daß diese Kenntnis dazu benutzt wird, auf diesen Durchschnitt hin zu erziehen. Das statistische Faktum wird zum erstrebten Ziel, die Tatsache zum Ideal. Woher kommt dieses ethische Etikett, welches der faktischen Norm umgehängt wird? Wie vollzieht sich dieser Übergang von der Feststellung: „so sind die meisten Kinder" zu dem Appell an das Individuum: „sei auch so, dann ist es gut"?

Ein anderes Beispiel: Der *Kinsey*-Report über das sexuelle Verhalten des Mannes und der Frau ist nicht nur mit fassungslosem Staunen, sondern auch mit einer gewissen Erleichterung gelesen worden. Wer sich bewußt gewesen war, etwa durch vorehelichen Geschlechtsverkehr gegen einen von unserer Gesellschaft seit 2000 Jahren gehegten Wert verstoßen zu haben, war eigentümlicherweise erleichtert dadurch, daß es — wie *Kinsey* nachwies — nahezu alle anderen auch tun. Wenn der Durchschnitt, oder gar die Mehrzahl, sich in dieser Weise verhält, dann kann das ja doch gar nicht so schlimm sein.

Auch hier wurde das alte ethische Ideal im Verlauf der geschichtlichen Entwicklung und durch sie in seiner Relativität deutlich. Und weil es fragwürdig und damit weniger kategorisch zwingend geworden ist, wird es ersetzt durch das tatsächliche Verhalten der Mehrheit. In der schillernden Bedeutung des Wortes „Norm" kommt diese seltsame Verschiebungsmöglichkeit zum Ausdruck: Norm ist uns sowohl der faktische Durchschnitt als auch ein gesetzter Standard, dem zu genügen man sich bemühen muß. (Diesen in unserer Gesellschaft so leicht verschwimmenden Unterschied zwischen Seinsnorm und Idealnorm hat *Müller-Suur* ausführlich diskutiert.)

Ein drittes Beispiel zeigt uns dasselbe Problem unter etwas anderem Aspekt: In der Psychologie spielt der Begriff der Anpassung eine große Rolle. Man erklärt sich das Verhalten des Menschen vielfach als Ausdruck der Dynamik, die sich abspielt bei der Anpassung des Individuums an die Situation, an die Gesellschaft. Die Tiefenpsychologie ist der große Versuch, Verhalten und Erleben des Menschen als Auseinandersetzung mit dem Trieb zu erklären, als Anpassung an die durch inneren Trieb und äußere Umwelt geschaffene Situation. Die Neurose wird verstanden als Fehlanpassung. Die Therapie der Neurose hätte demnach darin zu bestehen, daß die Fehlanpassung beseitigt wird. Aber man kann eine Fehlanpassung nicht beseitigen, ohne etwas an ihre Stelle zu setzen. Wenn man Pickel im Gesicht hat, ist das Ziel der Therapie klar: die Pickel zum Verschwinden zu bringen. Wenn man eine Neurose hat, ist es nicht damit getan, als Ziel der Therapie die Beseitigung der Neurose zu erklären. Die Neurose ist nicht etwas, was ersatzlos wegfallen kann; an die Stelle des neurotischen Verhaltens kann nicht nichts treten, sondern muß ein nicht-neurotisches Verhalten treten; an die Stelle der Fehlanpassung nicht nichts, sondern eine richtige Anpassung. Was aber heißt: richtige Anpassung, was aber ist: nicht-neurotisches Verhalten? Welche Instanz sagt uns, worauf hin die Therapie der Neurose, die Behandlung der Verhaltensstörung zu zielen hat?

Der Psychologe steht hier prinzipiell zwar vor der gleichen Situation wie der Mediziner, aber er ist in dieser Situation schlechter dran. Der Arzt steht, im Regelfall wenigstens, der Krankheit gegenüber; sein Ziel ist, diese Krankheit zum Verschwinden zu bringen. Er hat aber nicht das

Problem, sie durch etwas anderes ersetzen zu müssen. Gesundheit ist in diesem Sinne nicht die Alternative zur Krankheit, sondern Gesundheit ist Frei-Sein von Krankheit. Nicht so beim behandelnden Psychologen. Die Behandlung bewegt sich hier nicht nur von einer Art der Anpassung weg, sondern damit immer auch auf eine andere Art der Anpassung zu. Welche Instanz sagt uns, zu welcher Verhaltensweise hin der Psychologe zu behandeln hat?

Und nun ereignet sich wieder derselbe Kurzschluß, den wir schon in unseren anderen Beispielen kennengelernt haben. Man nimmt die übliche Art der Angepaßtheit, das adjustment, als Ziel; grob gesagt, man therapiert auf Hinz und Kunz hin.

Hier wird ein eigentümliches gesellschaftliches Problem sichtbar: um ihrer Existenz willen ist unsere Gesellschaft darauf angewiesen, nach einer gewissen Vereinheitlichung ihrer Glieder zu streben. Um ihrer Qualität, um ihres Soseins willen muß dieselbe Gesellschaft aber bemüht sein, möglichst verschiedene Arten von Mitgliedern zu haben. Das ist ein Problem, das z. B. gerade die Tiefenpsychologie bisher so gut wie überhaupt nicht gesehen hat. Für die Gesellschaft und für die Kultur der Gesellschaft hätte es einen Verlust bedeutet, wenn z. B. der Neurotiker *Rilke* eine erfolgreiche psychoanalytische Therapie durchgemacht hätte. Die übliche Therapie auf Hinz und Kunz hin kann zwar Störendes einebnen und so dem Einzelnen und damit der Gesellschaft von Nutzen sein. Sie kann aber auch durch dieselbe Tat unsere Gesellschaft ärmer machen.

An diesem Punkte angelangt, können wir einige für den Gang unserer Überlegungen wichtige Dinge feststellen: Wir haben die Gefahr gesehen, daß eine wissenschaftliche Aussage über das Vorhandensein bestimmter psychologischer Gegebenheiten in der Gesellschaft unbesehen zur ethischen Norm für die Mitglieder dieser Gesellschaft wird. Dieser Gefahr gilt es mit allen Mitteln entgegenzutreten, denn es geht nicht an, das Zielbild des Menschen auf das zu beschränken, was in der Gesellschaft überall schon *ist*. Der Mensch ist ja nicht nur Gesellschaftswesen; das heißt, er ist unterdeterminiert, wenn er *nur* durch gesellschaftliche Fakten determiniert ist.

Wie es zu dieser Gefahr kommt, ist verhältnismäßig leicht einzusehen. Die ethischen, die religiösen, die ideologischen Leitbilder haben weithin ihren kategorisch imperativen Charakter verloren. Sie haben ihn nicht zuletzt deshalb verloren, weil sie aus der Zone der Selbstverständlichkeit hinausgeraten sind. Es bedeutet für jedes moralische System eine große Gefahr, wenn die Menschen, die dieses System bisher als Selbstverständlichkeit angesehen haben, erkennen müssen, daß man auch ein ganz anderes für selbstverständlich halten kann. Nicht umsonst erheben nahezu alle Ideologien und auch alle moralischen Systeme den Anspruch, natürlich zu sein, selbstverständlich, entweder dem Wesen des Menschen oder — wie z. B. der Marxismus — dem Wesen der Geschichte zu entsprechen. Unsere Welt ist heute so klein geworden, daß plötzlich auch Menschen in unser Blickfeld gelangen, welche andere Ideologien für selbstverständlich halten. Und nicht zuletzt: die Psychologie hat — das haben wir vorher schon gesehen und das sei an dieser Stelle in allem Ernst wiederholt — zu dieser Erweiterung des für möglich Gehaltenen beigetragen. Indem die Psychologie gezeigt hat, daß man auch ganz andere Dinge erstreben, ganz anders sich verhalten, ganz anderen Werten huldigen kann, hat sie zweifellos dazu beigetragen, die Verbindlichkeit der bisherigen Maximen zu relativieren. Sie hat genauso dazu beigetragen wie die Völkerkunde und der Buchdruck und die Eisenbahn und das Fernsehen.

Es ist ein eigentümliches Charakteristikum des Menschen, daß er sein Wertsystem so gerne als allgemein verbreitet und allgemein verbindlich ansehen möchte. Was dem Menschen von Natur her mitgegeben ist, das ist aber kein *bestimmtes* moralisches System, keine bestimmte Ideologie, keine bestimmte Weltanschauung. Wohl aber ist ihm sozusagen eine Stelle mitgegeben, an welche ein solches System, eine solche Ideologie gehört, und dazu der Drang, diese Stelle auszufüllen. Das heißt aber: wenn die bisherige Ideologie oder das bisher verbindliche moralische System relativ wird, zerfällt, dann hat das notwendig zur Folge, daß man sich nach einem anderen umsieht, um die leer gewordene Stelle auszufüllen.

Nun haben wir aber gesehen, daß das Hineinwachsen in ein Bezugssystem — und auch die Moral ist ein Bezugssystem — etwas ist, was mehrere Jahre unserer Kindheit in Anspruch nimmt. Es ergeben sich also Schwierigkeiten, wenn man eine relativ gewordene Selbstverständlichkeit schnell gegen eine andere austauschen will. Wo findet man etwas, woran man sich halten kann? Man wählt das als Halt und Stütze, von dem die anderen auch sagen, es wäre ihr Halt und ihre Stütze.

Aber das genügt nicht für den eigenen Anspruch. Man sucht auch für die neue Verhaltensweise von irgendwoher den legitimierenden Stempel der Natürlichkeit, der Selbstverständlichkeit zu erlangen. Und man nimmt die Tatsache, daß eine Verhaltensweise bei den meisten Menschen vorkommt, als Beleg für die Natürlichkeit dieser Verhaltensweise. Und die Natürlichkeit wiederum ist das Signum der Verbindlichkeit. Irgendein faktisches Ergebnis der Psychologie wird benützt als Legitimation einer Ideologie.

Wir haben hier also eine interessante Entwicklung vor uns. Das ursprüngliche Bezugssystem hat für seinen Besitzer den Charakter der Selbstverständlichkeit, der Natürlichkeit. Er nimmt an, daß alle Menschen dasselbe System haben. Nun erfährt dieses Bezugssystem oder diese Ideologie durch die Begegnung mit einer höchst differenzierten Welt eine Relativierung. Und jetzt sucht man, um nicht noch einmal erleben zu müssen, daß die Ideologie nicht für alle gilt, gleich nach dem, was für alle gilt, und macht das zur Ideologie, indem man mit Hilfe der Psychologie zu beweisen sucht, daß die meisten der Menschen so sind und daß man deshalb so sein soll. Auf eine sehr vereinfachte Formel gebracht: Früher glaubte man, das Gute sei selbstverständlich und allgemein verbreitet; jetzt glaubt man, das Selbstverständliche und allgemein Verbreitete sei gut. Früher hat man die Natur des Menschen als einzige Determinante seiner Ziele angesehen; die heutige Ansicht schiebt dieselbe Rolle der Gesellschaft zu. Es ist eine philosophische Frage, ob der Mensch nicht vielleicht doch sogar noch mehr sei als die Resultante aus Natur plus Gesellschaft.

Auf diese Weise vollzieht sich also, daß das Faktische ideologiefähig wird. Auf diese Weise können Erkenntnisse der Psychologie zu Belegen für eine Ideologie verfälscht werden.

Wir sind von einigen psychologischen Beispielen ausgehend zu diesen Überlegungen gekommen. Wir stellen uns jetzt, nachdem wir die Genese dieser Phänomene überschauen, wieder die Frage, was das für die Psychologie bedeutet, für die Gesellschaft, für die Beziehung zwischen Gesellschaft und Psychologie.

Die Gesellschaft verwendet die Forschungsergebnisse der Psychologie als Ziele und fälscht damit ihre wissenschaftliche Herkunft in die ethische Legitimation einer Ideologie um. Die Gesellschaft erwartet also von der Psychologie — und übrigens auch von einigen anderen Naturwissenschaften — etwas, was diese prinzipiell niemals leisten kann. Die Gefahr für die Gesellschaft liegt darin, daß sie diese prinzipielle Unfähigkeit der Psychologie nicht akzeptiert, sondern das, was die Psychologie wirklich leistet, als das mißversteht, was die Gesellschaft erwartet.

Für die Psychologie bedeutet das: sie sieht sich einem Anspruch gegenüber, den sie nicht befriedigen kann, aber der Beanspruchende erklärt sich fatalerweise doch für befriedigt. Das heißt, die Psychologie fühlt sich gegen ihren Willen von der Gesellschaft in die Rolle des Hochstaplers gedrängt.

Wenn die Psychologie aber keine Ziele setzen kann — was kann sie dann tun? Was kann sie für die Gesellschaft leisten? Sie kann Wege aufzeigen, Wege zu Zielen, die sie nicht selbst setzt, sondern die heteronom gesetzt werden. Wenn irgendeine Religion, eine Moral, eine Ideologie z. B. hohe Leistung als gut und damit erstrebenswert erklärt, dann kann die Psychologie Auskunft geben über die Zusammenhänge dieses Leistungsstrebens mit dem Gefüge der übrigen Persönlichkeitseigenschaften, über den Einfluß von Erfolg und Mißerfolg auf diese Motivationsstruktur, über den Einfluß bestimmter frühkindlicher Erfahrungen auf die Entwicklung dieses Strebens. Das heißt, aus den Erkenntnissen der Psychologie kann — bestenfalls — abgeleitet werden, was man tun muß, um in einem Menschen ein hohes Leistungsstreben zu erzeugen. Aber die Psychologie sagt niemals, *ob* man in einem Menschen ein hohes Leistungsstreben erzeugen soll. Die Physik sagt, wie man Atombomben bauen kann, aber sie sagt nicht, *ob* man Atombomben bauen soll. Die Genetik sagt, was geschieht, wenn man die Ausbreitung der Erbkrankheiten nicht verhindert, aber sie sagt nicht, *ob* man sie verhindern sollte. Die Psychologie kann uns sagen, wie man beim Übergang zur Oberschule diejenigen Schüler, die ein hohes Potential der Intelligenz haben, von jenen unterscheiden kann, die nur ein geringes derartiges Potential haben. Aber die Psychologie sagt uns nicht, *ob* man eine solche Unterscheidung durchführen soll. Es ist denkbar, daß die gemeinsame Erziehung von Dummen und Klugen von einem bestimmten pädagogischen System als Wert angesehen wird. Die Psychologie vermag vielleicht potentielle Unfäller unter den Kraftfahrern zu diagnostizieren; aber nicht die Psychologie, sondern die im Gesetz formulierte Wertehierarchie der Gesellschaft entscheidet, *ob* eine derartige Diagnose erfolgen und welche Konsequenzen sie haben soll.

Und doch befällt uns ein eigentümliches Unbehagen, wenn wir in dieser Weise ganz klar und ganz scharf die Grenze der Wissenschaft Psychologie ziehen, wenn wir immer wieder betonen, daß die Psychologie bestenfalls Handanweisungen für ein glückliches Leben liefern kann, aber selbst nicht sagt, was denn nun Glück sei. Bricht die Psychologie nicht zu früh ab? Oder anders gefragt: Was richtet die praktisch-technische Anweisung auf das Ziel aus? Was stellt die Klammer dar zwischen der Psychologie und der Gesellschaft mit dem für sie konstitutiven Wertsystem? Welches ist das Gelenk, in dem Psychologie und Gesellschaft ineinandergreifen?

Es ist der Psychologe. In ihm artikuliert sich die wichtigste Beziehung zwischen Psychologie und Gesellschaft.

Mit dieser Ortsbestimmung des Psychologen bürden wir diesem freilich eine schwere Last auf. Wir verweigern ihm den Elfenbeinturm der reinen Wissenschaft, wir verweigern ihm aber auch das frag- und sorgenlose Dasein eines bloßen Handlungsgehilfen der Gesellschaft.

Lassen Sie mich diese Situation durch ein letztes Beispiel klären. Nehmen wir wieder die Erziehungsberatung, etwa den Fall, daß die Eltern über die Aggressivität ihres Kindes klagen und sich an den Psychologen wenden, damit das Bedingungsgefüge dieser Aggressivität transparent und diese selbst eliminiert wird.

Wir haben schon gesagt, daß eine Verhaltensstörung, eine Fehlanpassung wie die Aggressivität nicht durch nichts, sondern stets nur durch ein anderes Verhalten, eine andere Art der Anpassung ersetzt werden kann. Der Psychologe in der Erziehungsberatung steht also, genau besehen, vor drei Fragen: Worauf beruht die Aggressivität? Diese Frage hat er mit den Hilfsmitteln der psychologischen Diagnostik zu beantworten. Die zweite Frage lautet: Durch welches Verhalten soll die Aggressivität ersetzt, in welche Anpassungsform soll sie umgebildet werden? Diese Frage kann er nicht als reiner Wissenschaftler, diese Frage muß er als Repräsentant der Gesellschaft beantworten, der sich einem anderen Glied der Gesellschaft gegenüber sieht. Und die dritte Frage: Auf welche Weise, durch welche Maßnahmen ist dieses in Frage zwei erarbeitete Ziel zu erreichen? Diese dritte Frage hat der Psychologe als ein mit psychologischen Kenntnissen versehener Vertreter der Gesellschaft zu beantworten.

Die Analyse der Funktion des Psychologen in der Erziehungsberatung läßt uns also erkennen, wie die Wissenschaft mit ihrem Erkenntnisschatz und die Gesellschaft mit ihrem verpflichtenden Anspruch teils nebeneinander stehen, teils ineinandergreifen.

Andere Tätigkeitsbereiche des Psychologen werden sich nicht durch diese drei Fragen analysieren lassen, werden eine andere Gewichtsverteilung auf jener Waage ergeben, welche unsere Ausgangsfrage nach dem Verhältnis zwischen Psychologie und Gesellschaft darstellt. Immer aber wird das Gewissen des Psychologen der Ort sein, an welchem letzten Endes über das Verhältnis zwischen Psychologie und Gesellschaft entschieden wird. Hier wird entschieden, ob man es verantworten kann, seine psychologischen Kenntnisse in den Dienst einer Werbung zu stellen, welche in weiten Teilen der Gesellschaft Bedürfnisse züchtet lediglich zu dem Zweck, die Dividende einiger Aktionäre zu erhöhen. Hier wird entschieden, ob man es verantworten kann, in einer Konkurrenzsituation den Geeignetsten auszulesen und damit die weniger Geeigneten, physisch oder begabungsmäßig Schwächeren, ins Ungewisse hin abzuweisen. Hier, im Gewissen des Psychologen, wird entschieden, ob es zu verantworten ist, durch eine psychologische Behandlung einen Menschen zu ändern. Hier wird entschieden, ob man in das Schicksal eines Menschen, einer Ehe, eines Kindes eingreifen darf. Hier wird aber auch entschieden, ob man es verantworten kann, in dieses Schicksal *nicht* einzugreifen.

Die Fahne der Hilfsbereitschaft, unter welcher wir so gerne antreten, ist ein verführerisches Symbol. Indem wir unser Tun als Helfen deklarieren, haben wir es noch nicht legitimiert. Wir müssen uns nicht nur entscheiden, wie wir helfen können, wir müssen immer wieder entscheiden, ob wir helfen dürfen.

So ist der Psychologe verpflichtet, wachsam zu sein — gegenüber seinem Dienstherrn, sei dies nun eine Werbeagentur, ein Konzern, ein Ministerium oder eine karitative Beratungsstelle; wachsam aber auch gegenüber sich selbst. Wir sehen den Psychologen nicht als den Vertreter einer Wissenschaft, sondern als den Vertreter einer Gesellschaft, unserer Gesellschaft, weil das Wissen der Psychologie auf Gesellschaft sich bezieht und in die Gesellschaft wirkt. Der Psychologe ist Vertreter der Gesellschaft, weil das Ethos, aus dem heraus er handelt, stets gesellschaftsbezogen ist. Welchem Ethos er sich verpflichtet fühlen soll, das kann ihm die Psychologie nicht sagen. Diese Entscheidung hat er frei und allein zu fällen. Ja, er wird dabei vielleicht einsamer sein als seine Brüder in der Gesellschaft, denn gerade der Psychologe durchschaut ja das verführerische Gefühl der Erleichterung, mit welchem man sich aus dem anstrengenden Bewußtsein des So-aber-auch-anders-Könnens in die beruhigende Überzeugtheit einer Ideologie fallen läßt. Gerade weil der Psychologe das Verhalten und Erleben der Glieder der Gesellschaft zum Objekt seiner Wissenschaft macht, verlangt die Gesellschaft von ihm so viel. Sie stellt hohe Anforderungen an ihn: zu wissen, wie Überzeugungen entstehen, und dennoch von etwas überzeugt zu sein; zu wissen, wie Ansichten gemacht werden, und dennoch eine Ansicht zu haben; zu wissen, wie leicht zu lenken der Mensch ist, und dennoch der Freiheit zu dienen.

DIE ERZIEHUNGSWISSENSCHAFT UND DIE GESELLSCHAFT

Von Fritz Borinski

I.

Am Anfang unserer Vortragsreihe stand die Frage nach der Wahrheit in der menschlichen Gesellschaft, wie sie Philosophie und Wissenssoziologie zu stellen haben. Jetzt schließen wir den Kreis mit der Frage, wie der Mensch in dieser Gesellschaft zur Wahrheit und zur Wirklichkeit zu erziehen und zu bilden sei.

Ich möchte Sie bitten, mir bei dieser Gelegenheit eine scharfe begriffliche Unterscheidung von „Erziehung" und „Bildung" zu ersparen. Es handelt sich hier um ein spezifisch deutsches Problem, — die Angelsachsen kennen diese Unterscheidung nicht, — und der Begriff der Bildung befindet sich unverkennbar in einem Wandel, der selbst gesellschaftlich bedingt ist. Es würde für unseren heutigen Zweck zu weit führen, wenn ich hier diesem Wandel nachgehen würde. Wir müssen uns mit der Feststellung begnügen, daß „Erziehung" und „Bildung" komplimentäre Begriffe sind, die es beide mit der inneren und äußeren Formung des menschlichen Wesens zu tun haben.

Ich möchte beim ersten Vortrag dieser Reihe ansetzen: Es wurde festgestellt, daß die Soziologie in ihrem Ursprung sich von der Philosophie emanzipiert hat. Das gleiche gilt für die Erziehungswissenschaft. Auch sie ist als Teil der Philosophie, in ihrem Schutz und Schatten erwachsen. Noch Friedrich Paulsen meinte, daß sie ein Teilgebiet der Ethik sei und vom Philosophen gelehrt werden müsse. Inzwischen hat sich auch hier ein Wandel von der philosophischen Spekulation zur wissenschaftlichen Empirie vollzogen. Die Frage nach dem Wesen des Menschen und nach einer Erziehung, die diesem Wesen gerecht wird, trat zurück gegenüber der Frage nach der Struktur und Funktion des Erziehungswesens in der jeweiligen Gesellschaft, nach den realen Voraussetzungen und Aufgaben, die die Gesellschaft bzw. ihr Staat dem Wirken des Erziehers setzt. Es ist nicht zufällig und nicht unwichtig, daß nunmehr der Staat der Universität und ihren Pädagogen die praktische Aufgabe übertragen hat, bei der beruflichen Ausbildung der Lehrer mitzuwirken.

Somit hat sich auch die Pädagogik in ihrer Aufgabenstellung, Denk- und Arbeitsweise in den letzten Jahrzehnten immer stärker von der

Philosophie emanzipiert. Diese Wendung von der spekulativen Philosophie zur Empirie, von der theoretischen Erziehung des Menschengeschlechts zur praktischen Bildung und Ausbildung der Lehrer ist eine Wendung zur *Gesellschaft*.

Dies bedeutet freilich nicht, daß nunmehr die Pädagogik auf eine philosophische Besinnung verzichten könnte. Auch wenn die Pädagogik sich entschlossen der gesellschaftlichen Wirklichkeit stellt, kann und darf sie die Frage nach dem Menschen nicht außer acht lassen; denn die anthropologische Besinnung ist und bleibt allem pädagogischen Denken und Tun aufgegeben — und jede Zeit, jede Gesellschaft wirft die Frage nach dem Menschen von neuem auf. Im ersten Vortrag dieser Reihe wurde das „Soziologisch-Werden" der Philosophie zugleich mit dem „Philosophisch-Werden" der Soziologie gefordert. Die Erziehungswissenschaft muß in sich die gesellschaftliche Wendung mit der philosophisch-anthropologischen Besinnung verbinden.

II.

Man hat die Pädagogik als eine „pragmatische Geisteswissenschaft" bestimmt, die sich sowohl um die Erforschung der Erziehungswirklichkeit wie um die Reflexion über das Erzieherische bemüht. (Wilhelm Flitner) Dabei geht es nicht nur um Erkenntnis als solche, sondern um Gestaltung — um Gestaltung der Wirklichkeit durch Erkenntnis. Diese Wirklichkeit ist *gesellschaftliche* Wirklichkeit.

Friedrich Paulsen ordnet die Pädagogik in die von der *Ethi*k abhängigen Disziplinen ein, die „die richtige Einwirkung auf menschliches Leben" zum Gegenstand haben. Er weist ihr damit ihre Stellung an „neben der *Politik* oder vielmehr eigentlich innerhalb der Politik als der Lehre von der richtigen Verfassung und Funktion des menschlichen Gemeinschaftslebens; denn Erziehung ist eine *Funktion der Gemeinschaft,* wie immer diese konstituiert sei".

Ähnlich hat schon *Schleiermacher* die wissenschaftliche Pädagogik mit der politischen Theorie verbunden: „Beide Theorien, die Pädagogik und Politik, greifen auf das vollständigste ineinander ein; beide sind *ethische* Wissenschaften und bedürfen einer gleichen Behandlung. Die Politik wird nicht ihr Ziel erreichen, wenn nicht die Pädagogik ein integrierender Bestandteil derselben ist, oder als ebenso ausgebildete Wissenschaft neben ihr besteht... Die Pädagogik ist eine mit der *Ethik* zusammenhängende, aus ihr abgeleitete Wissenschaft, der Politik koordiniert."

In diesen Zitaten steht „Politik" auch für Gesellschaft. Es handelt sich um die Lehre von der „richtigen Gestaltung und Anordnung des gemeinsamen Lebens" (Schleiermacher), oder — mit *Paulsen* — um die „Lehre von der richtigen Verfassung und Funktion des menschlichen Gemeinschaftslebens". Es handelt sich also um die Funktion, Gestaltung und Ordnung der *Gesellschaft* — gemäß der Norm des *Richtigen.* Wenden wir uns zum *Positiven!*

Alle Pädagogik, als wissenschaftliche Theorie wie als praktische Tun, ist im Prinzip der Gesellschaft zugeordnet: Keine menschliche Erziehung ohne Gesellschaft, keine menschliche Gesellschaft ohne Erziehung! Das *gesellschaftliche* Wesen Mensch wird nur durch *Erziehung und Bildung* zum *Menschen.* Das auf Erziehung angelegte Wesen Mensch existiert *nur in Gesellschaft.* Das „animal educandum" ist mit Notwendigkeit „animal sociale", und umgekehrt.

Was ist nun aber diese *Erziehung* als ein den Menschen *wesentlich* prägender, *konstituierender* Vorgang? Man hat die Erziehung und Bildung lange an ein bestimmtes Lebensalter, an die Kindheit und Jugend, gebunden und deshalb von *Paid*-agogia, von einer Führung der *Jugend,* gesprochen. Wir wissen heute, wo der Mensch in seinem Leben so vielen Einwirkungen in ständigem Wandel unterworfen ist, daß die Bildung des Menschen nie abgeschlossen, nie „fertig" ist. Die menschliche Bildung ist ein permanenter, das ganze Leben begleitender und prägender Prozeß. Dabei ist sie nicht auf bestimmte Institutionen (Familie, Schule) beschränkt. Sie geschieht in unserer gegenwärtigen Gesellschaft auch in zahllosen freien und freiwilligen Bildungsstätten der Jugendarbeit und Erwachsenenbildung, ja in der unübersehbaren Vielzahl von Beziehungen, Erfahrungen, Auseinandersetzungen, die der Mensch in seiner Umwelt erlebt: am Arbeitsplatz und in der Freizeit, im Verkehr und im Umgang mit den „Massenkommunikationsmitteln". Sie alle nehmen am Lebensprozeß der Bildung teil. Sie sind aus ihm nicht wegzudenken. Sie alle beeinflussen das Denken, Fühlen, Wollen, Sich-Verhalten des modernen Menschen — sehr oft *ohne bewußte* Bildungs*absicht* — ob zum Guten oder zum Schlechten.

Der Bildungsprozeß ist kein Monopol der Bildungsanstalten und ihrer beamteten Lehrer. Er verläuft keineswegs nur positiv, er kann den Menschen auch deformieren, *ver*bilden, *miß*bilden — zum Schaden seiner selbst und der Gesellschaft. Aber in dieser Vielfalt von absichtlichem und unabsichtlichem Geschehen und Wirken, in dieser schier grenzenlosen Vielzahl von bildenden und verbildenden Mächten und Faktoren, die alle dem lebendigen Alltag der Gesellschaft entstammen, ist der Bildungsvorgang Gegenstand der Erziehungswissenschaft.

Man hat mit Recht betont, daß das klassische Dreieck der Pädagogik, die Wechselbeziehung von Lehrer — Schüler — Lehrgegenstand, in allen ihren Seiten stets *gesellschafts*bedingt ist. Der *Lehrer* steht, als berufstätiger Mensch, unter dem ständigen Einfluß der Gesellschaft — vollends wenn er als Beamter im Dienst des Staates einen gesellschaftlichen Auftrag ausführt. Der *Schüler,* auch und gerade der *jugendliche* Schüler, ist heute mehr als früher von Eindrücken und Erfahrungen, von Interessen und Vorstellungen bewegt, die ihm nicht nur am „heimischen Herd" vermittelt werden, sondern im Verkehr der Straße, am Bildschirm des Fernsehens, beim Besuch der Kinos und beim Anschauen der „Comics". So beeinflußt, von seinem „privaten" Alltag vorgeprägt, bringt er die Gesellschaft mit in die Schule. Der Unterricht darf diese „Vorprägung" nicht ignorieren, er muß sie sorgfältig beachten bei der Darbietung des Lehrstoffes, der selbst wieder, ob in Literatur oder Geschichte, Geographie oder Biologie, gesellschaftlich bedingt ist.

Nicht nur die drei Seiten des pädagogischen Dreiecks stehen im Zeichen der Gesellschaft. Auch ihr Verhältnis zueinander ist von der Wirklichkeit des jeweiligen Gesellschaftslebens und -denkens beeinflußt: die Rolle des *Lehrers* gegenüber dem Schüler (ob er als unantastbare Autorität erhaben über ihm oder als Freund und Kamerad helfend neben ihm steht); das Bild des *Zöglings* (fleißig aufnehmender, Gehorsam übender Untertan oder zur Selbsttätigkeit anzuspornender künftiger Bürger); schließlich die Auswahl und Bewertung des zu vermittelnden Bildungsguts, ja der Vorgang der Übermittlung selbst: seine Methode und sein Ziel — sie alle sind von der jeweiligen gesellschaftlichen Lage und Meinung bedingt. Wenn in den pädagogischen Erörterungen der Gegenwart in Deutschland wie in der ganzen westlichen und östlichen Welt immer wieder die erhöhte Bedeutung der Naturwissenschaften, der modernen Fremdsprachen und der politisch-sozialen Bildung betont wird, wenn die rechtzeitige Vorbereitung für das *Berufs-* und *Arbeitsleben* gefordert wird, so spricht in diesen Erörterungen und Forderungen die *Gesellschaft.*

Nun ist es freilich keine *neue* Erkenntnis, daß man den Menschen für das Leben, für die Welt, für die Gesellschaft erzieht, und daß die Lehren über Aufgabe, Weg und Ziel der Erziehung vom Leben, von der Gesellschaft maßgeblich bestimmt werden. Die großen Lehrer und Erzieher der Völker haben seit den Tagen des Moses und des Plato diesen Zusammenhang gesehen. Nicht immer aber wurde und wird genügend beachtet, daß die Rolle der Erziehung in der Gesellschaft und auch die Rolle der Gesellschaft in der Erziehungslehre und Erziehungspraxis nach Zeiten und Ordnungen verschieden ist — so verschieden, wie die Strukturen und Ordnungen der Gesellschaft selbst. Wir nennen hier nur drei der bekanntesten Gegensatzpaare, zwischen deren Polen die Beziehung zwischen Erziehung und Gesellschaft im Laufe der Geschichte sich hin und her bewegt:

Bewahrung und Erneuerung, Individualisierung und Kollektivierung, Autonomie und Heteronomie.

1. Man hat oft gemeint — auch in unserer heutigen Gesellschaft, die zu einer konformistischen Anpassungsfreudigkeit neigt wird diese Meinung häufig vertreten —, daß die Erziehung stets in der Entwicklung hinter der Gesellschaft einherzöge. Sie sei nur dazu da, die Werte, Normen und Güter der Erwachsenenwelt der Jugend zu übermitteln, die Jugend für die bestehende Ordnung zu bilden, diese in der kommenden Generation abzusichern und zu konservieren. Diese Meinung ist einseitig; sie trifft keineswegs die *ganze* Wahrheit über die *integrierende* Funktion der Erziehung.

Die Erziehung hat nicht nur eine tradierende und bewahrende Funktion. Sie hat auch eine korrigierende und erneuernde Kraft. Nicht umsonst ist sie, seit Platos Staat, die Hoffnung der großen Kulturkritiker und Gesellschaftsreformer gewesen — bis zu den Utopisten. Die *Kulturkritiker* wandten sich zu der noch unbefangenen, der Natur und der Zukunft verbündeten Jugend, um ihre unverdorbene Kraft für eine bessere Gesellschaft durch „naturnahe" Erziehung zu gewinnen. So wollte es *Rousseau*. Die *Gesellschaftskritiker* setzten bei dem Bildungsstreben der Arbeiterschaft ein, um sie zur Erkenntnis ihrer Lage, ihrer gesellschaftlichen Möglichkeiten und Aufgaben, und damit zur gemeinsamen gesellschaftlichen Aktion zu bilden — so die *Vorkämpfer der Arbeiterbildung und Arbeiterbewegung* in England und Deutschland. Daß die Erziehung keineswegs nur die Funktion hat, die Werte, Regeln, Wahrheiten einer *fertigen* Gesellschaft zu tradieren, zeigt ihre Rolle bei den geistigen Vorkämpfern der großen Staats- und Gesellschaftserneuerungen in der neueren Geschichte: bei Locke wie bei Rousseau, bei den Reformern des preußischen Staats wie bei Dewey — und schließlich auch bei Marx, Engels und Lenin. Man will mit der neuen Erziehung einer neuen Politik zur Hilfe kommen, die neue Ordnung in einem neuen Menschentyp begründen.

2. Daß es Zeiten gegeben hat, in denen man glaubte, vor allem den Menschen zum eigengearteten, einzigartigen Individuum erziehen, seine eigenen Anlagen zur harmonischen Persönlichkeit, ungetrübt und unverfälscht durch die fremde gesellschaftliche Welt, entfalten und bilden zu sollen, ist bekannt. Diese Zeiten liegen nicht weit zurück; sie werden des öfteren in den Erziehungskonzeptionen und -diskussionen unserer Tage wieder lebendig. Gegen diese „*Individualpädagogik*" einer dem Individuum huldigenden liberal-bürgerlichen Gesellschaft hat sich in unserem Jahrhundert eine *nationalpolitische* Erziehung und eine *Kollektiv-Pädagogik* erhoben, die mit dem Menschen auch seine Erziehung völlig dem totalen Staat, der totalen Gesellschaft unterwerfen will. Ziel der Er-

ziehung ist nicht mehr der lebendige Mensch, sondern nur noch der *starke Staat*, die *Herrenrasse* oder das allmächtige kommunistische Kollektiv.

Auch hier ist die wahre Aufgabe menschlicher — und das heißt immer auch sozialer! — Erziehung verfälscht durch eine gesellschaftsbedingte Einseitigkeit. In Wahrheit ist das Ziel der Erziehung weder das isolierte, nur zu einer originalen Individualität gebildete, Individuum noch die allmächtige, den Menschen in sich aufsaugende Gesellschaft, — sondern der freie Mensch in einer freien menschlichen Gesellschaft.

3. Diesem Ziel dient die Erziehung mit ihren eigenen Mitteln, unter ihrer eigenen Verantwortung. Deshalb beansprucht sie „*Autonomie*", die sie gegenüber den Allmachts-Tendenzen von Ideologien und Bürokratien der Gesellschaft zu behaupten sucht. Diese Forderung an die Gesellschaft ist oft mißverstanden, oft übersteigert worden. Man hat gemeint, die Pädagogik solle aus dem Ganzen der Gesellschaft gelöst, als eine autarke Wissenschaft, als Kunst um ihrer selbst willen, betrieben werden. Andere haben, im Gegensatz dazu, die Erziehung für die Zwecke der herrschenden Mächte der Gesellschaft in Dienst nehmen, sie zum gehorsamen, stets zuverlässig fungierenden Zubringer dieser Mächte machen wollen.

Was ist nun aber die recht verstandene Autonomie? Eine Gesellschaft, die wirklich *frei* sein will, muß auf freie, selbständig und selbstverantwortlich denkende und handelnde Menschen gegründet sein, die ihrem Gewissen, dem sittlichen Gesetz in ihnen, folgen, d. h. *autonom* sind. Autonome Menschen können nur in einer autonomen Erziehung erwachsen. Freilich geschieht diese Bildung im Raum der Gesellschaft und sie muß sich ihrer sozialen Fundierung und Verpflichtung bewußt sein. Sie hat sich vor der gesellschaftlichen Wirklichkeit zu verantworten, darf ihren Zögling nicht für ein irreales Nirgends-Land erziehen oder gar, die Gesetze der gesellschaftlichen Wirklichkeit mißachtend, das reale Leben von Staat, Wirtschaft und Gesellschaft in weltfremder Weltverbesserungslaune schulmeistern wollen.

Eine realistische Pädagogik muß die Welt und ihren Auftrag in der Welt kennen. Sie hat gegenüber dem Staat und den gesellschaftlichen Verbänden das Eigenrecht des Menschen in der gesellschaftlichen Wirklichkeit zu vertreten. Sie hat darauf zu sehen, daß der Mensch nicht zum Mittel fremder Zwecke mißbraucht werde. Sie darf selbst nicht zum Mittel solcher Zwecke und Mächte werden.

Denn die Erziehung hat ihre eigene selbständige Stellung im großen Zusammenhang des geistigen und gesellschaftlichen Lebens. Es gibt eine eigene pädagogische Beziehung zwischen Menschen, eigene pädagogische Gesichtspunkte, Gesetze, Begabungen, — so wie es wirtschaftliche und politische, künstlerische und religiöse gibt. So gibt es z. B. weltanschaulich-anthropologische Meinungen und Haltungen, die mit vielen gesellschaftlichen Berufen verbunden werden können, *nur nicht* mit dem des *Pädagogen,* — z. B. die der radikalen Menschenverachtung, des Zynismus und Nihilismus.

Die Pädagogik hat also ihren eigenen Bereich im großen ganzen des gesellschaftlichen Lebens, — so wie die Kunst, die Religion, die Wissenschaft, die Wirtschaft und die Politik solche eigenen, autonomen Bereiche haben. Dieser Eigenbereich ist aber nur relativ, wie alle anderen Bereiche auch. Sonst würde die *Pluralität* von Autonomien die Einheit und Ordnung der Gesellschaft sprengen. Der Erzieher muß deshalb ebenso um seinen unverzichtbaren eigenen Auftrag wie um seine Grenze wissen. Er muß wissen, daß seine Autonomie immer in einem größeren Ganzen enthalten und gebunden ist, — verantwortlich und verpflichtet gegenüber der gesellschaftlichen Wirklichkeit und jener letzten Wahrheit, die den Menschen im Glauben bindet.

Machen wir uns dies an einer Streitfrage klar, die seit Rousseau die pädagogische Welt bewegt. Es ist der Streit um den *"Schonraum der Erziehung".*

Rousseau will seinen Emile am Rande der Gesellschaft, draußen auf dem Lande, aufziehen. Er will ihn vor einer der Natur entfremdeten, den Menschen verderbenden Gesellschaft bewahren. Entfernt von dieser Verderbnis soll Emile nur Kind sein, nur seiner kindlichen Natur gemäß aufwachsen. Man soll in seiner Erziehung nichts erzwingen und nichts verfrühen, man soll ebenso das intellektuelle Lernen wie den Einbruch der irrationalen Leidenschaften möglichst lange zurückhalten, bis das Kind unter der obersten Leitung der Natur zum Manne gereift ist, — immun gegen das Verderben der alten Gesellschaft, eine Zelle neuen, gesunden Lebens. Das ist die Lehre des radikalen *"Autonomisten."*

Man hat ihr entgegnet: Diese kulturkritische Lehre ist weltfremd und gesellschaftsfeindlich. Sie erzieht robuste Egoisten oder verwöhnte Sonderlinge, die nie mit dem Leben fertig, nie fähig sein werden, ihren Mitmenschen und der Gesellschaft zu dienen. Man darf nicht in der Erziehung isolieren und retardieren. Man hat kein Recht zur Absonderung, man hat keine Zeit angesichts der Fülle des Lehrstoffs und der Vielfalt der Aufgaben in unserer Gesellschaft. Man kann nicht früh und nicht schnell genug die Jugend auf die Techniken und Regeln des gesellschaftlichen Alltags vorbereiten. Man kann nicht eifrig und zielbewußt genug sie nach dem Vorbild der erwachsenen Welt „ausrichten" —. So meinen die Verfechter gesellschaftlicher Anpassung, die die Jugend schnell und reibungslos zum Funktionieren in der Gesellschaft bringen wollen, — die radikalen „*Funktionalisten*".

Wer hat recht? Ich meine: keiner. Beide Meinungen sind einseitig; beide verfehlen das Wesen einer realistischen Erziehung zum freien, verantwortlichen Leben in einer freien, menschlichen Gesellschaft. Gewiß haben die *Funktionalisten* insofern recht, daß in einer Welt, in der die rationalen Sachverhalte und Sachbezüge der Technik, der Wirtschaft, der Arbeit vorherrschen, auch die Erziehung den Menschen in seinen rationalen Fähigkeiten bilden und ausbilden, auf das Leben vorbereiten muß. Aber das ist nicht alles! Es wäre verhängnisvoll, wollte man sich darauf beschränken, im Zeitalter der Spezialisierung nur den Spezialisten — oder den vielfältig anzulernenden gelehrigen Techniker — zu erziehen. Es kommt darauf an, den *ganzen* Menschen für das *ganze* Leben zu bilden, — seinen Leib wie seine Seele, sein kritisches Urteilsvermögen wie seine Gefühlswelt. Der Mensch wird aber nur dann zum *ganzen* Menschen gebildet, — und darin hat *Rousseau* recht — wenn keine seiner seelischen Entwicklungsstufen übersprungen wird. Er wird nur dann als ganzer Mensch sein Leben bestehen, wenn er immer wieder die Möglichkeit hat, *Abstand* zu gewinnen vom Treiben des Tages und sich auf sich selbst, auf seinen Beruf, auf seine Stellung im Leben und in der Gesellschaft zu *besinnen*. Dieser Eigenraum der Selbst-Entwicklung und Selbst-Besinnung ist nicht nur die Schule. Es kann auch der Spielraum des Kindes oder die Begegnungsstätte der Erwachsenen sein. Sie alle sind, als autonome Bildungsstätten, in gleichem Maße notwendig für eine gesunde Bildung des Menschen in unserer Gesellschaft.

Dieser Eigenbezirk der Bildung ist kein Raum der Flucht, des Verbergens und Vergessens. Er ist kein „Naturschutzpark" der Isolierung, sondern eine Stätte der Vorbereitung zum rechten Leben und Wirken in unserer Gesellschaft. Sein Bereich darf sich nicht zum autarken *„Schonraum"* verselbständigen; denn solche Autarkie müßte dem Schüler das Hinfinden bzw. Zurückfinden zum Leben des Alltags erschweren, ja unter Umständen unmöglich machen.

Der rechte Erzieher weiß um die Härte des Lebens. Er bereitet auf sie vor. Er steht nicht am Rande der Gesellschaft, sondern lebt mitten in ihr. Er ist mit tausend Klammern dieser Welt verhaftet und deshalb imstande, für das Leben in der Gesellschaft zu bilden. Er muß zugleich den unbestechlichen Sinn für das Wesentliche haben, den freien Mut zur Wahrheit und Wahrhaftigkeit. Er muß sich ständig bemühen um die eigenen menschlichen Gaben seines Schülers und um die Kräfte des Lebens, die über die jeweilige Form der Gesellschaft hinausdrängen. Dann wird er seinen Zögling in seinen guten Anlagen fördern und stärken, damit er sie in der Auseinandersetzung mit der Gesellschaft entfalte und bewähre.

Wir fassen zusammen: In der Gegenüberstellung von pädagogischer Autonomie und gesellschaftlicher Wirklichkeit geht es letztlich um die uns aufgegebene, unausweichliche Dialektik von Mensch und Welt. Der Mensch kann zu sich selbst, zu seiner Erfüllung nur in der Welt, in der Auseinandersetzung mit ihren Gegebenheiten, Kräften und Anforderungen kommen. Er kann aber diese Anforderungen nur dann erfüllen, der Welt nur dann dienen, wenn er seinem eigenen Wesen treu bleibt, sich nicht auf fremde Bahnen drängen läßt, sondern sich zu sich selbst bildet. Realistische autonome Erziehung bedeutet weder Flucht vor der Welt noch Kapitulation vor der Gesellschaft, sondern Arbeit an dem Menschen, der diese Gesellschaft bestehen und ihre guten Kräfte und Möglichkeiten verstärken soll. In einer Gesellschaft, die in ihrem schnellen Wandel, in ihrer machtvollen technischen Steigerung die Existenz und das Wesen des Menschen bedroht, ist ein autonomer Bezirk besonders notwendig, der der Besinnung auf das Wesentliche dient und sich freihält von Spezialzwecken und Partikularinteressen, von den Parolen und Befehlen der Mächte des Tages.

III.

Wir haben versucht, die dialektische Beziehung zwischen Pädagogik und Gesellschaft in ihren Grundsätzen darzustellen. Wie steht es nun mit dieser Beziehung in unserer konkreten Gesellschaft? Zur Beantwortung dieser Frage wollen wir drei Probleme der Gegenwart kurz herausstellen:

1. Wofür erziehen wir in der heutigen Gesellschaft?
2. Was ergibt sich aus dem Wandel der Gesellschaft für die Gestaltung des Bildungswesens?
3. Was ergibt sich aus dem Wandel der Gesellschaft für die Gestaltung der Erziehungswissenschaft?

Das sind drei umfassende Fragen! Wir können diese Fragen natürlich nur kurz skizzieren, um damit das Verhältnis von Pädagogik und Gesellschaft in unserer Zeit zu beleuchten.

1.

Alle bewußte Erziehung ist an Zielen orientiert. Diese Ziele sind immer, ob positiv oder negativ, auf die Gesellschaft bezogen. Sie sind aufs engste mit der sozialen Struktur des Lebens verbunden. Demgemäß sind sie heute verschieden, je nachdem, ob wir die totalitäre Erziehung des Ostens oder die freie demokratische des Westens betrachten. Im Osten wird der Mensch zum Kollektiv erzogen, zur Wissenschaftsgläubigkeit, zur unbedingten Arbeits- und Parteidisziplin im Sinn der herrschenden

Ideologie. Für das Erziehungsziel des Westens sind einige Worte von John Dewey kennzeichnend. Er sieht das Ziel in der „Gleichsetzung von sozialer Leistung und Persönlichkeitskultur". Er meint, die demokratische Gesellschaft brauche „eine Form der Erziehung, die in den einzelnen ein persönliches Interesse an sozialen Beziehungen und am Einfluß der Gruppen weckt und diejenigen geistigen Gewöhnungen schafft, die soziale Umgestaltungen sichern, ohne Unordnung herbeizuführen".

Mit anderen Worten: Es geht in der freien demokratischen Gesellschaft um die selbständige, zur Kooperation bereite Person, die in der Gesellschaft und für die Gesellschaft ihre Freiheit verantwortlich behauptet und bewährt. Jeder Mensch soll zur Freiheit und Kooperation, zur sozialen Verantwortung erzogen werden.

Diesem Ziel entsprechen in der modernen Gesellschaft bestimmte Erziehungs-Aufgaben. Man kennzeichnet die moderne Gesellschaft als einen Plural vielfältiger geistiger, sozialer, politischer Mächte und Gruppen; als eine mit Hilfe der modernen Wissenschaft weitgehend technisierte und organisierte Arbeitswelt; als demokratische Ordnung freier Bürger; schließlich als eine immer stärker und immer schneller alle Völker verflechtende internationale Weltgesellschaft. Die Erziehung muß den Menschen für diese gesellschaftliche Welt bilden, damit er sie im doppelten Sinn besteht: sie ertrage, ohne an seiner Menschlichkeit zu leiden, — sie meistere aus der Kraft seines eigenen Wesens und Willens.

Das bedeutet zunächst: Erziehung zur Einsicht in die Vielfalt der gesellschaftlichen Standorte und Bindungen; zur Bereitschaft, sich selbst zu binden und jede andere echte Bindung zu achten; darüber hinaus: Erziehung zur Anerkennung jener uns allen gemeinsamen Grundwerte und Grundregeln menschlicher Gesittung, ohne deren Anerkennung und Bewährung unsere Gesellschaft in den anarchischen Kampf *aller gegen alle* zerfallen würde.

Sodann: Erziehung zu einer zunehmend technisierten Welt, die von ihren Bürgern ein hohes Maß von Rationalität, von sachlichem und fachlichem Wissen und Können verlangt, aber auch Bereitschaft zur Zusammenarbeit. Die rechtzeitige Vorbereitung auf das Berufsleben muß ergänzt werden durch die Vorbereitung auf eine sinnvolle Verwendung der mit der modernen Arbeitstechnik für die meisten Menschen wachsenden freien Zeit, zugleich aber auch durch die Bildung zur aktiven Wahrnehmung der Bürgerrechte im Staat, in der Gemeinde und in den Verbänden.

Damit sind wir bei der Aufgabe, den Menschen für die moderne Demokratie zu erziehen. Wir wissen um ihre Problematik. Jeder Erzieher soll und muß um sie wissen, nicht um zu resignieren und das demokratische Ziel aufzugeben, sondern um es im Zeichen neuer Probleme neu zu verwirklichen. Es kommt darauf an, daß der Mensch nicht kritiklos und wehrlos den modernen Herrschafts-Apparaten ausgeliefert werde, sondern daß er trotz ihrer mächtigen Einwirkung ein freier Mensch bleibe und sich als solcher bewähre. Deshalb fordert die demokratische Gesellschaft eine Erziehung, die ebenso zum rechten „Konsum" von Rundfunk, Fernsehen, Film und Presse, — den modernen Massenlenkungs- und Massenablenkungsmitteln —, wie zur aktiven Mitgliedschaft und Mitarbeit in den großen Organisationen bildet. Die Erziehung soll so früh, wie es pädagogisch angemessen ist, Mitverantwortung und Selbstverwaltung üben, politisches Wissen vermitteln und informieren, aber auch die Haltung und Technik kritischer Informationskontrolle und Urteilsbildung lehren. Auch hier darf die Bildung weder sich in leeren Allgemeinheiten verlieren noch in der Fülle des Stoffes ersticken. Es kommt, wie schon Kerschensteiner sah, darauf an, an guten, Vertrauen stiftenden Vorbildern sittliche Tapferkeit, Entscheidungskraft und aktive Teilnahme („Engagement") lebensecht zu lehren.

Schließlich verlangt eine Gesellschaft, die in tausendfachen Beziehungen und Einwirkungen die ganze Erde umspannt, Bildung zur Weltoffenheit. Diese Forderung bedeutet keineswegs Verleugnung heimatlicher Bindungen, — ebensowenig wie die Bildung für die pluralistische, technisierte Gesellschaft die Erziehung von Relativisten und Partikularisten, von Rationalisten und Spezialisten in sich schließt. Im Gegenteil! Gerade in einer so stark mobilisierten und internationalisierten Gesellschaft ist fester Halt nötig, und kann die elementare Verbindung mit dem Raum der Heimat und dem Boden der Geschichte nicht ausgelassen werden. Aber die Erziehung kann und darf hier nicht stehenbleiben. Sie muß früh genug den Sinn des Menschen für die große Welt öffnen, — für die Welt der anderen Völker und Länder, ihre Lebensweise und ihre Lebensbedingungen, ihre natürlichen Schätze und gesellschaftlichen Probleme. Die Jugend soll von früh auf ohne Voreingenommenheit dem Leben und dem Wesen anderer Völker und Kontinente begegnen, so wie sie heute aus eigenem Entschluß in Scharen auf ihren Fahrten in andere Länder strebt. Ein lebendiger Unterricht in fremden Sprachen, ein gerechter Unterricht in Geschichte und Erdkunde, auch die von der Unesco nachdrücklich empfohlene sachgemäße Unterrichtung über die Einrichtungen und Wege der internationalen Zusammenarbeit, dienen diesem Ziel.

2.

Mit der Frage nach der gesellschaftlich bedingten Veränderung des Bildungswesens packen wir ein heißes Eisen an. Es ist das Problem der Bildungsreform. Der Deutsche Ausschuß für das Erziehungs- und Bildungswesen weist in seinem Rahmenplan darauf hin, „daß das deutsche Schulwesen den Umwälzungen nicht nachgekommen ist, die in den letzten 50 Jahren Gesellschaft und Staat verändert haben". Man hat diesen Satz heftig angegriffen. Man hat ihm Einseitigkeit und Übertreibung, Pragmatismus und Soziologismus vorgeworfen. Haben die Angreifer recht?

Sehen wir in die Welt! Seit den beiden Weltkriegen ist das gesamte Erziehungs- und Bildungswesen in der ganzen Welt zugleich mit der Gesellschaft in Bewegung geraten. Noch während des zweiten Weltkriegs, im Jahre 1944, beschloß das englische Parlament die Education Act, ein das gesamte Bildungswesen umfassendes, tiefgreifendes Reformgesetz, das von dem *konservativen* Minister einer nationalen Regierung vorbereitet wurde. Seither sind in vielen Ländern gesetzliche Reformen erfolgt. Ich nenne nur Schweden und Dänemark, Frankreich und Italien; auch die Länder des Ostblocks. Wir wissen von der amerikanischen Schul- und Erziehungsdiskussion der letzten Jahre, und wir sollten auch wissen, daß alle Hilfsprobleme der Entwicklungsländer *geistige* wie materielle Investitionen in sich schließen.

Aber dieser Zusammenhang zwischen materieller und geistiger Entwicklung besteht nicht nur in den sogenannten Entwicklungsländern. Er wird heute den leitenden Männern der modernen Wirtschafts- und Arbeitswelt immer mehr bewußt. Ich zitiere zwei Beispiele:

a) Der Generaldirektor des Internationalen Arbeitsamts schreibt in seinem Bericht von 1955: „Vielleicht die erste Voraussetzung für eine berufliche Anpassungsfähigkeit ist die Verbesserung der Erziehung. Die Industrialisierung wird bei jedem ihrer Schritte erleichtert und ermöglicht durch den Fortschritt der Erziehung, während zugleich die Kräfte, die durch die Industrialisierung in Bewegung gesetzt werden, zur Ausbreitung aller Formen der Bildung und Ausbildung anreizen. Die Entwicklung der Erziehung hat eine direkte Wirkung auf die Entwicklung der industriellen Gesellschaft, die Erziehung ist in einem sehr handgreiflichen Sinne einer der wichtigsten Schlüssel zur Zukunft unserer Industrie."

b) Im Oktober 1961 fand eine Konferenz der O. E. C. D., der interstaatlichen amtlichen Organisation für wirtschaftliche Zusammenarbeit und Entwicklung, in Washington statt. Das Thema dieser offiziösen Wirtschaftskonferenz lautete: „Wirtschaftswachstum und Ausbau des *Erziehungs*wesens." Im Schlußbericht der Konferenz heißt es:

„Es wurde im Bericht dargelegt, daß schöpferische Reformen des Unterrichts und der Organisation ebenso notwendig sind wie ihr quantitativer Ausbau... Der Bericht weist nach, daß der Ausbau des Erziehungswesens im vor uns liegenden Jahrzehnt sich auf die Höhere Schule konzentrieren muß: das nächste Jahrzehnt wird Zeuge eines großen Durchbruchs auf diesen beiden Gebieten in den meisten europäischen Ländern sein." Die Dokumentation, aus der wir zitieren, ist vor einem Jahr der Ständigen Konferenz der Kultusminister vorgelegt worden. Der Sekretär der Konferenz, Kurt Frey, bemerkt im Vorwort, diese Dokumente könnten „dazu beitragen, der deutschen Öffentlichkeit die Notwendigkeit, aber auch die Problematik eines intensiven, planvollen Ausbaus des Erziehungswesens bewußt zu machen und dadurch mitzuhelfen, einen Weg hierfür zu finden, der den besonderen Gegebenheiten der Bundesrepublik entspricht".

Wir können diesen Weg hier nicht weiter verfolgen. Ich will mich darauf beschränken, auf einige Tendenzen hinzuweisen, die den Reformbestrebungen der verschiedenen Demokratien gemeinsam sind und im Zuge der gesellschaftlichen Entwicklung zu liegen scheinen.

Der allgemeinen Entwicklung zur *sozialen Demokratie* entspricht die *Demokratisierung der Erziehung und Bildung*. Das bedeutet u. a.: Erweiterung der Bildungschancen für alle, die fähig und willens sind, sie zu nutzen, ohne Rücksicht auf Herkunft oder Besitz, Rasse, Nation, Partei oder Konfession („Equal Opportunity"). Zu dieser Demokratisierung gehört auch die „Durchlässigkeit" aller Zweige des Bildungswesens, so daß man nicht schon in früher Jugend endgültig auf einen bestimmten Bildungsweg festgelegt wird, sondern auch später noch aufsteigen kann bis zu den höchsten Sprossen der Bildungsleiter (s. Zweiter Bildungsweg). Daneben steht das Bemühen, die Schüler möglichst lange in gemeinsamen Grundklassen zusammenzuhalten und auch später noch in den verschiedenen Zweigen der „Oberschule" (Secondary School) eine gleichartige, weitgehend auch gleichrangige Bildung zu vermitteln. Schließlich spielt überall auch die Demokratisierung des Schullebens eine Rolle: die partnerschaftliche Kooperation zwischen Schulbehörde und Lehrerkollegium, zwischen Eltern und Lehrern, zwischen Lehrern und Schülern. Sie soll die Voraussetzung sein für die Erziehung zum Bürger der modernen Demokratie, der die entsprechende Betonung des gesellschaftlich-politischen Gehalts des gesamten Unterrichts entspricht. (Politische Bildung als Prinzip)

Mit dieser Demokratisierung, aber auch mit den wachsenden Anforderungen der modernen Wirtschaft an die Reife des Menschen, hängen zusammen die ebenfalls allgemeinen Tendenzen, die allgemeine Schulpflicht zu verlängern und die Möglichkeiten einer Fortbildung nach der Schulzeit besser auszubauen. Hinzu kommt das weitverbreitete Bemühen, die letzten „Begabungsreserven" zu mobilisieren und an die rechte

Stelle zu bringen. Man will die Zahl der Schüler und Studenten auf den Höheren Schulen, den Höheren Fachschulen und den Hochschulen vermehren, ohne das Niveau zu senken. Zu gleicher Zeit sucht man Niveau und Ansehen der normalen Hauptschule, der Schule für den durchschnittlich begabten Menschen, gemäß den erhöhten Anforderungen des gesellschaftlichen Lebens zu heben, anspruchsvollere Fächer, die in unserer Zeit für jeden Menschen lebenswichtig geworden sind, wie Mathematik und Naturwissenschaft, Fremdsprachen und Gemeinschaftskunde, zu unterrichten.

Man versucht es mit modernisierten Lehrmethoden. Die moderne Technik dringt mit Lehrmaschinen, mit Lichtbild und Film, Schulfunk und Schul-Fernsehen in die Schule ein. Die Bedeutung der damit einsetzenden Reform der Lehrmittel und Lehrmethoden ist noch nicht zu übersehen. Hier zeigen sich große Möglichkeiten und schwere Probleme, die wir mit Wachsamkeit verfolgen müssen. Sicher ist, daß die moderne Technik als Mittel des Unterrichts wie als praktische Lebenserfahrung aus der Schulstube der modernen Gesellschaft nicht mehr wegzudenken ist. Sie muß als reale Voraussetzung und als pädagogische Hilfe vom modernen Erzieher verstanden und gehandhabt werden.

Wir kommen damit zu modernen Reformtendenzen, die den Unterricht in seinen Gegenständen und Methoden lebensnah halten wollen. Das gilt u. a. für den modernen Sprachunterricht, aber auch für den Arbeitsunterricht, der eine lebendige Verbindung mit der Produktion herzustellen sucht. (Auseinandersetzung mit der polytechnischen Erziehung des Ostens.) Das gilt auch für die Naturwissenschaften.

Ich zitiere aus einem Bericht, den der französische Minister für Naturwissenschaftliche Forschung im vorigen Jahr der beratenden Versammlung des Europarats über die Tätigkeit der O. E. C. D. erstattet hat. Da heißt es: „Es wird allgemein die Ansicht vertreten, daß die Frage des wissenschaftlichen Potentials der Mitgliedstaaten nur unter dem Gesichtspunkt der langfristigen Entwicklung behandelt werden kann. Daher muß das Bildungswesen ganz allgemein verbessert und ausgebaut werden. Vor allem müssen die Lehrpläne für den naturwissenschaftlichen und mathematischen Unterricht, angefangen bei der Oberschule, umgestellt werden, damit gewährleistet wird, daß die kommende Generation das geistige Rüstzeug erhält, das sie befähigt, die Verflechtung von Wissenschaft und Technik in der heutigen Welt zu verstehen."

Aber liegt hier nicht bereits mehr vor als eine *allgemeine reformerische Tendenz?* Die zitierten Berichte der O. E. C. D. wollen die „wissenschaftlichen Ergebnisse der modernen Bildungssoziologie und Bildungsökonomie" anwenden. Sie wollen die Anforderungen an den Bildungs- und Ausbildungsstand der Berufstätigen für die nächsten 10 Jahre im voraus ermitteln, — sie wollen *planen.*

Was heißt das? Das Verhältnis zwischen Gesellschaft und Erziehung scheint umzuschlagen. Während noch vor kurzem in den meisten Kulturstaaten Erziehung und Bildung trotz schöner Bekenntnisse praktisch nicht hoch im Kurs standen, erkennen jetzt Wirtschafts- und Sozialpolitiker in der Erziehung einen Schlüssel für den industriellen Fortschritt. Deshalb soll die Erziehung in die Pläne der künftigen Entwicklung einbezogen, sie soll mitgeplant werden. Das notwendige Geld soll und muß vorhanden sein, so wie es im Osten für die Kultur- und Erziehungsplanung vorhanden ist. Wird aber mit einer solchen Planung nicht die Erziehung fremden Gesichtspunkten unterworfen? Wird sie nicht nach dem Nutzen und Befehl der Wirtschaft dirigiert, während der Mensch verplant wird? Wo liegt dann noch der Unterschied zwischen West und Ost, zwischen freier Bildung und totalitärer Ausrichtung? Bedeutet das nicht eine „absolute Funktionalisierung des Menschen", — so daß jene Kritiker recht behalten, die den Reformern Rationalismus, Pragmatismus, Soziologismus vorwerfen...?

Eine berechtigte, schwierige Frage! Ohne Zweifel gefährdet das quantitative, rechnerische Verfahren der Planung die freie Bildung des Menschen, — so, wie in der Rationalisierung und Technisierung, wenn sie zum Selbstzweck wird, eine Gefahr für den Menschen und seine Menschlichkeit liegt. Wir müssen uns jedoch auf die gegebene Welt einstellen, wir müssen mit ihren realen Kräften die Welt von morgen, d. h. die Gesellschaft des Jahres 2000, vorbereiten. Und hier stehen wir, ob wir es wünschen oder bedauern, vor der unausweichlichen Alternative: Entweder die realen Mächte der heutigen Gesellschaft mit ihrer Versachlichung und Verfachlichung, ihrer Rationalität und ihrer planenden Berechnung, zu ignorieren und uns damit im Wettlauf der Völker und Systeme zu isolieren, — oder die reale Entwicklung zu bejahen, sie in unseren Willen aufzunehmen, um sie mitzugestalten.

Ist das aber noch möglich? Kann man denn überhaupt nach freiem Willen für den lebendigen Menschen — und nicht nur für sachliche Zwecke, Gewinne und Erfolge! — planen? *Kann man planen und doch frei lassen?*

Wir sind der Ansicht, daß dies möglich ist. Wir meinen, daß man den großen, weitreichenden Bau des Erziehungs- und Bildungswesens planend aufführen kann, ohne die freie Mannigfaltigkeit seiner Innenräume zu uniformieren. Auch Kurt Frey hat für die Kultusminister festgestellt, daß die praktische Erfahrung in England, Schweden und Frankreich beweise, „daß auch im Bildungswesen Planung und Freiheit einander nicht auszuschließen brauchen".

Freilich, Planung und Freiheit sind *nur dann* zu vereinen, wenn die Freiheit selbstsicher, lebensklug, realistisch genug ist, um ihr Recht zu behaupten und allen Tendenzen der Schematisierung, der Spezialisierung und Reglementierung Widerpart zu halten. Bedenken wir auch, daß mit gutem Recht man gefragt hat: „Wer plant den Planer?" (Karl Mannheim). Es ist nicht unwichtig, wer den Planer plant und wie er geplant, d. h. wie er ausgewählt, gebildet und ausgebildet wird!

Die Planung, die der freien Welt dienen und nicht sie verschlingen soll, muß sich beschränken. Sie kann und soll nur *äußere* Fakten regeln: Z. B. die Zahl der Lehrer und Schulräume festsetzen, die Größe des Nachwuchses berechnen, der in den qualifizierten Berufen für die nächsten 10 oder 20 Jahre gebraucht wird. Aber all dies Rechnen und Planen darf nicht auf Kosten der Sache (des Niveaus und der Weite der Bildung) und nicht auf Kosten des Menschen gehen. Sie darf nicht die Autonomie der Erziehung brechen, die nach wie vor — und mit besonderer Dringlichkeit in unserer versachlichten und verwalteten Welt! — unmittelbar der Selbstverwirklichung des Menschen in seinen mannigfaltigen Gaben und Neigungen (auch den besinnlichen, auch den musischen!) zu dienen hat.

Da gilt immer noch die pädagogische Einsicht *Pestalozzis* in Stans, der es ablehnt, sein Erziehungswerk nach einem vorgefaßten Plan zu beginnen, um es statt dessen aus der unmittelbaren Beziehung zwischen Schüler und Lehrer, aus dem persönlichen Bedürfnis, Dasein, Zusammenhang der jugendlichen Gruppe erwachsen zu lassen. Und ähnlich hat ja auch Makarenko in einer schier aussichtslosen Lage sein Werk in der Gorkikolonie begonnen.

Die Planung darf nicht zu einer Allmacht und Perfektion der Verwaltung führen, die die Initiative von unten lähmt und die für alle Pädagogen lebensnotwendige Freiheit des Versuchs verhindern und verbieten möchte. Diese Freiheit aber ist unberechenbar. Sie bedeutet Reibung, Risiko, Fehler und Fehlschläge, die dem Planer sein Geschäft verderben, während der Mensch an ihnen wachsen kann und soll.

Bildungsreform heute ist mehr als eine automatische Anpassung an die „Trends" der Gesellschaft. Sie hat, immer die reale Dialektik zwischen Mensch und Gesellschaft bedenkend, dem Menschen in seinem eigenen Recht, seinem autonomen Wesen zur Verwirklichung zu verhelfen. Verwirklichung des Menschen bedeutet jedoch Verwirklichung des *ganzen* Menschen. Die Erziehung, die den Menschen für die Gesellschaft von morgen bereiten will, muß ihn ebenso für das richtige Verständnis der Natur, der Technik, der Wirtschaft wie für den rechten Umgang mit dem Mitmenschen, mit den geistigen Gütern des Lebens bilden. Neben den „Realien" müssen die „Humaniora" zu ihrem Recht kommen, die Offenheit für das Kommende muß sich verbinden mit dem Sinn für lebendige Tradition, der geschichtliche Tiefe hat und um den Grund weiß, auf dem wir stehen und aus dem wir leben.

Nur eine Bildung, die nicht wendige Konformisten erzieht, sondern Menschen, die ihrer Überzeugung, ihrem Gewissen folgen, — nur eine Bildung, die nicht bequeme Mitläufer der jeweiligen Staatsmacht oder der großen Verbände erzieht, sondern Menschen, die die sittliche Kraft haben, auch gegen den Strom zu schwimmen, erzieht für den geistigen Kampf der gesellschaftlichen Systeme, — zum *Widerstand gegen die militanten Ideologien.*

Hierbei geht es nicht nur um die Schule, um eine auf das allgemeine Schulwesen beschränkte Reform. Der Zustand und der Wandel unserer Gesellschaft, — in *allen* freien Ländern, — verlangt eine umfassende Reform des *gesamten* Bildungswesens.

Als vor 12 Jahren das Hamburger Unesco-Institut für Pädagogik gegründet wurde, einigten sich die Mitglieder seines Kuratoriums, — Wissenschaftler und praktische Pädagogen verschiedener Nationen —, darauf, daß es *vordringlich* sei, Erziehungs- und Bildungsfragen *jenseits* der Schule zu bearbeiten, da hier die Gefahr *besonders* groß sei, hinter der gesellschaftlichen Entwicklung zurückzubleiben. Und man begann bei der Erziehung des Kindes im Vorschulalter und bei der Bildung der Erwachsenen. Die ebenso mannigfaltigen wie dringenden Probleme der Sozialpädagogik, der Berufsbildung, der Hochschulbildung treten hinzu. Ein weites, fast grenzenlos scheinendes Feld realistischer Bildungspolitik und einer der gesellschaftlichen Wirklichkeit verbundenen Bildungswissenschaft breitet sich vor uns aus! —

Die von unserer modernen Gesellschaft geforderte Reform kann nur gelingen, wenn das Bildungswesen als ein integrales Ganzes begriffen und gestaltet wird. In den Staaten, in denen heute grundsätzliche Reformen des Schulwesens unternommen werden, drängen die Reformen über die Schule hinaus; sie verlangen nach dem entsprechenden Ausbau und Aufbau der Erziehung des kleinen Kindes, der Elternbildung, der Berufs- und Erwachsenenbildung.

Alle diese Reformen bleiben aber auf dem Papier stehen, wenn nicht mit ihnen ein entsprechender Ausbau der Lehrerbildung, der Bildung der Lehrer und Erzieher aller Bildungsarten und Bildungsstätten Hand in Hand geht. Der zeitgemäße Ausbau des Bildungswesens erfordert eine wesentlich erhöhte Zahl von qualifizierten Lehrern, Erziehern und Volksbildnern. Wir wissen, daß die Erfüllung dieser *gesellschaftlichen* Forderung heute fast überall, — nicht nur in der Bundesrepublik! — ein schweres Problem ist. Man klagt über Lehrermangel — in qualitativer wie in quantitativer Hinsicht. Dieser *Mangel an den richtigen Menschen* droht die Verwirklichung der besten und notwendigsten Reformpläne zunichte zu machen. Deshalb muß mit Nachdruck festgestellt werden: Nur wenn das Niveau der Bildung und Ausbildung für die Lehrer aller Bildungsarten zusichert, daß die erhöhten Anforderungen unserer Gesellschaft an die Erziehung und Bildung erfüllt werden können, nur, wenn diese Gesellschaft zugleich dem lehrenden Beruf das Ansehen, die wirtschaftliche und soziale Stellung gibt, die der sozialen Bedeutung seiner Arbeit zukommt, — und wenn damit das unselige Erbe des bemitleideten armen Dorfschulmeisters und des bespöttelten weltfremden Schul-Pedanten endgültig überwunden wird, — wird die Jugend der modernen Gesellschaft in der erforderlichen Qualität und Zahl den Rang der Bildung in der heutigen Welt begreifen und den Lehrberuf ergreifen.

Der Rang der Bildung in der modernen Welt! Hier handelt es sich um das Bewußtsein der Gesellschaft. Wenn heute ein höherer Rang für die Bildung im öffentlichen Leben beansprucht wird, so geht es dabei nicht um die verstiegenen Träume von Idealisten, sondern um das nüchtern zwingende Gebot unserer menschlichen und gesellschaftlichen Existenz. Bildung ist in unserer Gesellschaft kein Privileg oder Luxus auserwählter Schichten, Bildungsreform ist heute kein weltfremdes Streben von Weltverbesserern, sondern jetzt stehen in der ganzen Welt, in den Industriestaaten wie in den Entwicklungsländern, Erziehung und Bildung am Anfang aller Erwägungen über die gesellschaftliche Ordnung von morgen, die für neue Formen der Produktion und der Verwaltung, des Denkens und des Lebens, neue Menschen braucht. Wer sich dieser Notwendigkeit widersetzt, wer hier am falschen Ende spart, wird von der Entwicklung überrannt.

Es ist aber noch viel zu tun, um bei uns wie in den anderen Ländern der Gesellschaft ihr vitales Interesse an einem modernen Bildungswesen und einer zeitgemäßen Bildung bewußt zu machen. Die Forderung Hellmut Beckers, man solle heute den Primat der Außenpolitik durch einen Primat der Bildungspolitik ersetzen, greift wohl zu hoch. Auf alle Fälle aber ist zu fordern, daß dem Bildungswesen eine erheblich höhere Priorität im Interesse der Öffentlichkeit und demgemäß im Haushalt des Staates zugewiesen werde, als es bis heute in den meisten Ländern des Westens geschieht. Nur wenn dies rechtzeitig erreicht wird, kann die im Interesse des Menschen wie im Interesse der Gesellschaft geforderte Ordnung der Bildung Wirklichkeit werden; denn nur wenn ihr die notwendigen Menschen, Mittel und helfenden Kräfte der Öffentlichkeit im genügenden Maße zur Verfügung stehen, kann die von der gesellschaftlichen Wirklichkeit geforderte Reform gelingen.

3.

Die Erziehungswissenschaft kann sich den Problemen nicht entziehen, die heute die Gesellschaft der Erziehung und Bildung stellt und die in dem Drängen nach einer Bildungsreform akut werden. Gewiß, es ist nicht Aufgabe der Wissenschaft, Rezepte auszuschreiben und Reformprogramme aufzustellen. Wer aber heute über Erziehung nachdenkt, forscht und lehrt, wer mit den Pädagogen von morgen arbeitet, der kann und darf nicht im „elfenbeinernen Turm" sitzen. Er hat, als Wissenschaftler wie als Erzieher, die Reform-Vorschläge zu überprüfen und die Problemlage, — auch die gesellschafts- und bildungspolitische Lage —, zu überwachen und zu überdenken. Vielleicht wird er dann, wie Friedrich Paulsen, Georg Kerschensteiner und Eduard Spranger, selbst in die Schranke treten und auf einer Reformkonferenz oder im Parlament für seine wissenschaftlich fundierte bildungspolitische Überzeugung kämpfen. Das hat hier in Berlin vor 70 Jahren Friedrich Paulsen mit Nachdruck und Mut getan, auch wenn er sich dabei den Unmut des Kaisers zuzog. Aber auch von dem stärker zu Distanz und Kontemplation neigenden *Wilhelm Diltey* stammt ein Satz, der noch nicht überholt ist: „Man braucht kein Prophet zu sein, um voraus zu sagen: Jede einseitige Regelung wird nur einen Umschlag in die entgegengesetzte Richtung zur Folge haben, und die Bewegung wird nicht ruhen, bis den verschiedenen Kulturkreisen und Kulturinteressen in einer planmäßigen Reorganisation des gesamten Schulwesens als eines unteilbaren Ganzen Genüge geschehen ist."

Seither hat die Erziehungswissenschaft an Selbständigkeit und Umfang gewonnen. Sie hat allmählich immer bewußter die gesellschaftliche Wirklichkeit in ihr Denken einbezogen. Ich erinnere an Georg Kerschensteiner und Aloys Fischer, an Eduard Spranger und Theodor Litt, Hermann Nohl und Wilhelm Flittner. Mit der Erweiterung der Pädagogik zu einer Wissenschaft vom gesamten Bildungsleben und Bildungswesen, die sich auch mit den Problemen und Institutionen der Berufsbildung, der Erwachsenenbildung und der Sozialpädagogik befaßt, rücken gesellschaftliche Fragestellungen immer mehr in die Mitte erziehungswissenschaftlicher Erörterungen.

Das gleiche gilt aber auch für die Didaktik. Die erhöhte Bedeutung der sozialen und politischen Bildung macht es den Pädagogen zur Pflicht, sich um eine gründliche Kenntnis und sachlich fundierte Beurteilung der gesellschaftlich-politischen Welt zu bemühen. Das gilt heute für die Pädagogik in der ganzen Welt. Aber auch bei uns bezeugen die Erörterungen über Wesen und Aufgabe der politischen Bildung oder über die Veränderung des Bildungsbegriffs in der modernen Arbeitswelt diese „gesellschaftliche Wendung" unserer Erziehungswissenschaft. Ich zitiere Litt: Unser Zeitalter könne „sich nicht den Luxus leisten, seine Jugend im Zeichen eines Ideals heranzubilden, daß die als Triebkraft wirkenden Mächte entweder ignoriert oder diskreditiert, statt sie einer neuen Gesamtansicht sinnvoll einzuordnen. Ob und wie „Menschlichkeit" auch unter den Bedingungen des modernen Arbeitslebens erhalten werden kann, das vermag nur zu entscheiden, wer diese Bedingungen zu erkennen und anzuerkennen bereit ist."

Damit ergibt sich ein Nachbarverhältnis zu den Gesellschaftswissenschaften, insbesondere zur *Soziologie*. Nachbarschaft ist nicht problemlos. Es kommt leicht zur Grenzstreitigkeiten. Während diese Probleme, soweit ich sehe, in den angelsächsischen Ländern bereits im Sinn einer Kooperation entschieden sind, haben wir es nicht so leicht. Bei uns sind beide Seiten durch unsere Geschichte belastet. Ihre philosophische Tradition erschwert es der Pädagogik, die rechte Verbindung ihrer Aufgabe mit der gesellschaftlichen Wirklichkeit herzustellen. So mancher neigt zur Isolierung, ja zur Verabsolutierung seines eigenen Denkens und Tuns. Er übersieht und überschreitet die Grenzen. Aus der berechtigten begrenzten pädagogischen Autonomie wird ein unberechtigter, unbegrenzter Pädagogismus!

Und dasselbe geschieht nun auch auf der anderen Seite: Nach der Verkümmerung der deutschen Soziologie unter den Verboten des Nationalsozialismus hat seit 1945 eine „neue Welle" eingesetzt, die zum Teil amerikanische Modelle und Methoden allzu eifrig, und manchmal auch etwas unkritisch, übernahm. Auch hier wurden Grenzen übersehen und überschritten. Manchmal hat man den Eindruck eines Stroms, der gewaltig aufschäumt, über seine Ufer tritt und das Nachbarland überschwemmt, dabei den Grund des Nachbarn mit fremden Formeln überdeckend. Es ist das gute Recht des bedrängten Nachbarn, sich gegen eine solche Überflutung zu wehren, — nicht, indem er sich im Protest vom Gesellschaftsdenken isoliert, sondern indem er sich selbst energisch und stetig um die Erforschung der gesellschaftlichen Wirklichkeit und um eine nachbarliche Kooperation bemüht. Im Sinn einer solchen Kooperation gleichgestellter Partner ist eine *pädagogische Soziologie,* geübt und betrieben durch soziologisch geschulte *Pädagogen*, ebenso legitim wie die *Bildungssoziologie* als Feld des *Soziologen*.

Vor der unkritischen Übernahme gewisser soziologischer Begriffe, die heute zu politisch-tendenziösen Modewörtern geworden sind, ist zu warnen. Dazu gehört der Begriff der *Anpassung*.

Wenn nun heute die Erziehungswissenschaft sich mit der Gesellschaftswissenschaft zur Kooperation verbindet, so darf sie sich nicht einer gerade vorherrschenden Richtung anpassen und kritiklos deren Begriffe und Resultate übernehmen; — sie muß sich kritisch auseinandersetzen. In der Tat: Eine kritische, nicht eine konformistisch-konservierende, Haltung ist gerade von einer Wissenschaft zu fordern, die es ganz wesentlich mit der Zukunft, mit der Vorbereitung des Menschen für die Welt von *morgen,* zu tun hat. Auch sie kann nicht der Frage ausweichen, „was

Gesellschaft als Ganzes sein kann und sein soll". (Lieber) Sie muß gerade in einer Gesellschaft der Apparate und der Massen das Recht des Menschen auf seine eigene Bestimmung behaupten. Indem die Pädagogik die Autonomie des Menschen vertritt, vertritt sie auch das Recht und die Pflicht zum Widerstand gegen herrschende Meinungen und Moden. Wir dürfen nicht vergessen, daß mit diesem Menschenrecht die gesellschaftliche Ordnung der Demokratie steht und fällt. —
Die Veränderung der Gesellschaft ergreift auch die Wissenschaft. Die Erziehungswissenschaft von 1963 sieht anders aus als die wissenschaftliche Pädagogik von 1900 oder 1925. Wenn sich das Wesen der Bildung ändert, wenn ihr neue Aufgaben von der Gesellschaft gestellt werden, darf die Wissenschaft nicht abseits stehen, nicht in einem gesellschaftsfremden Formalismus erstarren.

Die von Gesellschaft und Staat geforderten Aufgaben der Lehrerausbildung müssen so gelöst werden, daß es pädagogisch und wissenschaftlich zu verantworten ist. Neue Aufgaben der Forschung, Lehre, Ausbildung entstehen auf neuen Feldern der Bildungsarbeit, die in Deutschland meist noch wissenschaftliches Brachland sind. Neue Wege der Forschung (z. B. der empirischen Forschung) müssen geprüft und versucht, neue Verbindungen zur Wissenschaft und Praxis anderer Gebiete des gesellschaftlichen Lebens geschaffen werden. Ich denke hier z. B. an die in Berlin geplante Schaffung eines Instituts für Bildungsforschung, das die Max-Planck-Gesellschaft errichten wird und das vor allem auch die Rechts- und Wirtschaftswissenschaft in seine Forschung einbeziehen soll. Ich denke aber auch an die Weitung des Erziehungs- und Bildungswesens über die nationalen Grenzen hinaus, die der *vergleichenden* Erziehungswissenschaft eine wachsende Bedeutung gibt. Und schließlich dürfen wir nicht vergessen, daß hinter alledem die Notwendigkeit der erneuten, vertieften Besinnung auf das Wesen und die Aufgabe des Menschen in dieser so jäh und entschieden veränderten Welt steht. —

Daß all dies nur geleistet werden kann, wenn die Erziehungswissenschaft sich selbst eine neue Verfassung gibt, wenn sie dem gesellschaftlichen Gebot der Arbeitsteilung folgt, wie es ältere Universitätswissenschaften schon vor ihr getan haben, — das sollte evident sein. Den ersten Schritt der Emanzipierung von der Philosophie muß jetzt ein weiterer Schritt folgen: Die Differenzierung nach Schwerpunkten und Sachgebieten eines Arbeitsfeldes, das, weit über Kindheit, Jugend und Schule hinausgreifend, das ganze Bildungsleben umfaßt.

Noch ein Letztes: In der Bremer Universitätsdenkschrift wird die *neue Universität* als *Bildungs*universität verstanden, in der „neben den unabdingbaren Wesensmerkmalen der Forschung und Lehre die außerwissenschaftliche Erziehung und Bildung der Studenten als drittes Wesensmerkmal hinzutreten".

Ich weiß, daß diese Konzeption noch lebhaft umstritten ist. Ich kann hier und jetzt nicht dazu Stellung nehmen. Nur das eine möchte ich sagen: Sollte es zur Verwirklichung einer solchen Bildungsuniversität kommen, so würde sich die Verantwortung der Pädagogen an der Universität erhöhen. Sie hätten im Raum ihrer Hochschule das Wesen der pädagogischen Autonomie ständig neu zu bezeugen und dafür zu sorgen, daß die Studenten nicht wie Schüler „erzogen" und geschulmeistert, sondern als erwachsene Menschen in Freiheit zur Freiheit gebildet würden.

IV.

Ich komme zum Schluß. Wer in unserer Zeit von „Erziehungswissenschaft und Gesellschaft" sprechen will, kann nicht an den Grenzen seines Landes haltmachen, sondern muß in die Welt sehen. Gewiß, die Lösungen, die wir anzustreben haben, sind durch die besondere Lage und Geschichte unseres Volkes bedingt, — aber die großen, entscheidenden Probleme unserer Zeit sind den Völkern gemeinsam aufgegeben. Daß sie auch weithin gemeinsam gesehen werden, mögen einige Sätze bekunden, die in der Einleitung des Rockefeller-Report von 1958 stehen:

„Freilich fordert der Zustand der Welt, daß wir an das denken, was wir als Nation leisten müssen. Aber im tiefsten Grunde drückt unser Wunsch nach Vervollkommnung aus, daß wir die Menschenwürde für das Allerwichtigste halten, daß sie kein Mittel, sondern ein Zweck ist — er drückt aus, welches Leben wir für lebenswert halten und welchen Idealen es dienen soll.

Ob wir diese Aufgabe bewältigen oder nicht, ist von entscheidender Bedeutung — nicht nur für uns allein. In der ganzen Welt streben die Völker danach, ihrem Leben einen neuen und volleren Sinn zu geben. Keine Forderung ist so dringlich wie die, daß wir die Idee von der Menschenwürde mit faßbarem Sinn erfüllen, und das ist um so schwerer, als wir die Antwort nicht mit Worten zu geben haben, sondern mit dem, was wir tun. Sie wird zum Teil in der Höhe unserer Leistungen, aber noch mehr in der Art unseres Lebens liegen."

Printed by Libri Plureos GmbH
in Hamburg, Germany